365일 묵상

하루를 살아가는 힘

일러두기
1. 이 책에 인용된 성경 구절은 원서에서 사용된 성경을 옮긴이가 직접 번역한 것입니다.
2. 원서의 의미와 내용을 최대한 살리기 위해 번역문을 원문 형식에 맞춰 번역했습니다.

하루를 살아가는 힘

1판 1쇄 인쇄 ┃ 2014년 12월 15일
1판 1쇄 발행 ┃ 2014년 12월 20일

지은이 ┃ 메리 와일더 타일스턴
옮긴이 ┃ 임하윤

발행인 ┃ 전상수
편집장 ┃ 이성현
디자인 ┃ 드림스타트

펴낸곳 ┃ 도서출판 두리반
주소 ┃ 서울특별시 성동구 성수동 2가 277-101 램킨중흥오피스텔 306호
편집부 ┃ TEL 02-737-4742 / FAX 02-462-4742
이메일 ┃ duriban94@gmail.com
등록 ┃ 2012. 07. 04 / 제 300-2012-133호

ISBN 978-89-969287-1-3

※ 책값은 뒤표지에 있습니다.

365일 묵상

하루를 살아가는 힘

메리 와일더 타일스턴 엮음 | 임하윤 옮김

Daily
Strength
for
Daily
Needs

두리반 도서출판

머리말

《하루를 살아가는 힘Daily Strength for Daily Needs》이 첫 출판된 이래로 50년 동안, 나는 이 책을 가끔 이용했고, 또한 견진례 지원자와 다른 이에게 많은 사본을 나누어주었다. 타일스턴 여사(Mary Wilder Tileston)의 필적이 유지되고 있기에, 나는 이 기념판을 보다 젊은 세대에게 추천하는 것을 특권으로 여긴다. 왜냐하면 비록 그들이 손윗사람의 생활과 사고 습관들로부터 멀리 이동했어도, 여전히 용기와 믿음과 생동력의 부름에 똑같은 욕구를 갖고 있기 때문이다.

이 책이 출판된 이래, 몇몇 제국은 몰락했고, 신학은 다시 쓰였고, 여러 전쟁이 벌어졌으며, 생활의 규범이 변했다. 그러나 사람들은 그때나 지금이나 여전히 똑같다. 재난의 시대에 위로를 갈망하고 있다.

대단한 감동과 급격한 변화의 시대에 우리는 꾸준히 경건한 생각을 하며, 지속적이고 산뜻한 영감을 필요로 한다. 그리고 이러한 영감은 우리의 삶에 아침에는 생기를, 저녁에는 자신감과 평안을 준다. 현대인의 삶은 종종 소모적이고, 이상과 낭만이 사라졌으며, 신앙에 대해서는 침통하다. 만일 우리가 그 길과 나란히 그저 잠시 멈춰 선다면, 산뜻한 생각의 시내가 흐르게 된다.

우리 각자에 대해서는, 우리가 이 작은 책의 한 페이지를 넘길 때, "그는 그 길에서 시냇물을 마심으로 기운을 회복하게 될 것이다."

만일 무거운 걱정을 짊어지거나, 혹은 신체나 신앙이 허약해 낙담한 누군가가 있다면 이 책을 권하는 것도 좋다. 읽는 데 2분, 묵상하거나 기도하는 데 1분의 투자로 그의 하루는 새로운 활력을 갖게 될 것이다.

우리 시대의 위대한 발명가는 강력한 신체적 자원과 사람의 필요를 연결하는 사람이다. 메리 타일스턴은 신령한 문헌에 대한 애정, 선별 솜씨, 남녀의 영적 욕구의 이해로 인해, 그것을 영원한 진리 그리고 영적 자원과 연결시켰다. 나는 조용하고 겸손한 한 작은 여인의 헤아릴 수 없는 영향에 놀란다. 그녀의 솜씨가 이 작은 책을 통해 수백만 명의 사람에게 새로운 충격을 주었기 때문이다.

윌리엄 로런스(William Lawrence)

계속해서 앞으로

그들은 힘에서 힘으로 나아갑니다. - 시 84:7

처음에는 싹을, 다음에는 이삭을, 그다음은 이삭 안에 있는 온전한 낟알을. - 막 4:28

그대를 위해 더 당당한 저택들을 지어라, 오 내 영혼아,
빠른 계절이 굴러가기에!
그대의 낮은 지붕의 과거를 떠나라!
각각의 새 성전들로, 더 고상하니 마지막 것보다,
더 거대한 돔 지붕의 하늘에서 그대를 막도록 하라.
마침내 그대는 자유롭게 되리
그대의 폐용된 골조를 인생의 쉼 없는 바다 곁에 두리.

올리버 홈스(Oliver Wendell Holmes)

고상한 마음들은 오래되면 반드시 꿈속에서도 어떤 새로운 부르심, 어떤 은은한 하나님의 나팔 소리를 듣습니다. 그리고 머지않아 그것들은 나태함의 감옥을 부수고, 어떤 새로운 신실한 섬김의 행진을 시작하는 것이 목격됩니다. 그리고 한층 더 높이 보면, 우리는 기다리면 마침내 자신의 도덕적 일이 쌓이는, 그리고 어떤 휴식으로 해결을 보상하지 않는, 그래서 그들에게는 교체가 즉각적이며 한결같은, 오직 더 좋은 것을 보려고 선을 행하고 오직 그것을 이루려고 더 좋은 것을 보는, 도취하기에는 너무 유순하고 자책하기에는 너무 신실하며 휴식하기에는 너무 진지한, 예배가 행동이며 행동이 그침 없는 열망인, 그런 사람들을 보게 됩니다.

제임스 마티노(James Martineau)

1월 2일
과거와 미래 모두를

주께서 너의 들어옴과 나감을 이 시간부터 영원토록 지켜주실 것이다. - 시 121:8

주여, 주께서는 대대로 우리의 거처가 되셨습니다. - 시 90:1

> 감사한 마음으로 우리는 소유하지요, 과거를:
> 우리 모두에게 알려지지 않은 미래를,
> 우린 근심을 주님의 수호자에게 맡기지요.
> 그리고 평화로이 주님의 발 앞에 두지요.
>
> 필립 도드리지(Philip Doddridge)

　우리는 주를 닮았습니다. 주께는 과거나 미래가 없고, 하루가 천년 같고 천년이 하루 같습니다. 그래서 위대한 현재에서 우리가 일을 할 때, 우리는 과거와 미래가 늘 주께는 현재이니 이 둘을 주께 맡기고 아무것도 두려워하지 않습니다. 이는 우리가 현재 안에서, 주가 계심을 느낄 수 있는 만큼이나, 혹은 그 이상으로 주가 과거 안에 있는 것과 다름없이 우리의 미래 안에 있기 때문입니다. 이렇게 신적인 본성에 참여하는 사들은, 우리의 본성이 또한 그 안에서 영원하고 완전한 만유 안의 **만유**에서 쉬고 있기에, 우리는 두려움 없이 동행하며, 소망과 용기와 능력으로 충만해 주의 뜻을 행하며 그리고 주께서 우리로 하여금 이 선을 빠르게 수용할 수 있게 하실 수 있는 만큼이나 빠르게 늘 베풀고 계시는 끝없는 선을 기다립니다.

조지 맥도널드(George MacDonald)

1월 3일
오늘로 충분함

너의 사는 날들처럼, 그렇게 너에게 힘이 있을 것이다. - 신 33:25

한 날의 불행은 그날에 족하니라. - 마 4:34

> 오, 그대는 묻지 마세요, 어떻게 내가 내일의 짐을 짊어질지를.
> 오늘로 충분하지요. 그 근심,
> 그 불행, 그 슬픔;
> 그런데 하나님께서는 나누어 주시지요,
> 한 날에 충분한 힘을.
>
> 제인 색스비(Jane Euphemia Saxby)

아주 많은 기쁨의 이유를 크게 갖고 있는 사람은 슬픔과 토라지기를 많이 좋아하며, 이 모든 즐거움들을 놓치고 한 줌 적은 양의 가시들 위에 앉기를 택합니다. 이날의 축복들을, 만일 하나님이 그것들을 보내주셨다면 즐기시고, 이날의 해악들은 참을성 있고 달콤하게 견디십시오. 왜냐하면 이날은 오로지 우리의 것이며, 우리는 어제에 대해서는 죽었고 내일에 대해서는 아직 태어나지 않았기 때문입니다. 그러나 만일 우리가 넓게 보고, 한 날의 걱정 속으로, 확실하거나 불확실한 많은 것, 있을 것과 결코 없을 것의 해악을 들여온다면, 우리의 짐은 지금 부당한 만큼이나 장차는 같은 정도로 견딜 수 없게 될 것입니다.

제러미 테일러(Jeremy Taylor)

1월 4일
주의 충만하심으로

만일 우리가 죄를 범해도 우리는 주의 권세를 알기에 여전히 주의 것이나, 우리는 주의 것으로 간주되는 것을 알기에 죄를 범하지 않을 것입니다. 왜냐하면 주를 아는 것은 완전한 의로움이며, 주의 권세를 아는 것은 불멸의 뿌리이기 때문입니다. - 외경, 지혜서 15:2~3

> 오, 우리에게서 자아와 세상과 죄를 비우소서.
> 그리고 그 후 모든 주의 충만하심으로 안으로 들어오소서;
> 온전히 소유하소서, 주여. 그리고 각각의 생각으로
> 보내어지게 하소서 당신에 대한 순종 속으로;
> 권세는 당신의 것, 의지는 당신의 것, 하여 우리들
> 오 주여 원합니다. 당신에게 전적으로 바쳐지기를.
>
> C. E. J.

그대 앞에 우뚝 솟아 있는 것 같은 죄를 꾸준히 붙들고, 하나님의 은혜로, 그것을 근절하십시오. 강력하게 하나님의 은혜와 능력으로 결심하고, 전적으로 이 죄나 죄의 싱향을 하나님의 사랑에 제물로 바치고, 그대가 그 죄에 대해 뿌리도, 가지도, 어느 것도 남기지 않을 때까지 용서하지 마십시오.

하나님의 도움에 의지해서, 작정하고 이 죄를 근절할 뿐만 아니라, 꼭 같은 도움에 의지해서 그 반대의 은혜를 얻으려고 힘쓰십시오. 만일 그대가 화가 날 듯하면, 하나님의 은혜에 의지해 매우 유순하도록 노력하고, 만일 교만할 듯하면 겸손하려고 애쓰십시오.

에드워드 퓨지(Edward Bouverie Pusey)

1월 5일
위대한 성전

자기 앞에 영광스러운 교회로 세우사 티나 주름 잡힌 것이나 이런 것들이 없이 거룩하고 흠이 없게 하려 하심이라. - 엡 5:27

너희도 또한, 산 돌 같이, 신령한 집으로 지어진다. - 벧전 2:5

> 한 거룩한 하나님의 교회가 보이네
> 모든 시대와 민족에 걸쳐,
> 세월의 경과에 의해 황폐하지 않고,
> 변함없는 장소에 의해 원래 모습 그대로.
>
> 새뮤얼 롱펠로(Samuel Longfellow)

땅 위에 성전이, 살아 있는 돌로 구성된 영적 성전이, 영혼들로 이루어진 것이라고 말할 수 있을 성전이, 하나님이 빛으로, 그리스도가 제사장으로, 천사들의 날개가 아치문으로, 성도와 교사들이 기둥으로, 예배자들이 포장한 바닥으로 있는 성전이 있었습니다. 믿음과 사랑이 있는 곳이면 어디든지 이 성전이 있습니다.

존 뉴먼(John Henry Newman)

우리의 영혼들이 이 감옥 같은 육체에서 떠나게 될 때, 주께서 그것들을 어떤 세상으로 데리고 가든, 저 세상에서 우리의 영혼들은 자신들이 꼭 같은 위대한 성전의 일부임을 알게 될 것입니다. 왜냐하면 그것은 이 땅에만 속하지 않기 때문입니다. 하나님이 계신 우주의 끝은 있을 수가 없으며, 또한 저 자라고 있는 성전, 하나님에 대한 완전한 복종에 의해 마지막에는 하나님의 완전한 언사 속으로 들도록 만들어질 창조의 성전은, 그곳에 이르지 못합니다.

필립스 부룩스(Phillips Brooks)

1월 6일
달콤한 영적 교제

거룩한 영혼들에 공감하고 있는 모든 시대에서는, 지혜는 그것들을 하나님의 친구로, 선지자로 삼는다. - 외경, 지혜서 7:27

그러는 동안 주의 모든 자녀 및 성도와 더불어
영광스러운 줄을 따라서,
번갈아가며 주의 거룩한 발아래 앉아
우린 달콤한 영적 교제를 가지리라.
그들을 외모와 음성으로 알아보고, 감사하리라 그들 모두에게
노예 상태의 우리를 도와줄 것이기 때문에,
소망의 말들과, 밝은 실례들이 주어져
달 없는 하늘을 통해 하늘에 빛이 있음을 보여줄 것이기 때문에.

존 키블(John Keble)

만일 우리가 당장에 하나님과만 살 수 없다면 우리는 적어도 하나님과 살았던 사람들과 살며, 우리가 그들의 순결, 그들의 진실, 그들의 선함에 대한 사랑을 찬미하는 동안, 우리를 대신한 하나님의 연민의 중재를 보게 될지도 모릅니다. 이 부요한 세계의 위대하고 거룩한 사람들의 생애를 연구하고, 그들의 슬픔을 명상하고, 그들의 사상과 친하게 사귀는 것은 거룩한 훈련으로, 이것은 적어도 진정한 예배의 성전 앞뜰로서 자리매김할 만하며, 또한 우리가 천국 문을 통과하기 전, 그것에 대한 맛 경험들을 훈련하는 것일 수도 있습니다. 만일 우리가 세상에 그 흔적을 남겼던 보다 위대한 정신들과의 교제를 구하지 않으면, 우리는 하나님과의 직접적인 친교 바로 다음에 있는, 인생에서의 위엄과 감미로움의 주요 원천을 상실합니다.

제임스 마티노

1월 7일
완전에 이르는 길

하나님의 강력하신 능력의 역사하심을 따라, 믿는 우리들에게 하나님의 능력의 뛰어난 위대하심(이 어떠한지를). - 엡 1:19

아주 가난하고, 아주 낮은 것 같은 인생들을,
아주 갑갑하고 둔한 마음들을,
좌절된 소망들을, 더딘 충동을,
주께서 모두를 붙잡고, 만지셔, 그러니 보라!
그것들 꽃 피어 아름다움을 이루는구나.

수전 쿨리지(Susan Coolidge)

가장 우수한 토양, 가장 좋은 기후에 놓이고, 그리고 태양과 공기와 비가 할 수 있는 온갖 것으로 복 받은 뿌리는, 그 영이 하나님께서 그에게 주실 준비를 하며 또한 그에게 주시기를 무한히 원하시는 모든 것을 갈망하는 사람이 모두 그럴 것처럼, 그렇게 성장이 완전에 이르는 확실한 길에 있지는 않습니다. 왜냐하면 모든 선의 근원이신 하나님께서 그에게 참여하기를 간절히 바라는 영혼에게 그 자신을 전달하시듯이, 태양은 반쯤의 확실성을 갖고 자기를 향해 뻗는 싹 트고 있는 가지를 만족시키지 않기 때문입니다.

윌리엄 로(William Law)

만일 우리가, 우리 능력의 모든 길이와 폭이 지금 이 순간이 보여주는 것과 이타적으로 조절되어서, 지금 이 순간의 입구에 서 있다면, 우리는 하나님이 언제나 전달하시려고 준비하신 것을 받을 수 있는 최고의 상태에 있습니다.

토머스 업햄(Thomas Cogswell Upham)

기회가 있는 대로

그러므로 우리는 기회가 있는 대로, 모든 사람들에게 착한 일을 하도록 합시다. - 갈 6:10

형제의 사랑이 계속되도록 하십시오. - 히 13:1

난 주께 청하지요 사려 깊은 사랑을.
끊임없는 지혜로운 지켜보기를 통하여
즐거운 사람들을 기쁜 미소로 만나고
울고 있는 눈을 닦아주려고,
그리고 자신에게서 한가한 마음을
위로하고 동정하기 위하여.

애나 워링(Anna Laetitia Waring)

하나님의 날마다의 명령을 위해 참을성 있고 믿음 있게 섬기는 사람들에게는 하나님께서 하나님 자신을 위해 직접적인 섬김의 직분을, 이것은 그들의 힘과 소망에 따라 증가하는 것이기에, 주려고 하지 않을 정도로 그렇게 근심에 가득 차 있거나, 그렇게 재능이 초라한 사람들은 아무도 없습니다. 세상에는 올바로 놓여야 할 것이 너무 많고, 인도되고 도움 받고 위로받아야 할 사람들이 너무 많아서, 우리들은 일상생활에서 계속적으로 이러한 것들과 마주쳐야만 합니다. 우리가 일견 안으로 향하게 되거나, 혹은 계속 긴장하게 되거나, 혹은 몽상에 빠지게 된다고 해도, 섬김의 순서를 놓치지 않으며, 또한 사명을 띠고 하나님으로부터 곧장 그들에게로 보냄을 받았을지도 모를 사람들을 지나치지 않도록, 오로지 조심토록 합시다.

엘리자베스 찰스(Elizabeth Charles)

1월 9일
친절한 아버지

그리고 그가 하나님의 집을 섬기는 데나, 율법에서나, 계명에서나, 시작했던 모든 일에서 그의 하나님을 찾기 위해, 그는 마음을 다해 그 일을 했고 또한 성공했다. - 대하 31:21

우리가 하나님의 일을 하기 위해서는 무엇을 해야 합니까? - 요 6:28

> 내게 허락하소서 오늘 부르신 일 안에서,
> 주의 손가락이 조용히 계속 신호하는 것을 보도록.
> 하여 싸움이 자라 자유가 되고, 일이 놀이가 되며,
> 그리고 주께서 시작된 노고들이 마쳐지지요 주께로.
>
> 제임스 클라크(James Freeman Clarke)

하나님은 친절한 아버지십니다. 그는 우리 모두를 우리가 쓰임 받기를 바라는 자리에 두셨으며, 그 사역은 진실로 '우리 아버지의 일'입니다. 그는 모든 피조물을 위한 일을 택하시는데, 그 일은 만일 그들이 순진하고 겸손히 행한다면 그들을 기쁘게 할 것입니다. 그는 우리가 하기를 원하는 것을 위해 우리에게 늘 충분한 힘과 충분한 분별을 주시며, 그리고 만일 우리가 우리 자신을 지치게 하거나 당황케 한다면, 그것은 우리 자신의 잘못입니다. 그리고 우리가 무엇을 하고 있든지, 만일 우리 스스로가 행복하지 않다면, 우리는 하나님을 기쁘시게 하지 못하고 있음을 언제나 확신할 수 있을 것입니다.

존 러스킨(John Ruskin)

우리의 아들 됨

주의 인자하심이 생명보다 더 좋으니 내 입술이 주를 찬양하리라. - 시 63:3

자기 목숨을 구하고자 하는 자는 누구나 그것을 잃을 것이요, 또한 자기 목숨을 잃는 자는 누구나 그것을 보존할 것이다. - 눅 17:33

> 오 주여! 제 최고의 소원들을 이루어주시며,
> 그리고 저를 도와 맡길 수 있게 하소서.
> 생명, 건강, 그리고 위로를, 당신의 뜻에,
> 그리고 당신의 즐거움이 제 것 되게 하소서.
>
> 윌리엄 쿠퍼(William Cowper)

다른 것들이 주의 뜻보다 우리에게 더 달콤하다는 것, 우리가 우리의 참자유를 충분히 터득하는 데에, 곧 그 힘을 충분히 지각하는 데에 아직 이르지 못했다는 것, 우리의 아들 됨이 아직은 희미하게 깨달아지고 있을 뿐, 그 복됨은 아직 입증되지도 알려지지도 않고 있다는 것,— 그것들 외에 우리의 무거운 마음이 무엇을 입증하겠습니까! 우리가 농의하면 모든 우리의 시련들은 순종으로 바뀌게 될 것입니다. 동의함으로써 우리는 그것들을 우리 자신의 것으로 만들고, 다시 우리 자신과 함께 그것들을 주께 바칩니다.

> 헨리 매닝(Henry Edward Manning)

불가피한 그 무엇도 견딜 수가 없습니다. 벌써 하나님은 그대를 시험할 설계를 갖고, 그대에게 보상과 면류관을 줄 의도를 갖고, 고난을 그대에게 동이셨습니다. 이 줄들을 그대는 끊을 수가 없습니다. 그러므로 그대는 얌전히 누워, 하나님의 손이 하나님이 기뻐하시는 것을 하도록 허락하십시오.

> 제러미 테일러

1월 11일
속속들이 알지요

내가 즐거워하며, 주의 자비를 기뻐할 것입니다. 주께서 나의 고난을 깊이 생각하셨으며, 주께서 역경 속에 있는 나의 영혼을 아셨기 때문입니다. – 시 31:7

아니에요, 모든 게 주님에 의해 명령되고, 선택되고, 계획되지요:
저의 컵을 날마다 채우는 각각의 분량을 주님의 손은
지시하지요, 다른 아무도 고난을 알 수 없으니까요:
모두, 모두는 주님에게 알려지지요.

애들레이드 뉴턴(Adelaide Leaper Newton)

하나님은 우리를 속속들이 아십니다. 우리가 우리 자신으로부터 가장 많이 숨기는 가장 은밀한 생각조차도 하나님께는 감출 수 없습니다. 우리가 그때 속속들이 우리 자신을 알게 되면서, 우리는 하나님이 우리를 보시듯이 우리 자신들을 더 많이 보게 되고, 그런 후에는 우리는 하나님의 설계를, 곧 어떻게 하나님 **섭리**가 각각 배열되고, 우리의 욕구가 각각 저지되며, 우리의 소망이 각각 실패하고, 우리에게 또한 다른 사람들이 모르고 있고 또한 우리가 그때까지 몰랐던 우리 자신의 영적 상태 안에 있는 그 무엇에게 정확히 맞춰지게 되는지를 얼핏 보게 됩니다. 비록 우리가 지금은 모르지만, 우리는 이를 알게 될 때까지 우리를 향하신 하나님의 선하심을 믿고서, 믿음으로 모든 것을 받아들여야만 합니다. 우리가 우리 자신을 알듯이, 우리는 지금까지 하나님을 알고 있습니다.

에드워드 퓨지

또 하나의 침묵

내 입의 말과 내 마음의 묵상이, 나의 힘이요 나의 구원자이신, 오 주여, 당신의 면전에서 받아질 수 있게 하소서. - 시 19:14

> 우리 마음속에 자리 지키고 있는 생각들을,
> 주여, 거룩한 하늘의 집합을 만드소서.
> 그리고 천진난만과 은혜 속에 흠뻑 적시소서
> 각각의 억제된 혀에서 나온 유출물을.
>
> 토머스 길(Thomas Hornblower Gill)

다른 것들에 관해서는 혀의 침묵 외에 연마해야 할 또 다른 종류의 침묵이 있습니다. 상상을 억제하고, 그것을 우리가 들었거나 말한 것에 지나치게 머물지 않으며, 과거의 것이든 미래의 것이든, 그림— 생각들의 갖가지의 환상에 빠지지 않는, 사람의 자아에 관련된 침묵 말입니다. 그대가 실제로 존재하는 의무와 일에 마음을 고정시키기 위해, 끊임없이 마음을 가로질러 휙 지나가는 일단의 생각들을 배제할 징도로, 상상을 통제할 수 있을 때, 그대는 영적 생활에서 적지 않은 진보를 이루었음을 확신하십시오. 물론, 그대는 그런 생각들이 일어나는 것을 막을 수는 없으나, 자신이 그것들에 머무는 것을 막을 수는 있습니다. 그대는 그것들을 옆으로 밀어놓을 수 있고, 그것들을 먹여 키우는 자기도취나, 격앙, 또는 세속적인 갈망들을 저지할 수가 있으며, 또한 그대의 생각들을 이렇게 통제하기를 실천함으로써 그대는 영혼을 하나님과의 친밀한 교제로 끌어들이는 저 내적 침묵의 영을 획득할 것입니다.

장 그루(Père Jean Nicolas Grou)

1월 13일
기쁨거리를 찾아라

형제들이여, 피차에 비방하지 마십시오. - 약 4:11

모든 비꼼과 분노와 노여움과 소란과 비방하기를, 모든 악의와 더불어, 당신들에게서 버려지게 하십
시오. - 엡 4:31

만일 그대가 말할 수 없다면 선한 어떤 것을
그대의 형제, 적, 혹은 친구에 대하여,
그대는, 그렇다면, 취하세요 조용한 방법을.
말로 그대가 감정을 해치면 안 되니까요.

작자 불명

만일 그대가 반감을 느끼는 어떤 사람이 있다면, 그 사람은 그대가 결코 언급
해서는 안 되는 사람입니다.

리처드 세실(Richard Cecil)

모든 고상하고 관대하고 아름다운 행동들을 기쁘게 인정하는 것, 그리고 그
대의 가장 신랄한 반대자의 좋은 자질들을 보는 동안에도 기쁨거리를 찾아내고,
그 자질들을 그대가 별로 공감을 나누지 않는 사람들 안에서도 칭찬하는 것, 이
것이 비방과 중상의 취미를 치유할 수 있는 유일한 영입니다.

프레더릭 로버트슨(Frederick William Robertson)

지정하여 주신다면

당신의 신하들은 나의 주인이신 왕이 명하실 것은 무엇이나 다 행할 준비가 되어 있습니다. - 삼하 15:15

> 난 생각하길 좋아하지요 하나님이 정하시는 걸.
> 날마다의 내 몫을;
> 인생의 사건들이 당신의 수중에 있어,
> 그리고 난 단지 말하고 싶을 뿐이에요.
> 그것들을 정하세요 당신 자신의 좋은 때에,
> 그리고 당신 자신의 가장 좋은 방식으로요.
>
> 애나 워링

만일 우리가 왕(하나님)께서 지정하시는 것은 무엇이나 정말로, 언제나, 똑같이 행할 각오가 되어 있다면, 하나님의 지정들 중 어떤 변경으로부터 발생하는 모든 시련과 속상한 것은, 크든 혹은 작든, 전혀 존재하지 않습니다. 만일 그가 나를 지정해 거기서 일하라고 하면, 내가 여기서 일할 수 없음을 애석해야 할까요? 만일 그가 나를 지정해 오늘 실내에서 시중들라고 하면, 내가 실외에서 일할 수 없기 때문에 화가 나야만 할까요? 만일 내가 오늘 아침 왕의 메시지를 쓸 작정이었다면, 부자들이든 가난한 이들이든, 내가 그들에게 메시지를 말하거나, 왕을 위해 "친절을 보이거나", 아니면 적어도 "극진히 모셔라"라는 왕의 명령을 따라야만 하는, 방해가 되는 손님들을, 왕이 보냈다고 해서, 나는 불평해야 할까요? 만일 내 모든 지체들이 정말로 왕 마음대로 할 수 있다면, 왜 내가 오늘의 지정이 머리나 혀가 하는 외견상 다소 더 중요한 일 대신에 내 손에 맞는 다소 단순한 일이거나, 아니면 내 발에 맞는 용무들이라고 해서 밖으로 내쳐져야만 합니까?

프랜시스 하버갈(Frances Ridley Havergal)

1월 15일
자신을 알고자 하면

왜냐하면 이것이 하나님의 뜻, 너희의 거룩함까지도 되기 때문입니다. - 살전 4:3

우리와 주님 사이에서 제거해주소서,
있을지도 모를 모든 장애들을.
하여 우리 맨 안쪽의 마음이 입증할 수 있도록
거룩한 성전을, 주님을 위해 만날 수 있도록.

15세기의 라틴 미사

자신을 알고자 한다면, 하나님 앞에서 참고 견디십시오. 그러고는 왜 하나님이 그대를 세상에 보냈는지, 어떻게 그대는 그것을 성취했는지, 그대는 하나님이 뜻했던 그런 사람이 벌써 되었는지, 아직도 그대에게 무엇이 부족한지, 지금 그대를 향한 하나님의 뜻이 무엇인지, 하나님의 호의를 얻고 하나님께 스스로를 입증하기 위해 그대는 하나님의 은혜로 지금 무슨 일을 할 수 있는지를 알려고 애쓰십시오. 하나님께 "나를 가르쳐 당신의 뜻을 행하게 하소서. 당신은 나의 하나님이시기 때문입니다"라고 말하십시오. 그러면 하나님은 그대의 영혼에게 "두려워 말라. 나는 너의 구원이다"라고 말할 것입니다. 하나님은 그대의 영혼에게 평화를 말할 것입니다. 하나님은 그대를 그 길에 두실 것입니다. 하나님은 그대를 감각에 속하는 것들과, 사람의 칭찬과, 그대가 꼭 쥐면 없어지는 것들 너머로 그대를 데려가 그대에게, 만일 오로지 아득히 멀리 떨어져 있다면, 하나님 자신의 쇠퇴하지 않고 저물지 않고 멸망하지 않는, 밝은 모습과 지복과 사랑을 다소 얼핏 보게 하실 것입니다.

에드워드 퓨지

줄을 끊지 마세요

이제는 우리의 주 예수 그리스도, 그 자신과, 우리를 사랑하셨으며 우리에게 은혜를 통해서 영원한 위로와 좋은 소망을 주셨던 하나님, 우리의 아버지까지도, 너희의 마음을 위로하시고, 모든 유익한 말과 행사로 너희를 공고히 하시기를. - 살후 2:16~17

> 모든 우리의 마음이 슬픔을 청하려 할 때는,
> 우린 우리의 매일의 임무를 피할 필요가 없으며,
> 또한 평온을 위해 우리 자신을 숨길 필요가 없지요.
> 우리의 괴로움을 치유하려 우리가 찾는 약초들은
> 우리 지나는 길가에 흔하게 자라며,
> 우리의 흔한 공기가 안정제이지요.
>
> 존 키블

오, 우리가 어떤 의무나 어떤 동료 인간들에게서, 우리의 마음들이 우리 자신의 어떤 큰 갈망으로 너무 아프며 슬프다고 말하면서 얼굴을 돌릴 때, 우리는 하나님의 메시지가 우리에게로 타고서 오고 있던 줄을 송송 끊는 경우가 있습니다. 우리는 사람을 들이지 않았고, 또한 출입문을 열기 위해 사람을 계속 보냈던 천사를 들이지 않았습니다. 우리들의 인생에는 어떤 계획이 작동하고 있으며, 또한 만일 우리가 마음을 고요히 유지하고 눈을 계속 뜨고 있으면 그것은 모두 함께 작동하며, 그리고 만일 우리가 그렇게 하지 않으면, 그것 모두는 함께 싸우며 또한 그것은 어떻게 해서든 어딘가에서 바로 올 때까지 싸움을 계속합니다.

애니 키어리(Annie Keary)

1월 17일
복된 성공의 날

사랑하는 이들아, 너희를 시험하려는 불같은 시련에 관하여는, 마치 어떤 이상한 일이 너희에게 일어난 듯이 이상하게 생각지 말고, 너희는 그리스도의 고난에 함께하는 자들이기 때문에 기뻐하라. - 벧전 4:12~13

우리 엄숙한 감사함으로 집어 올리네
우리의 짐을, 또한 그걸 청하지 않는 것도 아니네.
그리고 그걸 기쁨으로 셈하지 우리라도
주를 감당하거나, 섬기거나, 기다릴 수 있도록,
그리고 주의 뜻이 이루어지기를!

존 휘티어(John Greenleaf Whittier)

모든 내적 · 외적 고민을, 모든 실망, 고통, 불편함, 유혹, 어둠, 그리고 쓸쓸함을, 자아에 대해 죽고 자기를 부인하며 고통받는 그대의 구세주에게로 들어가는 진정한 기회요 복된 경우로서, 두 손으로 맞아들이십시오. 내적 혹은 외적 고생을 어떤 다른 시야에서 보지 마시고, 그것에 관한 모든 다른 생각들을 거부하십시오. 그러면 모든 종류의 시련과 고통은 그대의 성공의 복된 날이 될 것입니다. 하나님에 대한 최고의 믿음과 가장 온전한 복종을 발휘하는 상태가 최상입니다.

윌리엄 로

1월 18일
범사에 감사하라

너는 주 너의 하나님이 너에게 주신 모든 좋은 것을 기뻐할 것이라. - 신 26:11

항상 기뻐하라, 쉬지 말고 기도하라, 범사에 감사하라. - 살전 5:16~18

> 그대의 가슴에 과거의 '빨간 글자의 날'을 각각 새기시오!
> 그 길의 모든 햇빛을 잊지 마시오.
> 그 길로써 주께서 그대를 인도했으니, 응답받은 기도들,
> 그리고 초대받지 않은 기쁨들, 낯선 축복들, 제거된 근심들,
> 웅장한 약속의 메아리들! 이렇게 그대의 인생은 되어지리니
> 그대에 대한 주님의 사랑과 미쁘심의 하나의 기록이.
>
> 프랜시스 하버갈

감사는 우리 상황의 특별한 것들과, 그리고 차례차례로 붙잡힌 수많은 하나님의 은혜를 주의 깊고 세세하게 유의하는 데 있습니다. 그것은 하나님이 인생의 가장 적은 사건과 가장 작은 필요까지에도 우리를 사랑하시며 돌보신다는 의식으로 우리를 채워줍니다. 우리의 어린 시절부터 하나님이 그분의 아버지 같은 손을 늘 식사의 감사 기도 중에 우리 위에 얹고 계셨다는 것, 그 하나님 손의 맥박까지도, 우리가 일찍이 받았던 가장 중요한 축복 가운데 있는 축복이라는 것은 복된 생각입니다. 이런 감정이 깨어나게 될 때, 가슴은 감사의 맥박으로 고동칩니다. 모든 은사에는 칭찬의 보상이 있습니다. 그것은 우리 하나님 아버지와의 끊임없는 날마다의 교제, 즉 축복의 내림으로 우리에게 말을 거시는 하나님과 감사의 올림으로 하나님에게 말을 거는 우리 사이의 교제를 불러일으킵니다. 그러면 모든 우리의 평생은 그것에 의해 하나님의 표정의 빛 아래로 이끌리고, 감사에 넘치는 마음들만이 알 수 있는 기쁨과 평온함과 평화로 가득 채워집니다.

헨리 매닝

1월 19일
가장 행복한 나

주를 찾는 사람들의 마음을 기쁘게 하라. - 시 105:3

주를 기뻐함이 너희의 힘이다. - 느 8:10

주님은 나의 **태양**이 되시고, 내 이기주의를 멸하시기를,

주님의 **사랑**의 분위기는 내 모든 기쁨이 되기를,

주님의 임재는 언제나 밝은 내 햇빛이 되기를,

내 영혼은 주님의 빛에서만 사는 작은 티끌이 되기를.

게르하르트 테르슈티겐(Gerhard Tersteegen)

내가 내 앞에 오로지 초 하나와 흰 천 하나만을 갖고서, 오직 내 자신의 숨소리만을 들으며, 하나님을 내 영혼에, 하늘을 내 눈에 두고서 …… 일하며 앉아 있었던 때보다, 내 영혼에서 언제 더 행복했던 때가 있었는지 나는 모릅니다. 나는 정확히 현재의 나 됨을, 곧 하나님을 사랑할 수 있고 하나님이 살아계신 한 행복할 게 틀림없는 사람이 된 것을 기뻐합니다. 나는 일어나 잠시 창밖을 보며, 전능하신 손의 작품인 달과 별들을 응시합니다. 나는 우주의 웅장함을 생각하고, 그러고는 앉아서, 내 자신을 우주에서 가장 행복한 존재라고 생각합니다.

18세기, 어느 가난한 감리교 여신도

새로운 아름다움을

주는 자신의 백성을 기뻐하시니 유순한 자들을 구원으로 아름답게 하실 것입니다. - 시 149:4

주의 말씀들을 오래도록 듣노라면,
제 음성은 당신의 어투를 파악하게 될 거예요.
또한 당신 손에 갇힐 때는, 제 손은 점점 자라
모두 다정해질 거예요 당신 자신의 손처럼.

B. T.

신에 대한 공경과 자비의 연습이 어떤 성스런 운필과 빛으로써 가장 차갑고 가장 냉정한 표정을 주조해 황금빛으로 빛낼지는 말로 설명할 수 없으며, 또한 그것들의 출발이 가장 아름다운 용모를 어떤 어둠에 맡길지도 그렇습니다. 왜냐면 그것에 대한 연습이 비록 잠깐 동안이라도, 용모에다 새로운 아름다움을 새기지 않을 그런 덕행이란 전혀 없기 때문입니다. 또한 용모뿐만 아니라, 몸 전체에는 지적 및 도덕적 능력들이 작용을 합니다. 왜냐면 모든 동작과 몸짓은 아무리 적다 하더라도 그것들을 나스리는 정신에 따라 그 방식들에 차이가 있기 때문입니다. 그리고 올바른 감정의 유순함과 단호함에는 행동의 우아함과, 또한 이것이 지속되는 내내, 형식의 우아함이 따릅니다.

존 러스킨

우리 주변에 기쁨을 뿌리고 고통을 뿌리지 않으려는 소원처럼 안색이나, 형태나, 행동을 아름답게 하는 것은 없습니다.

랠프 에머슨(Ralph Waldo Emerson)

1월 21일
새 힘을 얻으리

소년이라도 실신하고 지치며, 또한 장정들이 완전히 쓰러지게 되더라도, 주를 섬기는 자들은 새 힘을 얻으리니, 그들은 독수리들처럼 날개를 갖고 높이 오를 것이며 달려도 지치지 않을 것이며 걸어도 실신하지 않을 것이다. - 사 40:30~31

주여, 크나큰 용기와 기쁨을 갖고서
전 매사를 행합니다.
당신의 가장 작은 호흡이 제 날개를 지탱하실 때!
전 번쩍거리며 움직입니다
위에 있는 것들처럼,
그리고, 많은 즐거움으로
슬픔을 청산하고서,
매일 밤의 아름다운 날들을 저를 위해 만드소서.

헨리 본(Henry Vaughan)

사람은, 전적으로 **신의 영향**에 복종해 삶으로써, 그가 달리 이를 수 있는 모든 즐거움보다 무한히 더 큰 내적 즐거움들인, 천국의 **지복 상태**로 둘러싸이게 되고, 또한 그 자신을 위해 그것을 창조합니다.

제임스 그리브스(James Pierrepont Greaves)

자기 부정의 습관을 견지함으로써, 우리는 자신이 표현할 수 있는 것을 넘어 정신의 내적 힘들을 늘리게 될 것이며, 또한 우리를 모든 선한 목적들에 맞출 저 영의 유쾌함과 위대함을 생산하게 될 것이며, 즐거움을 잃지 않고 그것을 바꾸게 될 것이며, 영혼은 그때 그 자신의 본래적 즐거움으로 채워지게 될 것입니다.

헨리 모어(Henry More)

삯꾼처럼 아니에요

우리가 주를 알기 위해 계속 뒤따르면 우리는 알게 될 것입니다. - 호 6:3

그리고 의무의 길이 평평하게 될 때,

제가 거기서 걸을 수 있도록 은혜를 주소서.

삯꾼처럼, 자신의 이기적 수익을 위하여,

뒤쪽을 흘깃 보고 내키지 않는 발걸음을 하며,

자신의 비겁한 두려움을 공치사하지 아니하면서,

그러나 명랑하게, 내 주변에 던져진 빛 속에서,

즐겁게 봉사하도록 인도된 사람으로 살며,

하나님의 뜻을 마치 그게 제 뜻인 양 행하며,

게다가 내 힘을 믿지 않고, 하나님의 힘만을 믿으면서!　　　　　존 휘티어

　분명 우리의 의무를 행함으로써 우리는 의무를 행하는 법을 배웁니다. 사람들이 어떤 일이 그들의 의무인지 아닌지를 논쟁하기만 하면, 그들은 결코 그만큼 더 가까이 가지 못합니다. 그들로 아주 미약하게라도 그것을 시작하게끔 해보십시오. 그러면 상황들의 겉면이 달라집니다. 그들은 알지 못했던 능력을 그들 자신 안에서 보게 됩니다. 그들에게 극복할 수 없을 듯했던 어려움들이 사라집니다. 왜냐하면 하나님께서는 그분의 복된 성령의 영향력과 더불어 그 일에 동행하시며, 또한 각각의 수행은 하나님의 은혜의 더 큰 유입을 위해 우리의 마음을 열어, 그 마음을 하나님과의 친교에 두기 때문입니다.　　　　　에드워드 퓨지

　특정한 경우에 무엇이 우리의 의무인지를 고려한다고 하는 것은, 아주 흔히는 단지 그 의무를 발뺌하고자 하는 노력일 뿐입니다.

조지프 버틀러(Joseph Butler)

네 어둠이 대낮처럼

만일 네가 네 영혼을 주린 자들에게 빼내며, 괴롭힘을 당하는 영혼을 만족시키면 네 빛이 어둠 중에 일어나며, 네 어둠이 대낮처럼 될 것이며, 주께서 너를 계속 인도할 것이다. – 사 58:10~11

> 만일 그대가 **어제** 그대의 의무를 마치게 했다면,
> 그리고 그로써 **오늘**을 위해 견고한 발판을 깨끗이 했다면,
> 어떠한 구름들이 **내일**의 태양을 어둡게 할지라도,
> 그대는 놓치지 않게 되리 그대의 고독한 길을.
>
> 요한 볼프강 괴테(Johann Wolfgang von Goethe)

죽음에 이르도록 우리의 안내자가 되시는 주여, 제가 당신께 기도하오니 우리에게 당신이 어디를 가시든지 당신을 좇을 은혜를 허락해주소서. 주께서 우리를 그리로 부르셨던 날마다의 작은 의무들에서는, 우리의 뜻을 굽혀 단순한 복종, 고통이나 도발 아래서의 인내, 말과 태도의 엄격한 정직성, 겸손, 친절에 이르게 하소서. 그리고 의무나 수행의 큰 행동들에서는, 만일 주께서 우리를 그것들에로 부르시면, 우리를 들어 올려 자기희생과, 영웅적 용기, 주님의 진리를 위해, 아니면 형제를 위해 목숨을 내려놓는 일에 이르게 하소서. 아멘.

크리스티나 로세티(Christina Georgina Rossetti)

1월 24일
열렬히 섬기십시오

나는 내게 조언을 주셨던 주를 찬양하리라. - 시 14:7

일에서는 게으르지 말고, 영으로는 열렬히 주님을 섬기십시오. - 롬 12:11

공손한, 듣는 사랑이 제 것이 되게 하소서.
그 사랑은 온종일 주를 시중하지요.
조심스러운 마음의 예배와 더불어
허나 그 마음 다른 누구도 볼 수 없지요.

애나 워링

어떤 것도 하나님 보시기에는 작거나 대단하지 않으며, 하나님이 뜻하시는 것은 무엇이든, 비록 겉보기에 사소하더라도 우리에게는 대단하게 되고, 만일 양심의 목소리가 우리에게 하나님께서 어떤 것이 필요하다고 말하면, 우리들은 그 중요성을 측정할 아무런 권리가 없습니다. 반면에, 하나님께서 우리에게 시키고 싶어 하지 않는 것은 무엇이든, 아무리 그것을 중요하게 생각하더라도, 우리에게는 없는 것과 다름없습니다. 그대가 아주 사소하게 생각하는 이 의무를, 아니면 이것의 충실한 수행이 가져올 수도 있을 축복을, 무시함으로써 그대가 무엇을 잃을지도 모른다는 것을 어떻게 알 수 있습니까? 만일 그대가 매일 그대에게 부여되는 일에서 최선을 다한다면, 그대는 어떤 더 무거운 경우가 발생할 때, 충분한 도움 없이는 버려지지 않을 것임을 확신하십시오. 하나님께 그대 자신을 내어주고, 하나님을 신뢰하고, 하나님께 그대의 눈을 고정하고, 하나님의 목소리에 귀를 기울이고, 그리고 그런 후에는 용감하고 활기 있게 계속 가십시오.

장 그루

1월 25일
양심에 따른 행동을

만일 너희가 이것들을 알고, 행하면 너희는 행복하다. - 요 13:17

그러므로 선을 행하는 법을 알고 그것을 행하지 않는 것은 죄다. - 약 4:17

> 우린 타오를 수 없어요 우리가 원할 때
> 우리 가슴에 거주하는 불을,
> 영은 숨을 내쉬나 고요하지요.
> 신비 속에 우리 영혼은 머물지요.
> 허나 통찰의 시간에 원했던 임무들은
> 우울의 시간들을 거쳐서 이루어질 수 있지요.
>
> 매슈 아널드(Matthew Arnold)

깊이 뿌리박힌 습관들은 비록 잘못되었어도 쉽게 바뀌지 않으나, 그러나 모두가 자신들에게 옳다고 분명히 아는 것에서 단호한 것은 모두의 의무입니다.

존 울먼(John Woolman)

확실한 것을 행하지 않는 사람은 종종 부당하게 행동하나, 확실한 것을 행하는 사람만은 그렇지 않습니다.

마르쿠스 안토니누스(Marcus Aurelius Antoninus)

우리가 빠뜨리는 모든 의무는 우리가 알았어야만 하는 어떤 진실을 모호하게 합니다.

존 러스킨

1월 26일
소원을 지속한다면

우리가 무엇이 될 것인지는 아직 나타나지는 않았습니다. - 요일 3:2

우리가 한 번 보았던 어떤 별도 좀체 놓쳐지지 않아요.
우린 늘 되었을는지도 모를 그런 사람이 될 거예요.
선이란, 비록 생각일 뿐이지만, 생명과 호흡이 있기에
하나님의 생명은 늘 죽음에서 구원되어질 수 있어요.
그리고 악은 그 본질상 몰락이에요.
모든 시간은 그것 모두를 지워버릴 수 있어요.
다소 먼 거리에서 보인 실패한 희망들은,
보다 진실한 생명일 수도, 또한 이것은 꿈일 수도 있어요.

애들레이드 프록터(Adelaide Anne Procter)

성자 버나드는 말했습니다. "사람아, 만일 그대가 고상하고 거룩한 인생을 바라고, 그것을 위해 하나님께 끊임없이 기도한다면, 만일 그대가 기도로 부단히 여기에서 그대의 소원을 지속한다면, 그것은 비록 단지 그대의 죽음의 날이나 시간에서라도 틀림없이 그대에게 허락될 것이며, 또한 만일 하나님이 그때 그대에게 그것을 주시지 않는다면, 그대는 그것을 영원 속에 계신 하나님 안에서 보게 될 것입니다. 이것을 확신하십시오." 그러므로 그대의 소원이 비록 당장 이루어지지 않거나, 혹은 그대가 그대의 열망들에서 이탈하거나, 혹은 그것들을 한동안 잊기까지 할는지 몰라도 …… 그대의 소망을 철회하지 마십시오. 한때 정말로 존재했던 사랑과 열망은 하나님 앞에 영원히 살아 있으며, 그리고 하나님 안에서 그대는 그것의 열매를 보게 될 것입니다. 다시 말하면, 그것은 비록 그대가 그것들을 결코 느껴보지 못했는지의 여부보다 모든 영원에 대해 그대에게는 보다 더 좋을 것입니다.

요하네스 타울러(Johannes Tauler)

1월 27일

달라도 너무 달라

왜냐면 영원에 거하시며, 그 이름이 거룩하신, 높고 고상하신 이가 이렇게 말씀하셨기 때문이다. 나는 높고 거룩한 처소에, 통회하는 겸손한 영을 지닌 자와 함께 또한 거하여, 겸손한 자들의 영을 소생시키며, 통회하는 자들의 마음을 소생시키노라. - 사 57:15

끝이나 한계가 없이
주님의 생명이 빛 가운데 모두 펼쳐져 있네.
우리의 인생들은 주변에서 온통 느끼네 주님의 생명이,
우리의 약점을 강하게, 우리의 어둠을 밝게 만드는 것을.
그렇지만 그건 광야도 바다도 아니라네.
그러나 충만한 영원의 고요한 기쁨이지.

프레더릭 페이버(Frederick William Faber)

오 영원이신 진리여! 그리고 진리이신 사랑이여! 그리고 사랑이신 영원이여! 당신은 나의 하나님, 당신에게 나는 밤낮으로 탄식합니다. 내가 처음 당신을 알았을 때, 당신께서는 나를 들어올리셨기에, 나는 내가 볼 것이 어느 정도 있었음을 볼 수 있었으나, 나는 아직 볼 만한 사람이 아니었습니다. 그리고 당신께서는 당신의 빛의 광선들을 내 위에 매우 강력하게 쭉 흐르게 하시면서, 내 시력의 약함을 격퇴시키셨습니다. 그리고 나는 사랑과 두려움으로 떨었으며 서로 닮지 않음의 영역에서 내 자신이 당신으로부터 멀리 떨어져 있음을 인지했습니다.

성 아우구스티누스(Sanctus Aurelius Augustinus)

왜 제가 그 짐을?

오 주를 두려워하라, 너희들 주의 성도들아. 주를 두려워하는 자들에게는 부족함이 없기 때문이다.
- 시 34:9

주는 주의 손을 펴사, 모든 살아있는 것의 소원을 만족하게 하십니다. - 시 145:16

주께서 오늘 공급하실 것을,
저로 하여금 아이로서 받게 하소서.
내일 일어날지도 모를 것을,
조용히 주의 지혜에 맡기소서.
주께서 걱정하실 것으로 충분해요.
왜 제가 그 짐을 져야만 하나요?

존 뉴턴(John Newton)

우리는 있음직한 결말들에 대한 불안으로 인해서 우리의 판단의 명증성을 늘렸으며, 또한 현재를 마주하고 미래를 위해 우리 자신을 무장시키는 데 있어 우리를 더 지혜롭고, 용감하게 만들었음을 알았습니까? 만일 우리가 오늘의 양식을 위해 기도하고, 바로 다음 날의 것을 그냥 방치했었다면, 만일 우리가 우리의 날들을 그러모으지 않고, 각 하루마다에 그날의 정해진 임무를 할당하지 않고, 늘 그것을 뒤로 미루며, 우리가 예상했든 아니했든, 닥치면 부딪쳐야만 하는 미래 자체의 골칫거리들에 대해서 미래에 의지했었더라면, 우리는 우리의 인생에서의 단순과 정직, 일에 대한 역량, 그것에 대한 즐거움을 틀림없이 알게 되었을 터인데, 그러나 그것들에 대해서 우리는 지금 대부분 모릅니다.

프레더릭 모리스(Frederick Denison Maurice)

너를 도우리라

너의 주이신 내가 너의 오른손을 붙들고, 너에게 말하노니, 두려워 말라. 내가 너를 도우리라. - 사 41:13

오 당신을 신뢰하는 자들을 당신의 오른손으로 구원하시는 주여, 당신의 놀라운 사랑의 자비를 보이소서. - 시 17:7

> 제가 주의 손을 잡으니, 두려움들이 잠잠해지고,
> 주의 얼굴을 보니, 의심들이 없어지네요.
> 누가 자신의 흔들리는 의지를 양보하지 않으리요
> 완전한 **진리**와 한없는 **사랑**에게?
>
> 새뮤얼 존슨(Samuel Johnson)

두려움 속에서 여기 인생의 변화와 우연을 손꼽아 기다리지 마십시오. 차라리 그것들이 일어날 때, 그대는 하나님의 것이니, 하나님이 그대를 그것들에서 구해주리라는 온전한 희망을 갖고, 그것들에 기대를 거십시오. 하나님께서는 지금까지 그대를 지키셨으니, 그대는 그저 하나님의 귀중한 손을 단단히 쥐기만 하십시오. 그러면 하나님은 모든 것을 통해서 그대를 안전하게 인도하실 것이며, 그대가 견딜 수 없을 때는 그대를 그 품에 안으실 것입니다. 내일 무엇이 일어날지를 손꼽아 기다리지 마십시오. 오늘 그대를 돌보시는 꼭 같은 영원하신 하나님 아버지께서는 내일, 그리고 매일 그대를 돌보실 것입니다. 하나님은 고통에서 그대를 보호하시거나, 아니면 그대에게 그것을 견딜 수 있는 확실한 힘을 주실 것입니다. 그러니 안심하시고 모든 걱정되는 생각과 상상을 옆으로 밀어놓으십시오.

성 프란치스코 살레시오(Sanctus Franciscus Salesius)

1월 30일
놓칠 수 없어요

내가 새벽의 날개를 가지고, 바다의 가장 먼 지역들에 거할지라도, 거기서도 주의 손이 나를 인도하시고, 주의 오른손이 나를 붙드시리라. - 시 139:9~10

> 난 주를 놓칠 수 없어요! 고요히 주 안에 머물고 있으니,
> 내가 아무리 멀리 돌아다녀도, 그 끝이 분명하네.
> 세상을 쥐신 손이 내 발걸음을 인도하고 계시니,
> 하여 난 마침내 내 집이신, 주 안에서 쉬어야만 하네.
>
> 일라이자 스커더(Eliza Scudder)

어떻게 우리들은 이 직접적인 하나님의 인도하심을 인지할 수 있게 되는지? 조심스레 그대 영혼의 집을 눈여겨보며 그 문들 안에 거주함으로써이지요. 그러므로 자신의 마음의 집에 머무르고, 외부의 것들을 불안하게 쫓아가며 추적하기를 그치도록 하십시오. 만일 세상에 있는 동안 이렇게 집에 있으면, 집에서 마쳐야 할 무엇이 있는지를, 하나님이 내부적으로는 수단을 갖지 않고, 또한 외부적으로는 수단의 도움에 힘입어 무엇을 명령하시는지를, 확실히 알게 될 것입니다. 그런 다음 자신을 버리고, 사랑하는 주께서 인도하시기에 알맞다고 생각하는 길이 무엇이든, 하나님을 따르도록 하십시오. 그 길이 묵상이나 혹은 행동으로 향하든, 실용성이나 혹은 즐거움으로 향하든, 슬픔 속에서든 혹은 기쁨 속에서든, 계속 그분을 따르도록 하십시오. 그리고 만일 하나님이 만유 속에서 이렇게 하나님의 손길을 느끼도록 허락하지 않으시면, 조용히 그저 자신을 다 양보하고, 하나님을 위해, 사랑에서 빠져나와 밖으로 나가서, 조용히 빨리 가도록 하십시오.

요하네스 타울러

1월 31일
푸른 초장으로

너의 모든 길에서 주를 인정하라, 그러면 주께서 너의 길들을 인도하실 것이다. - 잠 3:6

주께서 나를 인도하신다. - 시 23:2

'푸른 초장들'에서요? 늘은 아니에요. 때로 주는요
가장 잘 아시니, 친절히 나를 인도하지요
무거운 그늘이 있는, 지친 길에서요.

하여, 높고 아름다운 산꼭대기에
내 머물든, 아님 해 들지 않는 계곡에든, 거기에
그늘들 있다 해도, 무슨 문제인가요? 주가 거기 계신데.

헨리 배리(Henry H. Barry)

목자는 그의 양들에게 어떤 초장이 최고인지를 알고 있으며, 그리고 양들은 묻거나 의심해서는 안 되고, 믿고서 목자를 따라야만 합니다. 어쩌면 (목자 되신) 주는 우리 중 일부에게는 최고의 초장이 반대 내지 속세의 시련들 한가운데서 찾아질 수 있음을 아실는지 모릅니다. 만일 주께서 그대들을 그곳으로 인도하시면, 그대들에게는 그곳이 푸르러서, 거기서 꼴을 먹음으로써 그대들은 자라서 튼튼해지게 되리라는 것을 확신할 수도 있을 것입니다. 어쩌면 주께서는 그대들이 그 곁을 걷는 최고의 물은 고생과 슬픔의 맹렬한 파도가 되리라는 것을 아실지도 모릅니다. 만일 이것이 비슷한 예가 된다면, 주께서는 그 물을 그대들을 위한 잔잔한 물로 만드실 것이며, 그러면 그대들은 가서 그 물가에 누워, 그 물로 하여금 온갖 복된 영향들을 그대들에게 끼치도록 해야만 합니다.

해나 스미스(Hannah Whitall Smith) 편집

인내의 연습

이제 인내와 위로의 하나님이 너희로 예수 그리스도를 따라 서로 같은 마음이 되도록 허락해 주시기를. - 롬 15:5

인내를 온전히 이루도록 하십시오. - 약 1:4

> 나로 참고, 친절하며, 유순하게 하소서,
> 날마다.
> 내게 더 가까이 사는 법을 가르치소서
> 내 기도할 때.
>
> 샤프의 《런던지》(Sharpe's London Magazine)

인내의 연습은 하나님의 임재에 대한 계속적인 실천을 포함합니다. 왜냐면 우리들은 어느 때든 우리의 좋은 기질을 거의 영웅적으로 발휘하도록 요구받을 수도 있으며, 또한 그것은 자아에 대해서는 아무것도 남아 있지 않기에, 비이기주의로 가는 첩경이 되기 때문입니다. 아주 친밀하게 자아에 속해, 자아의 사유재산인 것 같은 모든 것, 예를 들어 시간, 가정, 안식 등은 인내의 이런 계속적인 시험들에 의해 엄습을 받습니다. 가정은 이런 좋은 기회들로 가득 차 있습니다.

프레더릭 페이버

어떤 불친절에 슬퍼질 때 사랑을 품는 것, 도발을 받을 때 자신을 정복하는 것, 시련과 터무니없는 잘못 중에 유순함을 유지하는 것이 어떤 것인지를 우리가 알고 있을 때, 오직 그때만이 우리들은 그리스도 안에 있는 '영의 태도'를 어하한 정도로 알 수가 있습니다.

토머스 카터(Thomas Thelluson Carter)

2월 2일
은혜가 될지도

이제 형제들이여, 우리가 권고하니 무질서하게 사는 자들을 경계하며, 마음이 약한 자들을 위로하고, 연약한 자들을 도와주고, 모든 사람들에게 오래 참으십시오. - 살전 5:14

우리가 매일 마주치는 사소한 걱정들은
우리 길 가로막는 방해물로서, 놓여 있는지도 몰라요
아님 우리가 그것들을 디딤돌들로 만들면
오 주여, 당신께 은혜가 될지도 몰라요.

앤 해밀턴(Anne E. Hamilton)

우리들은 틀림없이 우리 자신의 의지를 다른 사람들의 의지에 계속적으로 희생시키고 있으며, 우리를 성가시게 하는 광경들과 소리들을 무단으로 견딥니다. 또한 매우 다른 어떤 것을 하는 편이 차라리 훨씬 나을 때는 우리들은 이런저런 과제를 시작하며, 그 일이 완전히 싫증이 나는 때 종종 그것을 참을성 있게 붙들고 있습니다. 또한 홀로 있는 것이 우리에게 큰 기쁨이 될 것 같은 때, 우리는 의무 때문에 교제를 계속합니다. 게다가 인생의 모든 사소한 불운한 사건들, 그리고 오래도록 지속된 신체적인 고통과 허약함이 있는 때도 그렇습니다. 또한 종종 그것이 질병에까지 이르지 않을 때는, 우리는 당황하며, 우리가 중하게 여기는 것을 잃고, 우리가 바라는 것을 놓치고 있습니다. 우리가 그것을 거의 기대하지 않는 경우들에는, 다른 사람들 안에 있는 실망, 센 고집, 불친절, 배은망덕, 어리석음을 제외하고서.

존 키블

2월 3일
습관적인 생각들

오 하나님, 나를 살펴, 내 마음을 아시고. 나를 시험하여, 내 생각들을 아소서. 내 속에 어떤 악한 길이 있는 지를 보시고, 나를 영원한 길에서 인도하소서. - 시 139:23~24

우리를 구하소서 사악한 혀로부터,
잘못 생각하는 마음으로부터,
죄들로부터, 그것들이 어떤 것이든
주께로부터 영혼을 갈라놓는 죄들로부터.

작자 불명

자신의 마음을 단순하고, 겸손하며, 건강한 상태로 보존할 목적으로, 한 시간의 여백 동안, 자신의 생각들을 꾸준히 지켜보는 일에 마음을 두지만, 그러나 메뚜기들처럼 '자신의 영역에 있는 모든 푸른 것을 다 먹어 치울' 준비가 되어 있는, 다양한 종류의, 자기 반영의, 자기 찬양의 정서들 속에서, 밤과 낮이 반대되는 만큼이나 단순과 겸손에 반대되는 상태를, 빠르게 식별할 사람이 누가 있습니까?

메리 켈티(Mary Ann Kelty)

2월 4일
입술의 문을

만일 어떤 사람이 말로 죄를 범하지 않으면, 그와 같은 이는 완전한 사람이며, 또한 온몸에 굴레를 씌울 수가 있습니다. - 약 3:2

오 주여, 내 입 앞에 파수꾼을 세우시고 내 입술의 문을 지키소서. - 시 141:3

> 놀랍도다! 나쁜 말을 결코 한마디도 하지 마시게,
> 혹은 경솔한, 혹은 부질없는, 혹은 불친절한 말을.
> 오, 대단히 은혜로우신 주여, 제가 어떻게
> 볼는지요 참 완전의 이 표적을?

찰스 웨슬리(Charles Wesley)

우리가 실망이나 격앙이나 공감하지 않는 피곤에 빠르게 빠져들려는 자신의 유혹들과, 또한 온갖 기분 속에서, 우리들 밖의 세상과 마음속 기분 사이의 온갖 불화들 속에서, 건강의, 걱정의, 편견의 온갖 상황들 속에서, 우리의 동료 인간들, 우리의 이웃들, 혹은 우리 자신의 가족들이라도 만나서는 — 불친절한 감정은 적어도 내부에 가둔 채, 오직 친절한 감정만을 표현하려고 하면서 — 성급함이나, 조야함, 혹은 눈치 없는 자기 열중의 아무 신호들을 보이지 않는 것이 날마다 얼마나 힘든 일인지를 상기할 때, 우리는 이 정도까지 도달했던 사람은 자신에 대한 승리자며, 또한 그의 능력의 은혜로움 가운데 **완전한 사람**의 스타일로 만들어졌음을 기꺼이 인정하게 될 것입니다.

존 톰(John Hamilton Thom)

세 배로 복된 사람

공의를 지키는 자들은 복되며, 항상 의를 행하는 자는 복됩니다. - 시 106:3

너는 견실해져 두려워하지 않을 것이다. 너는 너의 재난을 잊고, 흘러가는 물처럼 그것을 기억할 것이다. - 욥 9:15~16

비통함의 모진 파도 속에서,
(파도는) 두들겨 맞고 이리저리 흔들리는데
불어오는 음침한 바람들에 의해서
(바람은) 의심의 황량한 해변으로부터 오지.
그곳엔 믿음이 내렸던 닻들이
강풍에 걸리지 않고 있는데,
난 지금 조용히 꽉 붙잡고 있지요
파산할 수 없는 것들을.

워싱턴 글래든(Washington Gladden)

인간의 영혼이 통과할 수 있는 가장 어두운 시산에, 다른 어떤 것이 의심스럽다 해도, 이것은 어쨌든 확실합니다. 만일 하나님이 없고 미래 상태가 없다면, 아니 그때에도 이기적인 것보다는 후한 것이 더 좋고, 방종한 것보다는 순결한 것이 더 좋고, 거짓된 것보다는 진실한 것이 더 좋고, 겁쟁이가 되는 것보다는 용감한 것이 더 좋습니다. 영혼의 큰 폭풍우의 어둠 속에서, 이들 훌륭한 경계표들을 용기 있게 꽉 붙들었던 사람은 모든 속세의 복된 모습 이상으로 복됩니다. 만사가 안팎에서 서글프고 즐거움이 없을 때, 그의 선생들이 그를 겁나게 하며 친구들이 그를 피할 때, 완강하게 도덕적 선을 고수했던 사람은 세 배로 복됩니다. 세 배로 복됨은 그의 밤이 맑고 밝은 대낮으로 변하게 될 것이기 때문입니다.

프레더릭 로버트슨

이 시간 안에서 사는 것

주를 신뢰하는 자는 누구든 안전하리라. - 잠 29:25

내가 매우 높으신 하나님께 부르짖으리라. 나를 위해 모든 것을 실행하시는 하나님께. - 시 57:2

오로지 그대의 불안한 마음을 조용히 유지하시오.

그리고 기다리시오 유쾌한 소망 가운데서; 만족하며

주님의 자비로운 뜻이 무엇이든 다 갖는 것으로,

(그 뜻) 주님의 온갖 것 분별하는 사랑이 보내셨으니;

그리고 의심치 마시오 우리 내심의 소용들이 알려짐을

주님 자신의 것을 위해서 우리를 택했던 주님께.

게오르크 노이마르크(Georg Neumark)

하나님께서 우리를 이 시간 안으로 데리고 오셨습니다. 하나님이시지, 우리 자신들이나 어떤 어두운 악마가 아닙니다. 만일 우리가 하나님이 우리를 위해 준비하셨던 것을 다루는 데 적합하지 않다면, 우리가 스스로를 위해 상상하는 어떤 상황에 대해서 우리는 완전히 부적합했을 것입니다. 이 시간 안에서 우리는 살며 씨름해야만 하는 것이지, 다른 어떤 시간 안에서가 아닙니다. 겸손히 떨며, 씩씩하게 그것을 바라봅시다. 그러면 우리는 태양이 10도를 되돌아갈 수 있거나, 아니면 우리가 태양과 함께 돌아갈 수 있기를 바라지는 않을 것입니다. 만일 편안한 시간들이 가면, 사실 어려운 시간들이 우리를 보다 진지하게 만들 수도 있고, 또한 그것들이 우리에게 스스로를 의지하지 말도록 가르칠 수도 있습니다. 만일 편안한 믿음이 불가능하다면, 사실 우리는 믿음이 무엇이며, 그리고 누구 안에 그 믿음이 두어져야만 하는지를 배울 수도 있습니다.

프레더릭 모리스

모든 길에서 행하라

내 목소리를 청종하라. 그러면 나는 너희 하나님이 될 것이며, 너희는 나의 백성이 될 것이다. 또한 너희가 좋아지기 위해서는, 내가 너희에게 명했던 모든 길들에서 행하라. - 렘 7:23

> 그리고 때로, 내 마음에 들려졌을 때에
> 그대의 시기적절한 명령이, 나는 미루었네
> 임무를, 보다 평탄한 산책길들에서 헤매느라고;
> 허나 그대를 난 지금 더 엄밀히 섬기려 해, 내 가능하다면.
>
> 윌리엄 워즈워스(William Wordsworth)

하나님께 성서가 '정직하고 선한 마음', 혹은 '완전한 마음'이라고 칭하는 것을 그대에게 베풀어주도록 기도하시고, 그리고 기다리지 말고 그대가 지니고 있는 최선의 마음으로 하나님께 복종하기를 당장 시작하십시오. 모든 복종은 없는 것보다 낫습니다. 그대는 하나님의 얼굴을 찾아야만 합니다. 복종은 하나님을 보는 유일한 길입니다. 그대의 임무는 오직 복종입니다. 하나님이 명하는 것을 행하는 것이 그에게 복종하는 것이며, 그에게 복종하는 것이 그에게 접근하는 것입니다. 모든 복종의 행동은 접근 — 비록 하나님이 멀리 떨어져 있는 것 같으나 그렇지 아니하고, 우리에게서 하나님을 감추고 있는 이 보이는 사물들의 장막 뒤에 가까이 계신 하나님에게로의 접근입니다. 존 뉴먼

우리가 우리 자신을 완전히 하나님의 발 근처에 두자마자, 우리는 그가 참여하고 있는 큰 전투의 방향을 결정하는 협의들에 대해서 아무것도 듣지 못한 보병이 그가 직접 복종해야만 하는 명령의 말을 아주 분명히 듣는 것처럼, 우리 자신의 발걸음들을 안내하기 위해 우리에게 주어진 충분한 빛을 갖고 있습니다.

조지 엘리엇(George Eliot)

2월 8일
당신의 안식으로

주께서는 나를 잔잔한 물가로 인도하십니다. 그는 내 영혼을 회복시키십니다. 그분은 자신의 이름을 위하여 의의 길에서 나를 인도하십니다. - 시 23:2~3

주께서 나를 인도하시네 물들 흐르는 곳으로,
부드럽고 조용한 물들,
그리고 친절히 안내해주시리라 주께서는 집으로
내 방황하는 마음과 뜻을.

존 키블

복종과 헌신에서 습관적 믿음이 생기며, 이는 비록 보이지 않아도 주님을 우리 평생의 일부가 되게 합니다. 비록 그 길이 거친 것이기는 해도, 주는 우리를 확실한 길로 안내해주실 것입니다. 또한 비록 그늘이 그 길에 걸려 있어도 주는 우리와 함께 계실 것입니다. 주는 결국은 우리를 집으로 데려올 것입니다. 많은 시련을, 또한 마음의 많은 두려움과 약해짐 속에, 많은 외로움과 비애 속에, 세상이 결코 알지 못하는 슬픔 속에, 또한 가장 가까운 이들조차도 결코 의심치 않는 짐들을 짊어지고서, 지루함을 거쳐야 할지 모릅니다. 그래도 주는 모두에게 족할 것입니다. 주께서는 만일 우리가 순하고 유순하면, 주님의 눈이나 주님의 음성으로 우리를 안내하실 것입니다. 또한 만일 우리가 방황하거나 제멋대로면, 주님의 지팡이와 주님의 막대기로 우리를 안내할 것입니다. 어떻게든 모든 수단을 써서, 주께서는 우리를 당신의 안식으로 데리고 올 것입니다.

헨리 매닝

2월 9일
정말로 돈독한 사람

나는 무서워, 나가서 당신의 달란트를 땅 속에 감추었습니다. 보소서, 여기에 지금 당신의 것이 있습니다. - 마 25:25

때가 있었소, (그때) 난 피했소 옳은 것을
그릇된 것에 대한 두려움을;
난 거룩한 싸움을 무릅쓰려 하지 않았소.
적이 강했기 때문이오.

허나 지금 난 버리오 저 더 우수한 감각을
그리고 더 쓰라린 수치를;
죄에 대한 이런 두려움은 게으름이었소.
하늘을 겨눈 이런 목표는 교만이었소.

존 뉴먼

만일 그가 어떤 잘못에 빠지면, 그는 그것에 대해 괴로워하지 않고, 겸손한 영과 너불어 일어서서, 기뻐하며 다시 자신의 실을 계속 삽니다. 만일 그가 하루에 100번씩 빠진다 해도, 그는 절망하지 않을 것이고 — 오히려 하나님께 다정히 크게 외치며, 하나님의 부드러운 연민에 호소할 것입니다. 정말로 돈독한 사람은 악에 대한 공포를 갖고 있으나, 선한 것에 대해 훨씬 더 큰 사랑을 갖고 있습니다. 그리고 그는 그릇된 것을 피하기보다는 옳은 것을 행하는 데 더 마음이 정해져 있습니다. 관대하며 넓은 마음을 갖고 있어, 그는 하나님을 섬기는 데 있어 위험을 두려워하지 않으며, 또한 하나님의 뜻을 행하는 시도에 실패하지나 않을까 해서 하나님을 섬기려고 노력하지 않으려고 하기보다는, 오히려 위험을 무릅쓰고라도 그의 뜻을 불완전하게나마 실행하려고 할 것입니다.

장 그루

2월 10일
은혜의 영에 의지

우리가 주를 기다렸으니, 그가 우리를 구원하시리라. 이는 주님이시다. 우리가 그를 기다렸으니, 우리는 그의 구원을 기뻐하며 즐거워하리라. - 사 25:9

> 복 되도다 기다리는 겸손한 영혼들
> 주의 뜻에 즐겁게 복종하네.
> 조화롭게 움직이네 그것들의 온 열정들,
> 그리고 폭풍들 한가운데서 고요하네.
>
> 필립 도드리지

그대의 결점들에 기죽지 마십시오. 그 결점들을 고치는 동안 그대가 이웃들에게 했듯이, 그대 자신에게 참으십시오. 마음의 이 열병을 버리십시오. 그것은 그대의 몸을 지쳐버리게 하며, 그대에게 잘못들을 범하도록 인도합니다. 기도를 매일 그대의 모든 일에까지 연장하는 것을 점차 습관화하십시오. 마치 그대가 기도 중인 것처럼, 정말로 그대가 기도 중임에 틀림없는 듯이, 평화롭게 말하고, 움직이고, 일하십시오. 만사를 흥분하지 않고, 은혜의 영에 의지해 행하십시오. 그대는 그대의 타고난 저돌성이 미끄러져 들어오고 있음을 인지하자마자, 조용히 하나님의 왕국이 있는 내면으로 물러가십시오. 은혜의 인도에 귀를 기울이시고, 그런 다음 오로지 **성령**께서 그대의 마음에 쏟아주실 것만을 말하고 행하십시오. 그대는 그대가 더 평온하게 될 것을, 그대의 말수가 더 적어지고 더 효과적이 될 것을, 그리고 더 적은 노력으로 그대가 더 많은 선을 이룩하리라는 것을 알게 될 것입니다.

프랑수아 페늘롱(François de Salignac de la Mothe Fénelon)

다 잘 이루었도다

나는 하나님 아버지께서 하라고 주신 일을 마쳤습니다. - 요 17:4

그녀는 그가 할 수 있었던 것을 다했다. - 막 14:8

> 하나님의 뜻을 전하고 행하였던 그니,
> 그리고 자신의 쉼 없는 동경들을 잠잠케 했던 그니,
> 다른 어떤 것을 그는 행하거나, 아님 보류했었다네.
> 그는 그의 사명을 다 잘 이루었다네.
>
> 잡지 《독일인(The German)》에서

하나님의 임재에 의해 격려가 되면, 나는 매 순간 불안 없이 하나님이 내게 주실 능력에 따라 하나님의 섭리가 내게 배정해주는 일을 할 것입니다. 나는 나머지 것들에 대해서는 관심을 두지 않을 것입니다. 그것은 내 문제가 아닙니다. 나는 그것으로 매일 부름 받는 의무를 하나님이 내게 행하도록 주셨던 일로서 고려해야만 하며, 또한 그것에 하나님의 영광에 합당한 방식으로, 말하자면 정확하세, 평화리에, 몰두해야만 합니다. 나는 아무것도 소홀히 해서는 안 되며, 또한 어떤 것에 관해서도 폭력적이어서는 안 됩니다.

프랑수아 페늘롱

그대가 하고 싶지 않은 것을 하는 것이 때로는 그대의 의무며, 그리고 그대가 하고 싶은 것을 하지 않고 내버려두는 것 또한 그대의 의무입니다.

토마스 아 켐피스(Thomas à Kempis)

2월 12일
자비들의 덩어리

날마다 우리에게 은혜의 짐을 지우시는 주는 복되도다. - 시 68:19

불확실한 재물을 신뢰하지 말고, 우리에게 모든 것들을 풍부하게 주사 누리게 하시는 살아계신 하나님을 신뢰하십시오. - 딤전 6:17

내 생명을 기운 나게 하는 샘의 원천이,

내 마음에서 그 존재가 날 지탱해주는데,

주의 사랑으로서 날 위해 정하네 즐거운 것들을,

주의 자비 날 아프게 하는 모든 걸 정리하네.

애나 워링

그리고 솔직히 내 영혼을 말한다면, 내가 내 인생의 사건들을 대략 살펴보고, 하나님의 손가락을 셈하게 될 때, 나는 넓게는 인류에 대해서 아니면 특별하게는 내 자신에 대해서 자비의 심연과 덩어리만을 오직 인지할 수가 있습니다. 내 감정의 편견에서인지, 혹은 주님 자비의 불공평한 뒤엎는 독단에서인지는 모릅니다. 그러나 다른 사람들이 십자가, 고통, 심판, 불운이라 부르는 그것들, 그것들의 눈에 보이는 결과보다는 더 멀리 그것들을 조사하는 나에게는, 그것들은 하나님의 애정의 숨겨진 비밀한 호의로 보이며, 또한 결과에서 일찍이 그런 호의를 입증해 주었습니다.

토머스 브라운(Thomas Browne)

2월 13일
선하게 보이는 대로

주님으로 주님께 선하게 보이는 대로 내게 행하게 하소서. - 삼하 15:26

내가 갖고픈 것을 매일 갖는 것,

주여, 그건 내게 최선인 듯합니다;

허나 내가 갖고픈 것을 갖지 않은 것,

주여, 그건 당신께 최선인 듯합니다.

아주 정말로 그때는 당신의 뜻은 끝나지요.

제 뜻이, 오 주여, 방해 받을 때는;

좋아요 제 계획들이 뒤엎어지는 걸 보는 것은요,

제 길들이 당신 길에서 모두 사라짐을 보는 것은.

호레이서스 보너(Horatius Bonar)

오 주여, 당신은 우리에게 무엇이 최선인지를 아십니다. 이런저런 일이 당신 좋으실 대로 끝나게 하소서. 당신이 무엇을 원하시며, 얼마나 많이 당신이 원하시며, 어느 때 당신이 원하시는지를 알려주소서. 저를 당신께서 좋게 생각하시는 대로 대하소서. 저를 당신이 원하시는 곳에 두시며, 만유 중에서 저를 꼭 당신이 원하시는 대로 대하소서. 보소서, 저는 모든 게 준비된 당신의 종입니다. 왜냐면 제가 제 자신을 위해서 살기를 원치 않고, 당신을 위해서 살기를 원하기 때문입니다. 오, 제가 그것을 훌륭하고 완벽하게 할 수만 있다면!

토마스 아 켐피스

2월 14일
걱정을 던지십시오

나는 너희가 염려하는 모습이 없기를 바랍니다. - 고전 7:32

오 주여, 우리가 얼마나 행복한지요
만일 우리의 걱정을 당신께 던질 수 있다면,
만일 우리가 자신으로부터 쉴 수가 있다면요:
그리고 마음에서 느낄 수 있다면 위에 계신 분께서,
완전한 지혜, 완전한 사랑 가운데서,
최선을 위해 역사하고 계시다는 것을요.

조지프 앤스티스(Joseph Anstice)

　　그대의 모든 걱정을 하나님께 던지십시오. 그대의 모든 걱정들은 그대가 하나님께 던질 수 있고, 그런 후는 어느 것도 물릴 수 없는 그런 것임을 아십시오. 결코 그대 자신을 걱정하지 마십시오. 결코 그대 자신 안에 잠시라도 멈추지 마십시오. 그러나 그대의 전 자아를, 그대를 괴롭히는 바로 이런 걱정까지도 하나님께 던지십시오. 사소한 것들에 대해, 만일 그대가 하나님을 그대의 모두를 다해 신뢰하는 법을 배우고자 하면, 걱정하지 마십시오. 작은 것들에 대한 믿음을 따라 행동하십시오. 그대의 매일의 걱정과 불안들을 하나님께 맡기십시오. 그러면 하나님께서 더 큰 온갖 시련을 위해 그대의 믿음을 강하게 해주실 것입니다. 차라리 그대의 전 자아를 하나님 손 안으로 넘기시고, 그러고서 모든 훨씬 작은 일들에서, 그대는 하나님의 것이니, 하나님 자신을 위해, 하나님의 것 되는 것으로서 그대를 돌보아주도록 맡겨두십시오.

에드워드 퓨지

2월 15일
최고의 좋은 법

만일 너희가 성경을 따라 너는 네 이웃을 네 몸과 같이 사랑하라는 최고의 법을 이행하면 잘하는 것이다. - 약 2:8

오라, 예들아, 가자꾸나
우린 함께 손잡고 가네;
각자는 형제 안에서 형제의 기쁨을 보네
이 거칠고 더 낯선 땅에서.
강한 자들로 일으키는 데에 빠르게 하소서
약한 자들 그들이 넘어질 때;
사랑과 평화와 인내가 꽃피도록 하소서
모두를 위한 준비된 도움 속에서.

게르하르트 테르슈티겐

한 사람의 죽음에 대한 생각으로 인해, 마치 인생이 또한 신성하지 않은 듯이 — 마치 전적으로 고생스러운 설벽을 우리와 함께 올라가야만 하는 형제에 대해 사랑과 존경에 실패하는 것이 비교적 가벼운 일이듯이, 또한 우리의 모든 눈물들과 마음 여림이 그 어려운 여정을 면제받은 사람 탓이듯이 — 우리가 그를 새롭게 신성한 것으로 숭배하는 것은 결국 우리 안에 있는 슬픈 약점입니다.

조지 엘리엇

내 영을 채우리라

주를 온전한 마음과, 자발적인 정신으로 섬겨라. - 대상 28:9

그리고 만일 내 청하지 않은 어떤 것들이,
내 축복의 컵 속에 있다면,
난 내 영을 그만큼 더 채워지게 할 터인데
주님에 대한 감사에 찬 사랑으로,
더 조심스럽게, 주님을 많이 섬기려가 아니라,
주님을 완전히 기쁘게 하려고.

애나 워링

작은 일들이 날마다 매 시간마다 우리 손이 미치는 곳으로 옵니다. 그리고 그것들은 일어나되 거의 일어나지 않는 더 큰 특별한 경우들에 못지않게, 우리의 성장을 경건 속에서 촉진시키는 것으로 여겨집니다. 더군다나 사소한 것들의 충실함과 작은 문제들에서 하나님을 기쁘게 하려고 애쓰는 진지함은 진정한 헌신과 사랑의 시금석입니다. 그대의 목적으로 하여금 작은 것들 속에서 우리의 소중한 주님을 완전히 기쁘게 해드리는 것과, 그리고 어린애 같은 단순함과 의존의 영에 이르게 하는 것이 되게 하십시오. 자기 사랑과 자기 확신이 약해지고, 우리의 의지가 하나님의 의지 쪽으로 굽혀지는 것에 비례해, 그만큼 방해들도 사라지고, 영혼을 괴롭혔던 내부의 고민들과 항쟁은 소멸하며, 또한 그 영혼은 평강과 평온함으로 채워지게 될 것입니다.

장 그루

2월 17일
인내는 하나님의 은혜

내 형제들아, 너희가 여러 유혹들(혹은 시련들)에 빠질 때, 그것을 모두 기쁨으로 여기라. 너희가 이것을, 너희의 믿음에 대한 시험이 인내를 생기게 하는 것임을 알기 때문이다. – 약 1:2~3

> 인내를 위해 거친 바람들이 불 때에,
> 인내를 위해 우리의 희망들이 사라져가고 있을 때—,
> 눈에 보이는 것들 모두가 뒤로 물러설 때에,
> 그리고 돕는 힘이 아무 데도 없는 것 같은 때
> 하나님은 여전히 보이지 않는 손으로 그댈 감싸 안으시네.
> 그리고 그댈 확실하게 하나님 아버지 나라로 인도하시네.
>
> 너새니얼 프로딩엄(Nathaniel Langdon Frothingham), 《독일인》에서

우리들은 우리 자신과 다른 이들에게, 아래 있는 사람들과 우리 위에 있는 사람들 그리고 우리 자신과 동등한 사람들에게, 우리를 사랑하는 사람들과 사랑하지 않는 사람들에게, 그리고 가장 큰 것들과 가장 작은 것들을 위해, 환난의 갑작스런 내습에 맞서, 그리고 내일의 무서운 짐들을 지고서, 날씨나 가슴이 찢어지는 일에 대한 실망들, 몸의 피곤이나 영혼의 지침에서, 우리 자신의 의무에서의 실패나 우리에 대한 다른 이들의 실패에서, 일상의 부족한 것들에서나 혹은 병의 아픔이나 노령의 쇠잔에서, 실망, 사별, 상실, 모욕, 비난에서, 마음의 무거움에서, 혹은 지연된 희망들 가운데서의 마음의 병에서, 인내할 필요가 있습니다. 어린 시절의 작은 고민들로부터 순교자의 고통들까지, 이 모든 것들에서 인내는 하나님의 은혜이며, 우리는 그것에 의해 하나님의 사랑을 위해 악을 참고 견딥니다.

에드워드 퓨지

2월 18일
시험에도 유익이 있음

고난을 당한 것이 내게 유익하니 내가 주의 율례를 배웠음이라. - 시 119:71

그러나 비록 주께서 슬픔을 일으켜도, 주는 수많은 그의 자비심을 따라 동정하실 것입니다. - 애 3:32

게다가 이 황량한 날들이 위로부터 우리에게 보내지네:

그날들은 분노로가 아니라, 미쁘심과 사랑으로 오네:

그날들은 우리에게 오네 영리한 사람들이 양보할 수 없었던

교훈들을 가르치고,

그리고 그날들의 목적이 이루어질 때 우리를 복되고 감사하게끔

남겨두려고.

작자 불명

비참한 생각들이 언제나 매우 강하게 그대 안에서 일어날 때 그것들을 마음에 두지 마십시오. 아니, 비록 그것들이 그대 안에 이미 들어왔어도, 그것들을 두려워 말고, 그것들이 가진 것으로 그대가 느끼는 힘을 믿지 마시고, 잠시 동안 잠잠하십시오. 그러면 그 힘은 갑자기 떨어질 것입니다. 주님에 의해서 많이 그리고 다양하게 시험 당하는 것은 그대의 영에게 유익하며, 그대에게 크게 이익이 됩니다. 그대는 주께서 이미 무엇을 하셨는지, 또한 주께서 그 점에서 그대를 위해 아직도 무엇을 하고 계신지를 모릅니다.

아이작 페닝턴(Isaac Penington)

왜 내가 내 영혼 위에 깊은 고랑들을 내시는 내 주님의 쟁기질을 보며 놀라야만 합니까? 나는 주께서 게으른 농부가 아니심을, 주께서 수확을 목적하고 계심을 알고 있습니다.

새뮤얼 러더퍼드

2월 19일
의무는 의미가 있음

나의 양식은 나를 보내신 하나님의 뜻을 행하며, 그의 일을 마치는 것입니다. - 요 4:34

생각하면 난 기뻐요
내가 세상을 바로 가게 만들 의무가 없음을;
허나 발견하고 실행하기는 해요,
유쾌한 마음으로, 하나님이 지정하시는 일을.
난 믿을 거예요 그분을,
그분이 자신의 일을 고수할 수 있음을, 하여 난 취할 거예요
그분의 뜻을, 그가 내게 보내주신 일 이상으로,
그러면 내 가장 주요한 이익이 될 거예요.

진 잉겔로(Jean Ingelow)

그대의 의무들이 아주 의미 없다고 반대하지 마십시오. 그것들은 그대에게는 무한히 의미 있고, 또한 홀로 중요한 것으로 간주되어져야만 합니다. 만일 의무가 단지 그대의 아파트에 내한 보나 완벽한 단속과, 그대의 옷과 자질구레한 장신구들을 분류해내는 일, 그대의 서류를 정리하는 일에 불과하다면,— "그대의 손이 해야 할 어떤 것을 보게 되든지, 모두를 온 힘을 다하여 하되", 그대의 진가와 지조를 다하십시오. 만일 그대의 의무들이 뚜렷하게 더 높고 더 넓은 범위에 속하면, 더욱 더 그렇게 하십시오. 만일 그대에게 형제, 자매, 아버지, 어머니가 있다면, 각자를 대신해 어떤 요청할 권리가 그대에게 있는지를 진지하게 숙고하고, 그것을 없어서는 안 될 것으로 간주해 그대가 빚지고 있는 것을 그들에게 더욱 더 정직하고 당당하게 갚도록 하십시오. 만일 그런 일을 할 수 있다면 자기가 얼마나 비참한지가 무슨 문제가 됩니까? 그것은 자기가 이 세상에서 갖고 있는 모든 비참한 것들에 대한 확실하고 꾸준한 단절이요 종식입니다.

토머스 칼라일(Thomas Carlyle)

2월 20일
방해되지 않도록

그러므로 우리로 더 이상 서로를 판단하지 말도록 하며, 오히려 이를 어느 사람도 형제의 길에 방해 물이나, 넘어질 기회를 두지 않아야 함을 판단하십시오. - 롬 14:13

안으로 들어가고 있던 자들을, 너희가 방해했다. - 눅 11:52

> 내 정신은 오늘 구겨졌어요 작은 걱정들 때문에.
> 하여 난 토라지는 말들을 했고, 그리고 유지하지 못했어요
> 끈기 있는 인내를 잘, 그래서 지금 얼마나 깊은지요
> 이 죄에 대한 내 고민이! 헛되이 난 울어요
> 내가 결코 취소할 수 없는 어리석은 말들 때문에.
>
> 헨리 서턴(Henry Septimus Sutton) 편집

속상한 일이 생기면, 우리의 성급함의 표현들로 인해 다른 사람들이 인내심을 갖고 그것을 받아들일 수가 없습니다. 실망, 병, 혹은 날씨까지도 우리를 우울하게 합니다. 그래서 우리의 우울의 표정이나 말투로 인해 다른 사람들이 유쾌하고 감사에 넘친 영을 유지할 수가 없습니다. 우리가 불친절한 것을 말하면, 다른 이가 아무 악을 생각하지 않는 거룩한 자비의 교훈을 배우는 데 방해를 받습니다. 우리가 도발적인 것을 말하면, 우리의 자매나 형제가 온유하고자 하는 그날의 노력에서 방해를 받습니다. 우리가 말이나 행동 없이도 방해를 할 수 있다면, 그 또한 얼마나 슬픕니까! 왜냐면 잘못된 감정은 잘못된 행동보다 더 파급력이 있기 때문입니다. 특히, 나쁜 성미의 다양한 단계들, 즉, 우울함, 성마름, 불만, 성급함, 우리는 이것들이 얼마나 전염성이 있는가를 모릅니까?

프랜시스 하버갈

2월 21일
최선의 선물을

만일 너희가 비록 악해도 너희 자녀들에게 좋은 선물들을 주는 법을 안다면, 하늘에 계신 너희 아버지께서는 당신께 구하는 자들에게 좋은 선물들을 얼마나 더 많이 주시겠는가? – 마 7:11

하나님의 크신 사랑이 에워쌌기에
우리의 본성을, 또한 우리의 필요를
우리는 모르지요, 허나 그분은 아시지요.
그리고 그분은 정말로 축복하실 거예요.
그러므로 오 하늘의 아버지시여,
최선의 것을 제게 주소서,
그리고 응답되지 않은 필요들을 받으소서.
당신 위해 만들어진 헌물들로서.

작자 불명

우리의 유익을 위한 것이 아닌 그 무엇을 우리가 요구하더라도, 하나님은 그것을 우리에게서 숨겨두실 것입니다. 그리고 확실히 이것에는, 우리가 바라는 것을 당연히 바라는 대로 주시는 것에 못지않은 사랑이 담겨있습니다. 그대를 부추겨 유익한 것을 주시는 꼭 같은 사랑은, 그대를 부추겨 나쁜 것을 숨기시지 않겠습니까? 만일, 우리가 무지해 자신이 구하는 것을 알지 못하고, 우리 손 안에서 슬픔과 죽음으로 바뀔지도 모르는 것들을 위해 기도한다면, 우리 아버지 하나님께서는 그분의 참되신 사랑으로 우리를 거부하시지 않겠습니까? 우리의 운명이, 만일 우리의 소원들이 곧장 현실이 된다면, 만일 우리가 바라는 모든 것을 성취할 힘을 부여받는다면, 만일 우리 의지의 성향들이 성급한 소원의 성취가 뒤따르고, 갑작스런 갈망들이 언제나 허가가 된다면, 얼마나 두려울는지요? 언젠가 우리는 하나님을, 그분이 거부하셨던 것 때문보다는 그가 주셨던 것 때문에 더 찬미하지는 않을 것입니다.

헨리 매닝

기도를 주신 뜻

아무것도 염려하지 말고, 모든 일에 감사가 있는 기도와 간구로 너희의 요청들이 하나님께 알려지게 하라. - 빌 4:6

우린 말하지요 주님께 우리의 걱정에 관해서,
쓰라린 짐에 관해서, 날마다 압박해 오고 있음을요.
그러면 주님의 얼굴의 빛과 연민 속에서,
그 짐은 녹아 없어지지요.

우린 우리의 은밀한 소원을 속삭이지요,
어느 사람도 보지 못할 성가신 갈망을.
우린 그걸 겸손히, 아니면 한층 더 조용히 청해요.
우린 주님께 맡기지요 그 모두를.

수전 쿨리지

우리의 소원을 완화시키는 일에, 열정적인 욕구를 조용한 순종으로, 걱정스럽고 요란한 기대를 말없는 양보로 바꾸는 일에, 성공하지 못하는 그런 기도는 참된 기도가 아니며, 그리고 우리에게 참 기도의 영이 없음을 증명해줍니다. 청원과 요구가 거의 없고, 하나님을 섬기는 것이 대부분인 그런 인생은 매우 거룩합니다. 청원이 매우 자주 감사로 변하는 인생도 그렇습니다. 기도로 인해 그대가 자신의 소원을 잊게 되고, 그리고 그것을 버리게 되거나, 아니면 그것이 차차 하나님의 뜻 안에 합병되기까지 기도하십시오. 신의 지혜는 우리에게 기도를 주셨습니다. 이는 지상의 좋은 것들을 얻는 수단으로서가 아니라, 우리가 그것들 없이 지내는 법을 익히는 수단이며, 또한 이는 우리가 악을 피하는 수단이 아니라, 우리가 악에 대항할 만큼 강하게 되는 수단입니다.

프레더릭 로버트슨

2월 23일
희망이 있는 동안

주님으로 주님 보시기에 선한 것을 하게 하소서. - 대상 19:13

오 주여, 주의 자비를 우리가 주 안에서 바라는 대로 우리에게 내리소서. - 시 33:22

난 느낄 수가 없어요
만사가 좋다는 것을. 어둡게 하는 구름들이 감출 때
빛나는 태양을;
허나 그때, 난 알아요
주는 살아 사랑하심을. 그러니 말하세요,
주의 뜻이 이루어질 것임을.

S. G. 브라우닝(S. G. Browning)

느껴지는 어떤 악이나 결함도 그것이 불가피하기까지는 거룩한 것이 안 됩니다. 그리고 오로지 그것에 대한 저항이 다 소진되고 희망이 달아났을 때만이, 굴복이 때 이르지 아니하게 됩니다. 우리 임무의 어려움이 여기에 있습니다. 우리가 희망이 아직 남아 있는 동안, 마치 인생의 슬픈 일들이 악인 것처럼, 그것들과 맞서 싸워야만 하며, 그 후 타격이 떨어졌을 때는, 하나님의 손에서 그것들을 받아들여야만 하고, 그것들이 좋은 것임을 의심하지 않도록 노력해야만 한다는 것입니다. 그러나 사랑하고 신뢰하는 마음에는 모든 것들이 가능하며, 또한 너무 무리한 의지로부터 슬픔 어린 휴식에 이르는, 혹은 아주 최대한의 저항으로부터 완전한 굴복에 이르는, 이러한 순식간의 변화까지도 이변 없이 실현됩니다.

제임스 마티노

2월 24일
평화의 근본 샘

내 안에서 너희가 평화를 갖도록 이것들을 내가 너희에게 말하였다. 그 말에서 너희는 시련을 갖게 될 것이나, 기운을 내라. 내가 이미 세상을 이겼다. - 요 16:33

오 주는, 생명과 평화의 근본 샘이 되시고,
당신의 속삭이는 고요를 흘리십니다 사방 주위로,
제 안의 그 고통을 명하사 갈등을 그치게 하시고,
그리고 바꾸소서 모든 귀 거슬리는 소리를 음악으로.

존 스털링(John Sterling)

불합리와 불공평에 익숙해지십시오. 하나님의 임재 안에 평화롭게 거하십시오. 하나님은 이 모든 악들을 그대보다 더 분명히 보시며, 그것들을 허용하시기 때문입니다. 그대 자신을 의지하는 작은 악을 침착히 행하는 것으로 만족하십시오. 그리고 그 밖의 모든 것으로 하여금 마치 그것이 없는 것인 양 그대에게 있도록 하십시오.

프랑수아 페늘롱

불공평이나, 혹은 참을성 있게 견뎌낸 경멸들로 인해, 하루 해질 무렵에서의 마음이 놀라운 기쁨과 평화로 충만하게 남지 않는 때는 거의 없습니다.

골드 더스트(Gold Dust) 편집

2월 25일
너는 내 것이라

그러나 오 야곱아, 너를 창조하신 주께서, 오 이스라엘아, 너를 지으신 주께서, 그때 이렇게 말씀하셨다. 두려워 마라. 내가 너를 속량했으며, 내가 너를 지명하여 불렀으니. 너는 내 것이기 때문이다.
– 사 43:1

> 그대는 주님의 걱정거리에 다름없지요 마치 곁에
> 사람도 천사도 하늘에 혹은 땅에 살지 않는 듯이.
> 이렇게 햇살들은 똑같이 그들의 찬란한 흐름을 쏟아,
> 세상들을 훤히 비추거나, 아님 벌레의 환희를 깨우지요.
>
> 존 키블

　하나님은 그대가 누구든, 그대를 개별적으로 보십니다. 하나님은 그대를 지명해 부르십니다. 하나님은 그대를 보시며, 그대를 이해하십니다. 하나님은 그대 안에 있는 것을, 모든 그대만의 특이한 감정과 생각들을, 그대의 성향과 기호들을, 그대의 능력과 그대의 약점을 아십니다. 그대의 기쁨의 날과 그대의 슬픔의 날에 그대를 보십니다. 하나님은 그대의 소망에서와 그대의 유혹에서 동정을 하시며, 모든 그대의 불안들과 그대의 추억들에, 그대의 영의 모든 부침들에 흥미 있어 하십니다. 하나님은 그대를 둥글게 에워싸시고, 그대를 양팔에 품으십니다. 그대를 들어 올리시며 또한 그대를 내려놓으십니다. 그대는 하나님께서 그대를 사랑하는 것 이상으로 그대 자신을 사랑하지 않습니다. 그대는 하나님이 그대가 고통을 지니는 것을 싫어하시는 것 이상으로 고통을 피할 수가 없으며, 그리고 만일 하나님이 고통을 그대 위에 두신다면, 그것은 그대가 지혜로울 경우, 나중에 보다 더 큰 유익을 위해, 그대가 그것을 그대 자신 위에 두려는 것과 같습니다.

　　　　　　　　　　　　　　　　　　　　　　　　　　　　　존 뉴먼

2월 26일
가까이 계시지요

주님은 주를 부르는 모든 사람들에게 가까이 계시고, 진실로 주를 부르는 모든 사람들에게 가까이 계시도다. - 시 145:18

내가 주를 찾으니, 주께서 내 말을 들으시고, 나를 모든 내 두려움에서 건져내셨도다. - 시 34:4

계시옵소서, 오 시대의 반석이신 주여, 가까이!
하여 각각의 불평스러운 생각이 사라지게 될 거예요.
그리고 슬픔과 두려움과 걱정이 날아갈 거예요,
한낮의 태양 앞 구름들처럼.

찰스 웨슬리

용기를 내시고, 치료약이 없는 그대의 고난들을 영적 진보를 위한 자료로 바꾸십시오. 자주 우리 주님을 의지하십시오. 주는 그대가 비록 불쌍하고 연약한 작은 존재지만, 한창 수고하고 기분 전환하는 중에서도 그대를 지켜보고 계시기 때문입니다. 주는 그대에게 도움을 보내주시며, 또한 그대의 괴로움을 축복하십니다. 이런 생각으로 인해 그대는 그대의 고난을, 그대 자신의 유익을 위해서 그대가 시험당하도록 허락하실 뿐인 주님의 사랑을 위해, 끈기 있고 유순하게 견딜 수가 있습니다. 그대의 마음을 계속해서 하나님에게로 올려, 그분의 도움을 구하며, 그리고 그대의 위로의 주춧돌로 하여금 하나님의 것이 되는 데서 그대의 행복이 되도록 하십시오. 모든 분한 일들과 성가신 것들은, 그대가 이런 친구, 이런 지주, 이런 피난처를 갖고 있음을 아는 한, 비교적 중요치 않게 될 것입니다. 하나님이 언제나 그대의 마음에 있기를 기원합니다.

성 프란치스코 살레시오

2월 27일
하늘로부터 빛이

주를 의지하여, 선을 행하라. 그러면 너는 땅에 거하고, 참으로 너는 먹을 것을 얻으리라. - 시 57:3

신뢰의 작은 울타리를 세우세요
주변에 오늘.
그 공간을 사랑의 수고들로 채우세요.
그리고 거기 머무세요.
보호용 창살들을 통해 보지 마세요
내일을,
신은 그대에게 갖게 할 수 있을 거예요 생기는 것을,
기쁨이나 슬픔에 관해.

메리 버츠(Mary Frances Butts)

우리로 우리의 영혼들을 굽혀 말하십시다. "주님의 몸종을 보소서!" 우리로 우리의 마음들을 높이 들고 청하십시다., "주님, 당신은 저로 무엇을 하도록 시키시렵니까?" 그때 열려신 하늘로부터 빛이 우리의 일상의 임무 위로 흘러나와, 어제는 모든 것이 티끌 같았던 곳에, 금싸라기들을 보여주게 될 것입니다. 한 손이 우리와 우리의 일상의 무거운 짐을 받쳐주어서, 우리는 어제의 두려움에 미소하면서, "이건 쉽고, 이건 가볍다"라고 말하게 될 것입니다. 모든 "길에 있는 사자(어려움)"가, 우리가 그것에 다가갈 때에, 묶여 있는 것을 보게 될 것이며, 아름다운 궁전의 문들이 열려 있게 될 것입니다. 그리고 우리에게, 우리에게까지도, 비록 우리가 연약해 동요하고 있더라도, 섬길 일들이 배정이 될 것이며, 또한 우리의 손들을 통해서 완전하게 된 의로운 사람들의 영들이 기뻐할 수도 있을 축복들이 전달되게 될 것입니다.

엘리자베스 찰스

모든 복 중의 복

사랑하는 자들아, 서로를 사랑합시다. 사랑은 하나님께 속한 것이며, 사랑하는 모든 사람은 하나님에게서 나서, 하나님을 알기 때문입니다. - 요일 4:7

> 그래서 조용히 모인 생각에
> 인생의 가장 깊숙한 부분이 가르쳐지네,
> 어렴풋이 이해되어진 신비,
> 하나님 사랑은 선에 대한 사랑이라는 것이,
> 구원되는 것은 오직 이것이라는 것이,
> 우리의 이기심으로부터의 구원이.
>
> 존 휘티어

사랑의 영은, 그것이 어디에 있든, 그것이 우리의 영혼 안에 있는 하나님의 진리요 실재이기 때문에, 그 자신의 축복이요 행복입니다. 그러므로 인생의 동일한 기쁨 속에 있고, 어디서나 모든 경우에, 그 스스로에 대해 동일한 유익이 됩니다. 그대는 모든 복 중의 복을 알고 계시는지요? 그것은 그대의 영혼 안에 거주하며, 모든 속세적인 이기적 사랑의 아픔과 고통이 되는 모든 쓴 뿌리를 죽이는 **사랑의 하나님**이십니다. 왜냐하면 그대가 보거나 행하는 모두가 그 사랑의 달콤하고 상냥한 원소 안에서 모두 해결되어지기 때문에, 모든 결핍들이 충족되며, 자연의 모든 무질서들이 제거되고, 어떠한 인생도 더는 짐이 아니며, 날마다 평화의 날이 되고, 그대가 마주치는 만사가 그대에게 도움이 되기 때문입니다.

윌리엄 로

2월 29일
빛의 아버지

내 이름을 경외하는 너희에게는 의의 태양이 그 날개에 치료의 광선을 가지고 뜰 것이다. – 말 4:2

오 주의 빛과 주의 진리를 보내소서. 그것들로 나를 인도하게 하소서. – 시 43:3

우리의 눈들을 뜨여주게나, 그대, 인생과 기쁨의 **태양**아,
하여 우리가 그대의 저 찬란한 세계를 볼 수 있지!
그것이 헛되이 우릴 위해 비치네, 수그러지는 슬픔이
우릴 안개처럼 감싸는 동안, 오라, 온화한 **힘**아,
우리의 차가워진 마음들을 봄 같은 미소로 만져다오,
우리의 겨울 여정을 그대가 때우게 해다오,
아니 길가의 폐허 곁에서 우리로 슬퍼하게 하지 말아다오,
거긴 우리의 약속된 목적지를 위한 영원한 탑들이 있으니.

존 키블

우리가 위아래로 온 세상에 펼쳐진 것을 보는 저 흩어진 멋지고 아름다운 모든 광선들은, 단지 위에 있는 서 소신되지 않은 빛의 발산에 불과하기 때문입니다. 그러므로 우리는 저 빛 안에 있는 광선들 모두를 사랑하고, 늘 저 광선들에 의해서 영원하신 빛의 **아버지**에게로 올라가야만 합니다. 우리는 하나님을 바라보고, 그분에게서 우리 인생의 모형을 가져와, 늘 그분을 눈여겨보면서, 히에로클레스가 말한 것처럼, "우리의 영혼들을 윤을 내고 형태를 다듬어 하나님의 가장 밝은 형상이 되도록 해야"만 합니다. 그리고 이 세상(하나님의 저 큰 성전)에서의 우리의 모든 행동에서, 그분의 집이 되는 저 겸손, 온유, 겸양으로, 점잖고 경건하게 처신해야만 합니다.

존 스미스(John Smith)

3월 1일
무거운 짐을 맡기고

너희 생명을 위해, 무엇을 너희가 먹을까, 혹은 무엇을 마실까, 또한 너희 몸을 위하여 무엇을 입을까 염려하지 말라. - 마 6:25

한 분이 거기 사셔 그의 보호자 눈이
우리의 지상의 운명을 인도하네.
한 분이 거기 사셔, 그는 모두의 주로서,
그의 자녀들을 지키네 그들 넘어지지 않을까 하여,
우리들, 그래서 사랑과 칭찬 속에 지내네,
평생토록 내내 그님을 신뢰하며,
의심과 믿음 없는 슬픔으로부터 자유로이,
하나님께서는 내일을 준비하시네.

레지널드 히버(Reginald Heber)

어느 누구도 일찍이 하루의 무거운 짐에 깔려 쓰러진 적이 없다는 것은 충분히 이야기가 됐습니다. 그 무게가 한 사람이 질 수 있는 것보다 더 많이 나가는 것은 오늘의 짐에 내일의 짐이 더해질 때입니다. 그러니 내 친구들이여, 결코 무거운 짐을 그렇게 지지 마십시오. 만일 그대들이 그렇게 짐을 지게 된 것을 알게 되거든, 적어도 이 말을 기억하시오. 그것은 하나님 자신이 하신 게 아니라 그대 자신이 한 것이다. 그분은 그대가 미래를 그분에게 맡기고, 현재를 마음 쓰도록 청하십니다.

조지 맥도널드

3월 2일
유익한 사람이 되라

그러나 선을 행하는 것과 나누는 것을 잊지 말라. 이런 제사들을 하나님은 상당히 기뻐하시기 때문이다. - 히 13:16

우리가 서로를 사랑해야만 하는 것, 이것이 너희가 처음부터 들었던 메시지이기 때문이다. - 요일 3:11

> 유익한 사람이 되라 그대 사는 곳에서, 그러면 사람들은
> 그대 즐거워하는 모습을 원하고 또한 바라리라 항상,
> …… 사람들의 필요들과 뜻을 찾아내라.
> 또한 거기서 그것들을 충족해라. 모든 세속 기쁨들은 미치지 않으니
> 친절들을 행하는 그 하나의 기쁨에.
>
> 조지 허버트(George Herbert)

가장 연약한 자로, 가장 겸손한 자로 하여금 매일의 행로에서 그가 하려고 하면, 그의 주변에 하늘나라를 퍼뜨릴 수 있음을 기억하게 하십시오. 친절한 말들, 공감 있는 배려들, 사람들의 민감성에 상처주지 않으려는 소심성, 이것들은 아주 거의 비용이 안 들지만, 그러나 그 가치에서는 값을 매길 수가 없습니다. 그것들은 대개 우리가 날마다 누리는 행복의 주성분이 아닙니까? 매 시간마다, 매 순간마다, 우리는 작은 친절들에 의해서 지지되고, 복 받습니다.

프레더릭 로버트슨

우리의 사회적 교제에서 습관적으로 실천되는 작은 친절, 작은 공손한 태도, 작은 존중들은 큰 재능과 예능의 발휘보다 인격에 더 큰 매력을 제공합니다.

메리 켈티

3월 3일
누가 알리요?

주의 계명들을 지키기에 신속히 하고 지체하지 아니하였습니다. - 시 119:60

당신들은 내일 어떤 일이 일어나게 될지를 모릅니다. - 약 4:14

결코 지체하지 말고

행하시오 시간이 가져다주는 의무를,

그게 크거나 혹은 더 작은 것들에 있든지.

왜냐면 누가 알리오

다가오는 날에 무엇을 그가 하게 될지를?

작자 불명

게으르고 붕 떠 있는 영이, 창조적인 **정신**의 조화 앞에서 그 초라한 무질서를 뿌려대면서, 그리고 중심도 둘레도 없는 혼란스러운 존재의 한복판에서, 어디에나 그 둘을 갖고 있는 영광스러운 하늘 바로 밑에서 무릎을 꿇고서, 또한 완전 실패인 한 인생을 위해, "한 사람도 실패가 없다"는 것이 그의 정확한 생각인, 고요한 별들의 주께로 향하면서, 언제나 맑은 눈으로 하나님을 올려다볼 수 있다는 것은 아주 불가능합니다. 하늘은 영원한 충실함으로, 기도 중인 게으름뱅이와 허튼 사람을 내려다보지 않는 것과 마찬가지로, 슬픈 모순을 내려다보지 않습니다.

제임스 마티노

결코 버리지 않으리

그러나 의인들의 영혼은 하나님의 손에 있어, 어떤 고통도 그들을 건드리지 못할 것입니다. 어리석은 자들이 보기에는, 그들은 죽은 듯이 보였으며, 지금 그들의 떠남은 불행으로 받아들여지고, 그들이 우리에게서 떠나감은 완전한 파멸인 듯 보이지마는, 그러나 그들은 편안히 있습니다. - 외경, 지혜서 3:1~3

> 그러나 그분 자신의 선한 생명을 함께하는 영혼들을,
> 그분은 자기의 몸처럼 사랑하네, 소중하네 그분의 눈처럼
> 그들은 그분께, 그분은 결코 버리지 않으리 그들을.
> 그들 죽게 되면, 그땐 하나님 자신이 죽게 될 것.
> 그들은 사네, 그들은 복된 영원 안에 사네.
>
> 헨리 모어

모든 선한 사람이 적절한 수단들에 의해 자기 자신의 불멸을 증명할 수 있을 만큼 그렇게 논리적으로 세밀하진 않지만, 그러나 그는 보다 높은 빛 안에서 그것을 봅니다. 그의 영혼은 진정한 신성함에 의해 정화되고 세받되기 때문에, 저 신적 광휘들을 더 발할 수가 있으며, 또한 그것들에 의해 영혼은 자신이 하나님과 연결되어 있다고 느낍니다. 그의 영혼은 하나님 당신께서 그의 영혼 안에서 소생시켰던 당신 자신의 생명을 결코 버리시지 않을 것임을 압니다. 하나님은 당신 자신의 지복한 결실에 대한 저 열렬한 소원들을 결코 부인하지 않을 것입니다. 하나님 자신의 선하심에 대한 생생한 의식이 그의 영혼 안에서 그것들을 자극했기 때문입니다. 하나님의 영원한 참여를 좇아 저 헐떡거리는 것들과 숨쉬는 것들은 우리 안에 있는 하나님 자신의 호흡일 뿐입니다. 만일 하나님이 그것을 파괴할 어떤 정신이 있었더라면, 하나님 당신은 그가 하셨던 이런 일들을 결코 그의 영혼에 보이지 않았었을 것입니다.

존 스미스

3월 5일
가장 고상한 샘

그리고 자신 안에 이 소망을 가진 자마다, 주께서 깨끗하심과도 같이, 자신을 깨끗하게 합니다. - 요일 3:3

헌데, 주여, 무엇을 제가 기다리나요?
당신께만
제 소망은 온통 의지하고 있어요.
주여, 절 당신 자신의 것으로 봉인하소서
오로지 당신 자신의 것이 되도록,
오로지 당신 위해 살도록.
당신 것으로, 매 하루가 시작되며,
당신 것으로, 태양이 매번 지며,
당신 것으로, 제 일이 마쳐질 때까지.

애나 워너(Anna Bartlett Warner)

자, 제 말을 믿으세요. 하나님은 어떤 이상을 모든 인간 영혼 속에 감추고 계십니다. 살다 보면 어떤 때에는 우리는 어떤 선한 일을 하고픈 떨리는, 두려움에 찬 갈망을 느낍니다. 인생은 우리가 최선을 다하려는 이 숨겨진 충동에서 가장 고상한 최고의 샘을 보게 됩니다. 우리가 죽은 수준 내지 그 이하에서나 보는 그런 상인이나 혹은 의사나 혹은 변호사들이 되는 것에 만족 못하는 때가 있습니다. 여성은 누이, 아내, 혹은 어머니로서 자신의 여성다움을 찬미하고 싶어 합니다. 여기 하나님이, 문에서 하루 종일 말없이 서 계시는 하나님이, 우리 영혼에게 깨끗하고 참된 것이 인생에 성공하는 것이며, 그리고 우리가 부족한 것이 무엇이든, 그것은 비록 온 세상이 그걸 건지려고 애쓰지만, 그루터기처럼 다 타버릴 것이라고 속삭여주는 하나님이 계십니다.　　로버트 콜리어(Robert Collyer)

차분한 영으로

지친 땅에 있는 큰 바위 그늘. - 사 32:2

돌아와 쉬는 중에 너희는 구원될 것이며, 잠잠함과 신뢰 속에 너희의 힘이 있게 될 것이다. - 사 30:15

오 찌는 듯이 더운 땅의 그늘이여
우린 그대의 품으로 모이네.
그(늘)의 사랑, 밤처럼 감싸며,
고요함과 안식을 가지고 오네.
보다 아름다운 인생이 얼핏 보여,
먼저 맛보아 여기서 갖게 되네.

캐럴라인 패커드(Caroline M. Packard)

만유 가운데서 예외 없이 하나님을 보도록 애쓰시고 절대적인 순종으로 하나님의 뜻에 묵종하십시오. 모든 걸 하나님을 위해 행하며, 그저 위를 힐끗 봄으로써, 아니면 그대의 마음을 하나님을 향해 님치게 함으로써, 하나님과 하나가 되십시오. 결코 서두르지 마십시오. 만사를 조용히 차분한 영으로 하십시오. 비록 그대의 온 세상이 엉망인 듯해도, 조금도 그대의 내적 평화를 잃지 마십시오. 모든 걸 하나님께 맡기고, 그런 다음 조용히 하나님 품에서 쉬십시오. 무슨 일이 일어나든지, 그저 하나님께 달라붙고자 하는 단호함 속에 꿋꿋이 머무시고, 그대를 위한 하나님의 영원하신 사랑에 맡기십시오. 만일 그대가 이 피난처로부터 밖으로 헤매었음을 알게 되면, 그대의 마음을 조용하고 단순하게 불러들이십시오. 마음의 거룩한 단순성을 유지하고, 그리고 어떤 이유로도, 많은 근심이나, 소원, 혹은 갈망으로 자신을 질식시키지 마십시오.

성 프란치스코 살레시오

동일하신 하나님

실행은 다양하나, 모든 것을 모든 사람 안에서 경영 하시는 것은 같은 하나님이십니다. - 고전 12:6

나는 빛을 만들고, 어둠을 창조하며, 나는 평화를 만들고, 재앙을 창조한다. 주인인 내가 이 모든 일들을 한다. - 사 45:7

"모두가 살아계신, 살아계셔야만 하는 하나님께 속하지.
그리고 하나님은 선하셔" 이것으로 우릴 늘 만족케 하고,
그의 뜻에 의지케 하시오 어린아이 같은 믿음으로,
그의 뜻 그의 크신 목적을 향해 움직여요. 악한 자들로 방해받지 않고.

존 휘티어

모든 것은, 아주 가장 작은 것들이나, 혹은 우리에게 위대하게 보이는 것, 계절들의 모든 변화, 정신이나 육체 혹은 신분에 있어 우리의 신경을 건드리는 모든 것은, 이런 외적인 분별없는 자연을 통해서 아니면 사람의 뜻에 의해서 일어나건, 좋건 나쁘건, 우리 각자에게는 온통 거룩하시고 자비로우신 하나님의 뜻에 의해 다스려진다는 것, 이것은 그렇다면 믿음에 속합니다. 우리에게 일어나는 것은 무엇이든지, 그 일이 우리에게 어떻게 일어나든지, 우리는 하나님의 뜻으로서 받아들여야만 합니다. 만일 그것이 사람의 무지나 악의나 노여움으로 말미암아 우리에게 일어난다 해도, 여전히 그것이 모든 상황에서 가장 작은 상황이라도 우리에게는 하나님의 뜻입니다. 왜냐면 만일 가장 작은 일이라도 하나님의 허락 없이 우리에게 일어날 수 있다면, 그것은 하나님의 통제를 벗어난 어떤 것이 될 것이기 때문입니다. 하나님의 섭리나 하나님의 사랑은 현재의 그것이 아닐 것입니다. 전능하신 하나님 자신은 동일한 하나님이 아닐 것이며, 우리가 믿고, 받들며, 사랑하는 하나님이 아닐 것입니다.

에드워드 퓨지

3월 8일
미지의 생명 샘을

부끄러워할 필요가 없는 일꾼으로, 스스로를 하나님께 인정받고 있음을 보이도록 노력하라. - 딤후 2:15

그러니 선행에서 피곤치 마십시다. 쇠약하지 않으면 때가 차 우리가 거둘 것이기 때문입니다. - 갈 6:9

> 주의 지혜가 배당한 임무를
> 오, 나로 기분 좋게 이루게 하소서.
> 내 모든 일들에서 주의 임재를 보며,
> 주의 훌륭한 뜻을 입증케 하소서.
>
> 찰스 웨슬리

"나의 다음 의무는 무엇입니까? 내게 가장 가까이 놓여 있는 것은 무엇입니까?" "그건 당신의 일상의 역사에 속합니다. 아무도 그 질문에 당신 자신을 빼놓고는 대답할 수가 없습니다. 당신의 다음 의무는 그저 당신의 다음 의무가 무엇인지를 결정하는 것입니다. 당신이 세을리하는 것은 없습니까? 당신이 해서는 안 된다고 알고 있는 것은 없습니까? 만일 당신이 진지하게 당신의 의무에 대해 생각하고, 큰 것들을 욕심내지 않는다면, 당신은 그걸 알 수 있을 겁니다." 아, 그렇다면 그녀는 "난 그게 여느 때보다 인생을 더 따분하게 만들 매우 진부한 그 무엇이라고 생각합니다. 그건 날 도울 수가 없어요"라고 대꾸했습니다. "만일 그게 늙은 귀머거리 아줌마에게 신문들을 읽어주는 것만큼이나 따분하다면, 그럴 겁니다. 그건 곧 당신을 더 이상의 어떤 것으로 인도할 거예요. 당신의 의무는 당장 당신을 위로하기 시작할 것이나 끝내는 당신 마음에 있는 미지의 생명샘을 열게 할 것입니다."

조지 맥도널드

3월 9일
감사의 영에 의해

너는 주 너의 하나님 앞에서 네가 손을 댄 모든 것을 기뻐하게 될 것이다. - 신 12:18

너희는 감사하라. - 골 3:15

내게 너무 많은 것을 주셨던 주여,

한 가지 것을 더 주소서, 감사하는 마음을.

마음이 날 기쁘게 할 때, 감사하는 (맘 아니며),

마치 그대의 축복들이 여분의 날들이 있는 듯이.

그러나 이런 마음을, 주 찬양이 될 수 있을

그 맥박이.

조지 허버트

만일 누군가가 당신에게 모든 행복과 모든 완전에 이르는 가장 짧고 확실한 길을 말해준다면, 그는 당신에게 일어나는 모든 것 때문에 하나님께 감사하며 찬양하는 것을 당신 자신의 습관으로 해야 한다고 당신에게 말해주어야만 합니다. 왜냐면 어떠한 외견상의 재난이 당신에게 일어나든, 만일 당신이 그 때문에 하나님께 감사하며 찬양한다면, 당신은 그 재난을 축복으로 바꿀 게 확실하기 때문입니다. 그러므로 만일 당신이 기적들을 행할 수 있다면, 당신은 이 감사의 영에 의해서보다는 스스로의 힘으로 더 많은 것을 할 수는 없을 것입니다. 왜냐면 이 영은 말로 말씀하며 치유하고, 그것이 손대는 모든 것을 행복으로 바꾸기 때문입니다.

윌리엄 로

3월 10일
베데스다의 천사처럼

네가 물 가운데를 건널 때에 나는 너와 함께 있을 것이요, 강을 건널 때에 강물들이 너를 범람치 못하리라. 네가 불 가운데를 걸을 때에 너는 불에 데이지 않으며, 불꽃이 네 위에서 타오르지도 않으리라. - 사 43:2

깊은 강물을 건너도록 내 그대를 부를 때,
슬픔의 강들은 범람치 않게 되리.
내 그대의 고민들을 축복하려 그대와 함께 있을 것이기에,
그대의 가장 깊은 고통까지도 그대에게 바칠 것이기에.

작자 불명

그대가 뜻하는 대로 그것을 바꾸십시오. 그대는 그대에게 배정된 것을 감당토록 그대 자신을 내주어야만 합니다. 그러나 만일 우리가 그것을 한다면, 하나님은 언제나 우리의 모든 슬픔과 고생들 가운데서 우리를 받쳐주실 것이며, 우리의 무거운 짐들 밑에 그의 어깨를 받쳐, 우리가 그 짐을 질 수 있도록 도우실 것입니다. 왜냐면 만일, 유쾌한 용기를 갖고 우리가 하나님께 자신을 복종시킨다면 어떤 고통도 견딜 수 있을 것이기 때문입니다.

요하네스 타울러

하늘의 깨끗함이나 완전한 행복을 잃지 않고 베데스다 연못의 재난 가운데로 내려올 수 있었던 천사처럼 되는 법을 배우십시오. 소란한 연못 물에서 치유함을 얻으십시오. 인생을 거쳐감에 있어 어느 일정한 정도의 고통과 고생을 견딜 수 있는 전망에 대해 마음을 정하십시오. 하나님의 축복에 의해서 이것이 그대에게 전망을 준비시킬 것입니다. 그것은 그대의 유쾌함을 방해하지 않고 그대로 하여금 사려 깊고 감수토록 만들 것입니다.

존 뉴먼

짐을 주께 던져라

네 짐을 주께 던져라, 그러면 주가 너를 떠받치리라. 주는 의로운 자들이 동요되는 것을 결코 허락지 않으리라. - 시 55:22

이제 맡기오니 우리의 필요들과 짐들을
모두를 돌보시는 주님의 돌보심에.
그쳐요 우린 무서워함을, 그쳐요 우린 슬퍼함을.
주의 만지심에 우리의 짐들이 떨어지네.

새뮤얼 롱펠로

　　그녀는 자신의 인생의 환경들을 바꿀 수는 없었으나 그것들을 주께로 가져가 주가 관리하도록 넘겼습니다. 그런 후 그녀는 주가 관리를 맡았다고 믿고서, 모든 책임과 걱정과 불안을 주께 맡겼습니다. 불안들이 재발했던 만큼이나 자주 그녀는 그것들을 돌려받았습니다. 그런데 비록 환경들은 여전히 변하지 않았으나, 그 결과는 그녀의 영혼이 그것들 한가운데서 완전히 평화롭게 보존이 되었다는 것이었습니다. 그리고 그녀의 외부 사건들에서 그녀가 매우 효과적이라고 보게 되었던 그 비법은, 정말로 한층 더 완전히 다루기 힘든 자신의 내적 사건들에서 한층 더 효과적임을 보게 되었습니다. 그녀는 자신의 전 자아를, 자기였던 모두(인격)와 자기가 가졌던 모두(소유)를 함께 주께 맡겼으며, 그리고 주께서 그녀가 주께 맡겼던 것을 맡았음을 믿었기에, 그녀는 속 태우며 걱정하기를 그쳤으며, 또한 그녀의 인생은 하나님께 속했다는 기쁨 가운데 온통 양지가 되었습니다.

해나 스미스 편집

3월 12일
믿음과 친교와 합일

주께서는 네게 복을 주시며, 너를 지키시며 그 얼굴을 네게 비추사 은혜가 되게 하시고, 주께서는 그 얼굴을 네게로 들어올려 네게 평화를 주시기를. - 민 6:24~26

오 임이여, 얼마나 격려가 되는지요 당신의 광선이!
당신의 임재 앞에서는 날아갑니다 모든 고통이.
녹아 없어져라, 걱정, 고통, 슬픔아,
당신의 치유하는 광선들이 발생하는 곳마다.
오 하나님 아버지, 아무것도 전 보지 않을래요,
아무것도 바라거나, 구하지 않을래요, 당신을 빼고요.

파울 게르하르트(Paul Gerhardt)

하나님에 대한 믿음이 있고, 하나님의 뜻과 설계들과 섭리와 영광에 대한 분명한 지각이 있는데, 이 지각은 그것을 소유한 자에게는 모든 다양하고 성가신 사건들의 국면 아래서, 자신감과 인내와 달콤한 침착함을 주지만, 자신의 마음 속에서 그 영향들을 느낀 적이 없는 사람은 깨달을 수 없는 것입니다. 하나님과의 친교가 있는데, 거기서 영혼은 보이지 않는 분의 임재를, 그 존재의 심원한 깊이에서, 생생한 명료함과 거룩한 존경심을 갖고 느끼지만, 이는 어떤 말들로도 기술할 수 없는 것입니다. 하나님과의 합일 상태가 있는데, 나는 자주 이루어졌다고는 말하지 않지만, 그러나 그것은 이 세계에서 달성된 적이 있으며, 그곳에서는 모든 과거와 현재와 미래가 조화되어 있는 듯하며, 그리고 영원이 획득되고 향유됩니다. 그리고 하나님과 사람이, 땅과 하늘이, 그 모든 신비들과 함께 그것들이 무한자의 정신 속에 있을 때 참으로 이해가 됩니다.

새뮤얼 로빈스(Samuel Dowse Robbins)

3월 13일
밖의 증거가 필요

그가 내 안에, 내가 그 안에 있으면 많은 과실을 맺습니다. - 요 15:5

주 우리의 하나님의 아름다움이 우리 위에 있게 하소서. - 시 90:17

어떤 진기한 향수가 진흙 항아리에서

자신의 것이 아닌 향기로 그것을 가득 채우듯이,

그렇게, 주께서 인간 영혼에 머무실 때에는,

하늘의 모든 감미로움이 그 주변에 던져진 듯하네.

해리엇 스토(Harriet Beecher Stowe)

진정한 아름다움이 다소간 번쩍임은 참으로 유순히 사는 사람들의 얼굴들에서 보여질 수가 있습니다. 신적인 사랑이 입 밖으로 나오게 되는 그 목소리의 소리 힘에는 조화가 있으며, 그리고 격정들이 조절이 되는 사람들의 기질과 행동에는 다소의 바른 질서의 풍모가 있습니다.

존 울먼

제가 믿는 바로는 어떠한 신적 진리도, 태도와 거동과 외양에서 외적인 증거가 없으면 어떤 가슴에도 참으로 머물 수가 없으며, 그리고 이 증거는 보는 사람의 가슴 속에 있는 증언에 도달해야만 하며, 또한 비록 말이 없지만, 틀림없는 증거를, 그 증거가 풍겨 나오는 영원한 원리에게로 가져가야만 합니다.

메리 시멀페닌크(Mary Anne Schimmelpenninck)

3월 14일
가서 이야기를

제가 주를 불렀으니, 오 하나님, 당신께서는 제 말을 들으실 것이며, 당신의 귀를 저에게 기울이시고 제 말을 들으실 것이기 때문입니다. – 시 17:6

너희 백성들아, 하나님 앞에서 너의 마음을 쏟아내라. 하나님은 우리에게 피난처시다. – 시 62:8

> 그대의 안식을 깨뜨리는 걱정이 무엇이든,
> 그대의 가슴을 부풀게 하는 소원이 무엇이든,
> 펼쳐라 하나님 앞에 그 소원, 그 걱정을,
> 그리고 기도로 바꾸어라 불안을.
>
> 제인 크루드슨(Jane Crewdson)

고난과 난처한 일로 우리는 억지로 기도하게 되고, 그리고 기도는 고난과 난처한 일을 몰아냅니다.

필리프 멜란히톤(Philipp Melanchton)

그대를 압박하는 그것이 무엇이든, 하나님 아버지께 가서 이야기하십시오. 그 문제를 그의 손에 건네주십시오. 그러면 분명 그대는 세상을 가득 채우고 있는 저 당혹스러운 분열적인 걱정에서 해방될 것입니다. 그대가 어떤 일을 행하거나 감당해야만 할 때, 그대가 어떤 목적이나 일을 시작할 때, 그것에 대해 하나님께 가서 이야기하고 그것을 알리십시오. 그래요, 하나님께 그 짐을 지우십시오. 그러면 그대는 이미 걱정하는 문제를 처리했습니다. 그대의 의무를 조용하고 달콤하게 공들이는 것과, 그대의 문제들의 처리를 위해 하나님께 의존하는 것을 제외하고는, 더 이상의 걱정은 없습니다. 그대의 걱정과 그대 자신을 그것들과 함께 하나의 짐으로서, 모두 그대의 하나님께 굴려 보내십시오.

로버트 레이턴

3월 15일
가장 정선한 선물

오 주여, 제 말을 들어 주소서. 당신의 인자하신 친절이 선하기 때문입니다. 당신의 많은 부드러운 긍휼을 따라 내게로 돌이키소서. - 시 69:16

내가 주께 기도하오니, 당신의 자비로운 친절이, 당신의 종에게 하신 당신의 말씀을 따라, 나의 위로를 위해 있게 하소서. - 시 119:76

> 보시며 수를 세었어요 신의 사랑은.
> 그 사랑이 흘리게 하셨던 모든 눈물을,
> 그리고 사랑이 지정했던 폭풍우는
> 모든 것 중 사랑이 가장 정선(精選)한 선물이었어요.
>
> 작자 불명

오, 그대가 이것에 대한 지식과 분별에 머물 수 있다면! 더욱, 주께서 그대의 고통들을 동정의 눈으로 보시며, 그것들 밑에서 그대를 떠받칠 뿐만 아니라, 그것들에 의해 그대를 이롭게 할 수 있다면! 그러므로 그대의 몫에 슬퍼하지 말며, 불평하지 말며, 그대의 형편의 어려움을 내다보지 마십시오. 그러나 속상함의 폭풍과 문제들이 날카로울 때, 하나님을 올려다보십시오. 그분은 유순함과 인내를 줄 수 있고, 그대의 머리를 모든 것 위로 들어 올릴 수 있고, 그대의 인생을 성장케 하며, 모든 것에 의해 돋보이는 자가 되게 하실 수가 있습니다. 만일 주 하나님이 그대의 힘들고 괴로운 형편에 대해 그대를 균형 잡을 수 있게 해준다면, 그대는 불평할 이유가 없고, 하나님의 이름을 찬미할 이유가 있을 것입니다.

아이작 페닝턴

의무는 신성한 것

그러므로 너희가 먹든지, 마시든지, 혹은 무엇을 하든지 모든 것을 주의 영광을 위해 하라. - 고전 10:31

좋은 뜻으로 봉사를 주께 하듯 하고, 사람에게 하듯 하지 말라. - 엡 6:7

> 좋은, 이 조항을 갖고서,
> 싫은 일을 신성하게 만들지요.
> 방을 청소하는 자, 주님의 법들에게 하듯,
> 멋지게 만들지요 그것과 그 행동을.

조지 허버트

우리의 일상생활에서 우리가 관여하는 것이 합법적이며 바른 것은 무엇이든 본질상 하나님에 대한 우리의 복종의 일부라는 것, 다시 말하면, 우리의 참된 종교의 일부라는 것은, 확실히 진리임에 틀림없습니다. 우리가 사람들이 하나님께 헌신하는 길에서 인생의 의무들에 의해 놓여진 장애물과 방해에 대해 불평하는 것을 들을 때마나, 우리는 그 사람들이 어떤 거짓된 견해 아래 있음을 확신할 수 있을 것입니다. 그들은 그들의 일상의 일을 하나님께서 그들에게 정해주셨던 임무로서, 또한 하나님께 대한 마땅한 복종으로서 간주하지 않습니다. 우리는 더 나아가 인생의 의무들은, 비록 그것들이 결코 그렇게 고되고 괴로운 것이 아닐지라도, 어느 수준의 내적 거룩함을 지닌 인생에게는 아무 장애물들도 아닐 뿐 아니라, 오히려 그것들은, 바르게 활용되면, 우리의 성결을 증진시키는 직접적인 수단까지도 된다고 말할 수 있을 것입니다.

헨리 매닝

3월 17일
영원의 종자 옥수수

어디서 너는 오늘 이삭을 주웠느냐? – 룻 2:19

무엇을 난 배웠나 내 갔던 곳마다에서,
내 들었던 모두에서, 내 보았던 모두에서?
무엇을 난 더 알고 있나 아는 일에 합당한 것으로?
무엇을 난 하였나 하는 일에 합당한 것으로?
무엇을 난 내가 피해야만 하는 것으로 찾았나?
무슨 의무들을 난 하지 않은 채 내버려두었나?

피타고라스(Pythagoras)

이 세상 모든 것은 금방 지나가버리게 될 것입니다. 그러나 하나님은 여전히 계실 것이며, 그리고 그대는 무엇이 되었든지, 여전히 선하거나 나쁜 사람이 될 것입니다. 지금의 그대의 행동들은 영원의 종자 옥수수입니다. 각각의 유일한 행동은 각각 몇 날이 지나면 좋든 나쁘든 그 종자의 일부가 됩니다. 각각의 날은 어떤 경향을 더해, 그대로 하여금 다소간 하나님을 닮게 만들고, 다소간 하나님의 사랑을 갖출 수 있게 만듭니다.

에드워드 퓨지

우리가 하지 않은 채 버려두었던 우리 일의 일부가 유용하고 꼭 필요한 사역들로, 우리가 어리석게 바랐던 대로, 꽉 채워진 인생 말미에 우리에게 처음으로 드러나질 수도 있다는 생각에는 매우 엄숙한 그 무엇이 있습니다.

세라 스티븐(Sarah W. Stephen)

3월 18일
행복은 그대 자신에게

마지막으로, 너희 모두는 한 마음을 품으며, 서로를 동정하며, 형제로서 사랑하며, 불쌍히 여기며, 친절하라. - 벧전 3:8

> 만드소서 한 마음과 정신으로 우리를,
> 인정 많고, 예의 바르며, 친절하게,
> 생각과 말에 있어, 겸손하고 유순하게,
> 전적으로 우리의 주님을 닮게
>
> 찰스 웨슬리

조그만 생각 하나가 그대에게 그대 자신의 행복이 다른 사람들이 그대에 대해여 처신하는 방식에 얼마나 크게 의존하는지를 보여줄 것입니다. 그대의 아침 식탁에서의 표정과 말투들, 그대의 동료 일꾼들이나 고용주들의 행동, 그대가 다루는 충실한 혹은 믿을 수 없는 부하들, 사람들이 길에서 그대에게 말하는 내용, 그대의 요리사와 하녀가 일하는 방식, 그대가 받는 편지들, 그대가 만나는 친구나 혹은 석늘, 이것들이 그대의 하루의 즐거움이나 혹은 비참함의 매우 큰 양을 구성합니다. 생각을 돌려, 그대가 꼭 그만큼의 양을 다른 사람들의 하루 날들의 즐거움이나 비참함에다 덧대고 있음을 상기하십시오. 그런데 이것은 그대가 통제할 수 있는 문제의 절반입니다. 여하한의 특별한 날이 그대에게 더 많은 행복을, 아니면 더 많은 고통을 가져올는지는 대부분 당신이 결정할 수 있는 권한 너머에 있습니다. 그대 인생의 매 하루가 행복을 혹은 고통을 주게 될지는 그대 자신에게 남아 있습니다.

조지 메리엄(George Spring Merriam)

성실함이 전부

모든 선한 충성심을 보여, 그들로 모든 일들에서 하나님 우리 구주의 원칙을 돋보이게 하십시오. - 디 2:10

만일 우리의 매일의 여정에서 우리의 정신이
우리가 보게 되는 모두를 깨끗이 하도록 정해지면,
셀 수 없는 가치를 지닌, 새 보물들을 늘,
하나님은 주실 것이라 희생 제물로.

존 키블

몇 안 되는 일들에 성실한 사람은 도성들의 주인입니다. 그대들이 웨스트민스터 수도원에서 설교하든, 혹은 초라한 계층을 가르치든 문제가 되지 않으니, 그러므로 그대들은 성실하십시오. 성실함이 전부입니다.

조지 맥도널드

나는 그대로 하여금 하루를 지나는 동안 종종 하나님을 불러내, 그대 안에 사명감이 불붙기를 하나님께 청하며, 성자 바울의 말로 "주여, 당신은 저로 무엇을 하도록 시키시렵니까? 주께서는 저로 당신 집의 가장 낮은 직책들로 당신을 섬기도록 하시렵니까? 만일 제가 그저 어떻게든 당신을 섬길 수만 있다면, 너무도 행복합니다" 하고 기도하도록 시키고 싶습니다. 그리고 여하한의 특별한 일이 그대에게 거슬릴 때는, 이렇게 청하십시오. "주께서는 제가 그 일을 하도록 시키시겠습니까? 그러면, 비록 제가 합당치 않아도 그 일을 기쁘게 하겠습니다."

성 프란치스코 살레시오

3월 20일
자유와 평화의 복

너는 주 너의 하나님만을 예배하고 주님만을 섬겨라. - 마 4:10

주의 증거들을 지키며 전심으로 주를 구하는 자들은 복이 있도다. - 시 119:2

모든 걱정을 벗어나

쉬고 있는 정신의 위로를 주님은 축복하지 않으셨네.

주님을 예배하며 그리고 섬기기 위하여,

모든 세상으로부터 해방된 마음을.

애나 워링

모든 금지된 기쁨을 포기하십시오. 주님의 뜻과 관련되지 않은 모든 소원을 억제하십시오. 그리고 모든 진지한 소망들, 모든 불안을 떨쳐버리십시오. 오직 하나님의 뜻만을 바라며, 하나님만을 찾으십시오. 그러면 그대는 평화를 보게 될 것입니다.

프랑수아 페늘롱

내가 편안하고 즐거운 것에 대해 생각하는 것을, 그리고 내 뜻대로 할 수 없었기 때문에 불평하는 것을, 포기했기 때문에 나는 한층 더 행복해졌습니다. 우리의 인생은 우리를 위해 결정되고, 그리고 그것은 우리가 소원하기를 포기하고, 오로지 우리 위에 놓인 것을 감당하며, 우리에게 하도록 주어진 일을 수행하는 것만을 생각할 때 정신을 매우 자유롭게 만들어줍니다.

조지 엘리엇

아버지는 아십니다

너희의 하늘 아버지는 너희가 이 모든 것들이 필요함을 아신다. - 마 6:32

> 모두를 하나님 원대로, 그분은 지혜롭게 마음에 두시네
> 주어야 할지 혹은 보류해야 할지를.
> 그리고 내 모든 필요들에 대하여 더 많이 알고 계시네
> 내 모든 기도들이 말했던 것보다.

존 휘티어

주여, 저는 당신께 무엇을 청해야만 하는지를 모릅니다. 당신만이 제가 무엇이 필요한지를 아십니다. 당신은 제가 저 자신을 사랑하는 법을 아는 이상으로 더 잘 저를 사랑하십니다. 오, 하나님 아버지! 당신의 자녀에게 그 자신이 어떻게 청해야 할지를 모르는 것을 주십시오. 저는 감히 십자가나 위로를 청하지 못합니다. 그저 제 자신을 당신 앞에 내놓습니다. 제 마음을 당신께 엽니다. 제 자신이 모르는 제 필요들을 보소서. 보시고, 당신의 부드러운 자비를 따라 행하소서. 때리거나 고치소서. 나를 우울케 하거나, 내 사기를 올리소서. 나는 당신의 목적들을 알지 못해도 그것들을 흠모합니다. 저는 침묵합니다. 저는 제물로 제 자신을 바칩니다. 저는 당신께 제 자신을 내어드립니다. 저는 당신의 뜻을 이룩하는 것 외에 어떤 다른 소원도 갖고 싶지 않습니다. 저를 가르쳐 기도하게 하소서. 제 안에 계신 당신께 기도하게 하소서.

프랑수아 페늘롱

3월 22일
작은 것 하나가

작은 것들을 경멸하는 자는 조금씩 추락하게 될 것이다. - 외경, 집회서 19:1

> 손에 있는 한 손가락의 너비가 흠가게 할 거예요
> 먼 하늘에 있는 빛의 세계를.
> 한 점의 티가 찬란한 별빛을 흐리게 할 거예요.
> 눈꺼풀 하나가 하늘을 가릴 거예요.
>
> 존 키블

유일한 죄는 겉보기에 아무리 사소할지라도, 우리 의식의 어떤 보이지 않는 구석에 아무리 숨겨져 있을지라도, 우리가 포기할 의향이 없는 죄는, 진정한 기도를 족히 실행 불가능하게 만듭니다. 완전히 옳고 영예로운 것은 아닌 행동 방향, 전적으로 친절하고 다정한 것은 아닌 감정들, 흠 없을 정도로 순결하고 절제가 있는 것은 아닌 습관들 — 이들 중 어떤 것도 통과할 수 없는 장애들입니다. 만일 우리가 할 수 있으나, 그러나 실천할 의도가 없는 어떤 친절한 행동에 대해 알고 있다면 — 만일 우리의 도덕적 건강이 우리가 아직 포기할 의도가 없는 어떤 즐거움에게 포기를 요구하고 있음을 우리가 알고 있다면, 여기에 모든 영적 능력의 상실에 대한 충분한 이유가 있습니다.

프랜시스 코브(Frances Power Cobbe)

건강한 양심에 단 하나의 바늘 코가 빠질 경우, 얼마나 금방 풀리기 시작하는지 참으로 놀랍습니다. 탐닉된 작은 죄 하나가 그대의 머리를 집어넣을 수 있는 구멍을 만듭니다.

찰스 벅스턴(Charles Buxton)

하늘로 가는 길

사랑하는 자여, 그대는 무엇을 행하든지 신실하게 합니다. - 요삼 1:5

그리고 이를 또한 우리가 바라니, 여러분의 완전까지입니다. - 고후 13:9

> 인생의 모든 작은 것들 안에서,
> 주여, 당신 자신을 제가 볼 수 있기를.
> 작은 것들과 큰 것들 안에서 똑같이
> 제게 나타내보이소서 당신의 사랑을.
>
> 하여 저의 나누어지지 않은 인생이
> 내 하나님, 당신에게 바쳐질 거예요.
> 그러면 밑의 이 모든 속세의 여정이
> 하늘로 가는 한 소중한 길이 될 거예요.
>
> 호레이셔스 보너

그대를 주의 뜻에 완전 일치토록 주조하기 위해서는, 주가 그 손에서 그대를 유순하게 해야만 하며, 그리고 이 유순함은 더욱 큰 것들에 의해서보다는 작은 것들 속에서 양보함으로써 더 빠르게 도달되어집니다. 주의 한 가지 큰 소원은 그분을 온전히 따르는 것입니다. 그대는 그러면 모든 주의 달콤한 명령들에, 그것들이 작든 크든, 계속 "네"라고 대답하며, 주가 그대를 그대의 가장 온전한 축복의 지름길로 어김없이 인도해줄 것을 믿을 수 있습니까?

해나 스미스 편집

온유함, 겸손, 근면으로 그대의 형편의 의무들에 온 힘을 기울이십시오. 그것들은 겉보기에 작은 것들이지만, 아무 소음을 내지 않고 필요한 일을 합니다.

헨리 모어

3월 24일
이제 평안한 잠을

내가 평안히 눕고 잘 것이니, 이는 당신께서 나를 오로지 안전히 거하게 하시기 때문입니다. - 시 4:8
주는 그 사랑하는 자에게 잠을 주십니다. - 시 127:2

주는 우리의 발을 안내하며 우리 길을 지키시네.
그의 아침 미소들은 온 하루를 축복하네.
그는 저녁 장막을 펼치시며 지켜주시네
이스라엘이 잠자는 동안 그 고요한 시간들을.

아이작 와츠(Isaac Watts)

우리가 하나님의 부드러운 자비를, 그리고 더 이상의 불안정한 의심들과, 더 이상의 불안한 희망들, 우리가 처한 장소에서의 더 이상의 초조함이 없음을 즐겁게 의식하는 가운데, 우리 자신을 완전히 그의 섭리에 양보할 때, 우리는 하나님의 품에서 평안히 잠을 잡니다. 왜냐면 우리를 그곳에 두셨고, 그리고 지금 그의 품에 우리를 품으시는 분은 바로 하나님이시기 때문입니다. 우리는 하나님이 우리를 두셨던 곳에서 안전치 못할 수 있습니까?

프랑수아 페늘롱

어느 날 저녁 루터가 한 작은 새가 나무 위에 내려 앉아, 거기서 밤 동안 보금자리에 드는 것을 보았을 때, 그는 "이 작은 새는 저녁을 먹고는, 이제 아주 안심하고 만족한 채, 그의 먹이가 어떤 것이 될지, 혹은 내일은 어디서 묵게 될지를 결코 고민하지 않고, 여기서 잠잘 준비를 하고 있구나. 다윗 왕처럼, 이 새는 '전능자의 그늘 아래 머물고 있구나.' 이 새는 작은 나뭇가지에 만족한 채 앉아서는, 하나님으로 하여금 돌보시도록 하네"라고 말했습니다.

마르틴 루터(Martin Luther)

3월 25일
귀 기울임이 중요

내가 주 하나님께서 무엇을 말하실지 듣겠습니다. 하나님께서는 그의 백성들에게 평화를 말할 것이기 때문입니다. - 시 85:8

목소리가, 사랑의 '고요한, 작은 목소리'가 있어요,
위로부터 들리지요.
허나 지상의 소리들의 소음 가운데서는 아니에요.
그건 이곳을 망쳐놓지요.
물러나 떨어져 있는 사람들에 의해 그건 가장 잘 들려요,
또한 평화, 달콤한 평화는, 각각의 상냥한 말에서 풍기지요.

작자 불명

주께서는 말씀하시나 귀를 기울이고 안 기울이고는 우리에게 달려 있습니다. 귀를 돌리지 않는 것, 기꺼이 귀를 기울이는 것, 주의 음성을 안 들리게 하지 않는 것이 중요한 것이지요. 그래요, 그게 가장 소중한 것입니다. "주의 비밀은 그를 경외하는 자들에게 있습니다." 그것은 은밀하며 조용한 목소리, 마음 대 마음의 품위 있는 교제, 마음의 귀에 대고 속삭이는 부드러운 작은 목소리입니다. 우리가, 만일 우리의 귀와 마음을 이 세상의 시끄러운 소리, 공허한 소란, 흥분, 짜증나게 하는 허영, 혹은 걱정, 혹은 열정, 혹은 불안, 혹은 과시, 혹은 경쟁, 그리고 공허함의 소용돌이로 채운다면, 어떻게 그 목소리를 듣습니까?

에드워드 퓨지

3월 26일
별들과 같은 인생들

그들(천사들)은 모두 섬기는 영들이 아니냐? - 히 1:14

내가 이를 수 있기를
저 가장 정결한 하늘에, 다른 영혼들에게 될 수 있기를
어떤 커다란 고통에서 능력의 컵이,
풍부한 열정을 태우며, 순결한 사랑을 먹일 수 있기를,
선 같은 달콤한 임재가 확산이 되고,
그리고 확산될 때는 한층 더 강렬할 수 있기를!
해서 난 눈에 보이지 않는 합창단에 참여하게 될 터
그 음악은 세상의 기쁨이니까.

조지 엘리엇

확실히 우리 자신의 작은 활동 범위에서 우리가 가장 큰 은혜를 입고 있는 사람은 가장 활동적인 사람들이 아닙니다. 가장 바쁜 사람들은 반드시 우리가 아는 평범한 사람들 중에 있는 것은 아니며, 어떤 눈에 보이는 의무와 일이 끝난 후에는 유성처럼 늘 분명한 사람들도 평범한 사람들 중에 있는 것 아닙니다. 우리 위에 그저 자신들의 밝고 성실한 존재의 고요한 빛을 소박하게 쏟아 부으며, 그걸 우리가 올려다보며 또한 그것으로부터 우리의 가장 깊은 평온과 용기를 모으는 것은 바로 별들과 같은 인생들입니다. 제게는 활동적인 유용성을 위한 기회를 갖지 못하는 것 같은 다수의 우리에게는 여기에서 안심이 되는 듯합니다. 우리는 동료들을 위해 아무것도 할 수가 없습니다. 그러나 우리가 그들에게 그 무엇이 될 수 있음을 아는 것은, 그리고 가장 보잘 것 없는 종류의 남녀 누구도, 세상이 그를 위해 더 좋아지지 않고서는, 누군가가 바로 그 순수한 선의 존재에 의해 도움과 위로를 받지 않고서는, 정말이지 강하고, 유순하고, 순수하고, 착할 수 없음을 아는 것은 여전히 좋은 일입니다.

필립스 부룩스

3월 27일
하나님의 사랑의 영

만일 우리가 서로 사랑하면, 하나님이 우리 안에 거하시고, 그의 사랑이 우리 안에서 영원하십니다.
- 요일 4:12

그리고 그의 계명들을 지키는 자는 주 안에 거하고, 주는 우리 안에 거합니다. 그리고 이로써 주가
우리에게 주신 성령에 의해, 주가 우리 안에 거하심을 우리가 압니다. - 요일 3:24

> 내 안에 머물러라, 가려라 주의 사랑에 의해
> 각각의 반쯤 형성된 목적과 죄의 어두운 생각을,
> 억제하라, 각각의 이기적 천한 욕망을, 그것이 일어나기 전,
> 그리고 지켜라 내 영혼을 주의 것처럼, 조용히 신성한 것으로.
>
> 해리엇 스토

사랑의 성령은 사랑의 행위들을 수행해야만 하고, 사랑의 어조들을 말해야만 합니다. 그것은 존재할 수가 없고, 또한 어떤 신호나 거짓 신호를 줄 수가 없습니다. 그것은 **사랑**의 영일 수 없으며 성급하며 이기적인 조바심 속으로 퍼질 수가 없습니다. 그것은 **사랑**의 영일 수 없으며 동시에 자신을 뛰어난 대상으로 만들 수 없습니다. 그것은 다른 사람들의 행복을 위해 그 자신을 빌려주는 것을 기뻐할 수 없으며 동시에 그 자신의 행복을 구하고 있을 수는 없습니다. 그것은 관대할 수도, 시기할 수도 없습니다. 그것은 동정적일 수도 꼴사나울 수도, 몰아적일 수도, 허영심이 강할 수도 없습니다. 그것은 다른 마음들의 정직과 순수성을 그것들의 평화의 영적 요소들로서 기뻐할 수가 없으며, 게다가 불필요할 정도로 그것들을 의심할 수도 없습니다.

존 톰

모든 일에 늘 감사를

모든 일에 하나님께 늘 감사를. - 엡 5:20

풍성한 결실의 계절의 축복들 때문,
일과 휴식 때문, 친구들과 가정 때문,
사색과 이성의 큰 선물들 때문,
당신을 찬양하며 찬미하러, 주여, 우리가 옵니다.

그래요, 또한 눈물 흘림 때문, 또한 울부짖음 때문,
지독한 우박과 말라죽게 하는 서리 때문,
낮은 땅 위를 기어가는 높은 소망들 때문,
놓친 달콤한 기쁨들 때문, 방해된 순수 목적들 때문.

일라이자 스커더

내가 겪었던 모든 것에도 불구하고, 인생에 필연적으로 끼어드는 모든 고통과 권태와 불안과 슬픔, 그리고 모든 섯보나 더 나쁜 내석인 부정늘에도 불구하고, 나는 내 존재의 위대한 **저자**에게 드리는 독실한 감사로 내 기록을 마치려합니다. 왜냐면 점점 더 나는 그분에 대한 나의 감사를, 흔히 "자비들 때문에 감사"라고, 곧 내 자신이나, 혹은 내 친구들이나, 혹은 실제로 여하한의 사람에게 특별한 여하한의 이익이나 축복들 때문에 감사라고 불리어지는 것으로 만들고 싶지 않기 때문입니다. 이것 대신에, 나는 그것을 내 인생과 존재에 속하는 모든 것 때문에, 곧 기쁨과 슬픔 때문에, 건강과 병 때문에, 성공과 실망 때문에, 미덕 때문에 또한 유혹 때문에, 삶과 죽음 때문에, 나는 모든 것이 선을 위해 의도되고 있다고 믿기 때문에, 감사가 되게 하고 싶습니다.

오빌 듀이(Orville Dewey)

3월 29일
오히려 행운임을

어떤 재앙도 네게 일어나지 않으리라. - 시 91:10

내게 귀 기울이는 자는 안전히 거하며, 재앙의 두려움으로부터 평온하리라. - 잠 1:33

> 난 청하지 않아요. "이 근심의 무거운 짐을 가져가세요" 라고,
> 아니, 난 기도하지요 모두가 감당할 수 있는 그 사랑 위하여,
> 그리고 무엇이 일어나든 모두가 틀림없이 내 유익이 되며,
> 또한 내 이익으로 판명된다는 그 믿음을 위하여,
> 왜냐면 사랑에 있어 매우 부요한 내 하나님 아버지의 가슴에서,
> 그리고 그의 풍부한 양손에서 그것이 나오기 때문이지요.
>
> 카를 슈피타(Carl Johann Philipp Spitta)

　거기 부딪히면 파도가 계속 부서지는 삐죽 나온 육지(곶)처럼 되십시오. 허나 그것은 굳게 서서 주변 바닷물의 분노를 길들입니다. 제가 이런 일이 내게 일어났다 해서 불행합니까? 그렇지 않습니다. 그러나 비록 이런 일이 내게 일어났지만 저는 현재에 의해 으스러지지도 않고, 또한 미래를 두려워하지도 않기 때문에 계속 고통으로부터 자유로워서 행복합니다. 그렇다면 일어났던 이 일 때문에 그대는 경솔한 의견들과 거짓에 맞서 의롭고, 아량 있고, 중용을 지키며, 신중하며, 안전할 수가 없을까요? 그대를 속상함에 이르게 하는 모든 경우에 대해, 또한 이 원칙을, 곧 이것은 불운이 아니라는 것을, 그러나 그것을 고상하게 감당하는 것이 행운이라는 것을 잊지 말고 적용토록 하십시오.

마르쿠스 안토니누스

96

3월 30일
후에는 영광으로

주는 나를 당신의 교훈으로 인도하시며, 후에는 영광으로 나를 영접하시리라. - 시 73:24
그러므로 하나님의 백성들에게는 안식이 남아 있습니다. - 히 4:9

> 우리를 안내하소서 일생 동안, 그리고 마침내
> 우리가 안식에 들 때,
> 주의 부드러운 양팔이 우리를 둘러,
> 우리를 안으소서 당신 가슴에.

헨리 라이트(Henry Francis Lyte)

그대들의 영혼의 **목자**를 믿고서, 앞으로 나아가 존재의 엄숙함을 맞으며 존재의 시련들을 정복하십시오. 그러면 주에 대한 믿음이 의무에서 그대들을 뒷받침하며, 또한 굳게 행하여진 의무는 믿음을 강화해줄 것이며, 마침내 모든 것이 여기서 끝나고, 지상 전투의 소란과 다툼이 그대들의 죽어가는 귀에서 사라져가고, 그리고 그대들이 이것 대신 영원의 대양의 깊은 음악 소리를 들으며, 하늘의 빛들이 그 찬란한 평온함 중에 고요하며 아름답게 그 수면 위에서 빛나고 있음을 볼 때, 그대들의 믿음은 정복의 노래를 높이 부르며, 그리고 이제 막 끝난 인생에 대한 회상과 다가올 인생을 앞서 보는 것에서 저 히브리 왕(다윗)의 시적 영감을 집어 올릴 것입니다. "확실히 선함과 자비가 내 일생의 모든 날들 동안 나를 따랐으니, 나는 주님의 집에 영원토록 거할 것입니다."

스톱포드 부룩(Stopford Brooke)

세상이 아름다울 때

네가 들의 돌들과 연합할 것이며, 들의 짐승들이 너와 화친할 것이다. 또한 너는 네 장막이 평화로울 것임을 알 것이다. - 욥 5:23~24

사랑을 그는 보았었네 가난한 이들 누워 있는 오두막들에서,
그의 일상의 교사들은 숲과 실개천들,
별이 총총한 하늘에 있는 고요,
외로운 언덕들 가운데 있는 잠이었었네.

윌리엄 워즈워스

조용한 마음들을 만족시키는 저 영은, 모든 마른 풀의 마른 둔덕으로부터, 굼뜬 3월의 태양이 내려 비치는 모든 소나무 그루터기와 반쯤 묻힌 돌로부터, 이것들에게로 나타나는 것 같은 저 영은, 가난하고 배고픈 사람들에게로, 또한 단순한 입맛을 지닌 것 같은 이것들에게로 나타납니다. 만일 그대가 그대의 뇌를 보스턴과 뉴욕으로, 곧 유행과 탐욕으로 채우며, 그대의 몹시 지친 감각 기관들을 포도주와 프랑스 커피로 자극시키려고 한다면, 그대는 소나무 숲의 외로운 황무지에서 아무런 지혜의 광휘를 보게 되지 못할 것입니다.

랠프 에머슨

얼굴은 영혼이 얼굴을 통해 비춤으로써 아름답게 되듯이, 그렇게 세상은 하나님 한 분을 세상을 통해 비춤으로써 아름답습니다.

프리드리히 야코비(Friedrich Heinrich Jacobi)

전지전능한 사랑

왜냐면 주는 존재하는 모든 것을 사랑하시며 그가 지으셨던 어떤 것도 질색하지 않으시기 때문입니다. 왜냐면 만일 주가 어떤 것을 싫어하셨다면 그는 결코 그것을 만들려하지 않았을 것이기 때문입니다. 그러나 주는 모든 것을 아끼십니다. 왜냐면 오 주, 영혼들을 사랑하시는 그대여, 그것들은 당신의 것이기 때문입니다. – 외경, 지혜서 11:24, 26

> 잘 기도하지요 잘 사랑하는 이는
> 사람과 새와 짐승을.
> 가장 잘 기도하지요 가장 사랑하는 이는
> 크고 작은 모든 것들을.
> 왜냐면 우리를 사랑하시는 소중한 하나님,
> 그가 모두를 지으셨고 모두를 사랑하시니.
>
> 새뮤얼 테일러 콜리지(Samuel Taylor Coleridge)

사랑 홀로 자연과 피조물의 시작이었음을, 오직 **사랑**만이 사물들의 온 우주를 품고 있음을, 보는 것을 지배하는 다스리는 **손**, 보는 것을 꿰뚫어 보시는 주의 깊은 눈은, 지혜의 무한 수량을 활용해, 잘못 인도된 모든 피조물을 그 자신의 손의 비참한 소행들로부터 구조해, 행복과 영광을 모든 창조물의 영원한 유산으로 만드는, 전지전능한 **사랑**에 불과한 것임을 안다는 것은 그것을 알아차리는 모든 지적인 피조물에게는 틀림없이 아주 황홀한 내적 성찰입니다.

윌리엄 로

제3의 하늘에서

너희는 너희가 하나님의 성전인 것과 하나님의 영이 너희 안에 거하고 계심을 알지 못하느냐? – 고전 3:16

하나님 아버지! 다시 채워주소서 당신의 은총으로
이 나의 갈망하는 가슴을.
만드소서 그것을 당신의 고요한 거주 장소로,
당신의 거룩한 가장 깊은 사원으로.

요한 쉐플러(Johann Scheffler)

사람의 수많은 수고가 아니라 수많은 근심들이 하나님의 임재를 방해합니다. 그대가 무엇을 하든, 그대 자신의 열병 같은 허영들, 그리고 부산한 생각과 근심들에 대해 자신을 진정시키고, 말없이 그대의 하나님 아버지의 얼굴을 찾으십시오. 그러면 하나님 안색의 빛이 그대 위로 흘러내릴 것입니다. 하나님은 그대 가슴 안에 비밀의 작은 방을 만드실 것입니다. 그리고 그대가 그곳에 들어갈 때, 거기서 그대는 하나님을 보게 될 것입니다. 만일 그대가 거기서 하나님을 보게 되면, 주변의 모든 것은 하나님을 반영하게 될 것이고, 모두는 하나님에게 말을 걸게 될 것이고, 하나님은 모두를 통해 말씀하실 것입니다. 외적으로 그대는 자신의 직업의 일을 하고 있을지 모르나, 내적으로 만일 그대가 자신의 일을 하나님께 맡기면, 그대는 제3의 하늘에서 하나님과 함께 있을 것입니다.

에드워드 퓨지

4월 3일
음성적 자비들에도

너에 대해서는, 주 너의 하나님은 네가 그렇게 하는 것을 용납하지 않으셨다. - 신 18:14

주여, 악으로 가공되지 않은
죄를 지은 생각 때문에,
주여, 항상 배반되고 좌절된
사악한 의지 때문에,
스스로로부터 지켜진 마음 때문에,
받아주소서 우리의 감사를.

윌리엄 하우얼스(William Dean Howells)

우리가 행하는 악과, 우리가 행할 수 있고 때로는 바로 행할 것 같은 악 사이에는 얼마나 놀랍고 복된 불균형이 있는지! 만일 내 영혼이 다 자란 독초들을 갖고 있다면, 그것이 까마종이 씨앗들로 가득했을 때, 나는 틀림없이 얼마나 행복했을 것인가! 그리고 독초들이 보리를 완전히 목 졸라 죽이지는 않았다는 것, 그것은 얼마나 놀라운 일인가! 우리는 우리가 저지르지 않았던 죄들 때문에 날마다 하나님께 감사해야만 합니다.

프레더릭 페이버

우리들은 우리의 양성적인 영적 자비들 때문에, 눈물 섞인 의심스러운 목소리로 종종 감사를 표합니다. 그러나 음성적인 자비들에 대해서는 얼마나 거의 무한한 대결이 있는지! 우리들은 하나님이 우리에게 잠자코 하지 말도록, 되지 않도록 시키셨던 모든 것을 상상조차 할 수 없습니다.

프랜시스 하버갈

4월 4일
아무리 작다고 해도

잘하였다, 착하고 충실한 종아. 너는 적은 일들에 충실하였으니 나는 너로 많은 것들을 다스리게 할 것이다. 너는 네 주의 기쁨에 참여하라. - 마 25:23

오 하나님 아버지! 우리를 도와 양도하게 하소서
우리의 마음들, 우리의 힘, 우리의 의지들을 당신께로.
그러면 당신의 가장 초라한 행위까지도
매우 고상하며, 복되며, 달콤하게 될 거예요.

해리엇 킴벌(Harriet McEwen Kimball)

너무 작아 우리 하나님 아버지에 의해 명령되어질 수 없는 것은 없으며, 너무 작아 거기서 하나님의 손을 볼 수 없는 것은 없으며, 또한 우리의 영혼들을 건드리는 것치고 너무 작아 그분으로부터 받아들일 수 없는 것은 없으며, 너무 작아 그분에게 행해질 수 없는 것은 없습니다.

에드워드 퓨지

큰 관념들에 종사하는 영혼은 작은 의무들을 가장 잘 수행하며, 또한 가장 신성한 인생관들은 가장 조잡하고 응급한 경우들 안으로 아주 맑게 스며들며, 그리고 사소한 시련들에 가장 잘 조화를 이루고 있는 사소한 원리들로부터 아주 멀리 있어도, 우리와 함께 자신의 주거를 잡는 하늘의 영은 매일의 수고들을 홀로 잘 지탱하며, 또한 우리 형편의 굴욕들을 평온하게 지나칠 수가 있습니다.

제임스 마티노

4월 5일
엘리야의 용기

그러나 나는 이스라엘 안에, 바알에게 꿇지 아니한 모든 무릎들과 그에게 입 맞추지 아니한 모든 입, 7,000명을 내게 남겨놓았다. - 왕상 19:18

그는 마음속에 또 하나의 교훈을, 곧 자신의 비겁한 영을 정복했던 자는 이미 바깥세상 전부를 정복한 것이라는 교훈과 저 옛 선지자가 얼굴을 숨겼고, 그리고 그 조용한 작은 음성이 "엘리야야, 너는 여기서 무얼 하느냐?"라고 물었을 때 호렙 산 동굴에서 그가 배웠던 저 또 다른 교훈, 곧 아무리 우리가 홀로 선의 편에 있다고 공상할지라도, 백성들의 왕인 군주는 하나님의 증인들 없이는 아무 곳에도 없다는 교훈을, 어렴풋이 느끼며 그 위대한 학교로 내려갔습니다. 왜냐면 모든 사회에는 아무리 겉보기에 부패하고 불경건하더라도, 바알에게 무릎 꿇지 않은 사람들이 있기 때문입니다.

토머스 휴스(Thomas Hughes)

그러므로 그때 엘리야의 인생은 결국 아무 실패도 아니었습니다. 이스라엘에 있는 적어도 7,000명은 그의 본보기에 의헤 분발되고 격려가 되었었으며, 이찌면 그들이 느꼈던 용기 때문에 말없이 그를 찬미했을지 모릅니다. 하나님의 세계에서 진지한 사람들에게는 실패가 없습니다. 진실하게 행해진 어떤 일도, 진지하게 말해진 어떤 말도, 자유롭게 이루어진 어떤 희생도 결코 헛되지 않았습니다.

프레더릭 로버트슨

낙담은 절망의 그림자

내 안에 있는 수많은 걱정들 속에서 주님의 위로는 내 영혼을 기쁘게 하십니다. - 시 94:19

인생의 과업에서 용기를 잃고,
그 짐에 의해 기가 꺾이고,
그 실패들이나 그 두려움들에 의해 수치를 당할 때,
난 길 옆에 쓰러지오.
허나 나로 다만 주를 생각하게 하시오.
그러면 그땐 새 마음이 내 안에서 솟구치오.

새뮤얼 롱펠로

낙담은 독실한 인생을 좇는 모든 시도들을, 인생을 둘러싸고 있는 난관들과 인생 안에 있는 기존의 수많은 우리의 실패들 때문에, 포기하려는 성향입니다. 우리는 용기를 잃습니다. 그리고 조금은 기분이 나빠서, 조금은 견딜 수 있는 자신의 능력을 실제로 의심해서, 우리는 점점 하나님께 투덜대며 토라지게 되고, 그런 연후에는 자신을 억제하고 하나님을 기쁘게 하는 노력들에서 느슨해집니다. 그것은 일종의 절망의 그림자이며, 또한 그것은 우리가 그것에 양보하는 첫 반 시간 동안 우리를 무수한 죄들 가운데로 인도할 것입니다.

프레더릭 페이버

우리 자신들에게 결코 낙담하지 맙시다. 우리가 가장 사악한 것은 우리의 잘못들을 의식하는 때가 아니라 의식하지 못하는 때입니다. 우리는 더 밝은 빛에 의지해서 봅니다. 그리고 우리의 위로를 위해, 우리는 우리의 죄들을 반드시 인지한 후에야 비로소 그것들을 치료하기 시작한다는 것을 상기합시다.

프랑수아 페늘롱

내부 평화의 신비

너희는 하나님의 선하시고, 훌륭하시고, 완전하신 뜻이 무엇인지를 입증하도록 하십시오. - 롬 12:2

주는 무엇이 최선인지를 알지요.

그러나, 오 하나님, 당신 외에 누가 알 능력이 있나요?

당신의 크신 뜻 안에 저의 믿는 마음은 머물게 될 거예요.

그 뜻 밑에 저의 변변찮은 머리가 숙여질 거예요.　　　　　　　　토머스 업햄

하나님의 것인 사람들에게는 만사가 지탱되는 것이 쉬울 뿐 아니라, 기쁘게 선택되는 것이 또한 평범합니다. 그들의 뜻은 하늘과 땅을 움직이고, 천사들을 자기 의사에 따르게 하고, 세상의 행로들을 지배하는 저 의지와 하나가 됩니다. 그것은 사람에게는 하나님의 놀라운 선물이며, 또한 거의 아무것도 모르는 우리는 꼭 그것을 말할 필요는 없습니다. 영원한 안식이 있는 그 움직임의 중심 부근에 있다는 것, 하나님의 평화 안에서 보호받는 것, 모든 마음이 받쳐지고, 모든 희망이 이루어지는 천국에 바로 지금 사는 것, 역시 그렇습니다. "주는 그 정신이 주님 위에서 지탱되고 있는 자를 완전한 평화로 지켜주실 것입니다."

헨리 매닝

모든 것에서 하나님의 뜻을 따르며, 하나님의 뜻 외에는 아무 뜻을 갖지 않는 법을 배우십시오. 이것은 그대의 의무이며, 그대의 지혜입니다. 어느 것도 뿌리치는 것과 버둥대는 것에 의해서는 스스로를 해치고 성나게 하는 것 외에는 얻어지지 않고, 오로지 (명령에) 응함에 의해서 모든 것이, 곧 달콤한 평화가 얻어집니다. 최소한의 반대적인 생각까지도 없이, 모든 것을 하나님의 뜻에 맡기는 것, 하나님의 임의로 처리하는 것이 참 비결이며, 견고한 내부 평화의 신비입니다.

로버트 레이턴

4월 8일
부족함이 없어요

주는 나의 목자시니 나는 부족하지 않을 것입니다. - 시 23:1

주를 찾는 사람들은 어떤 좋은 것에도 부족함이 없을 것입니다. - 시 34:10

하나님, 그분은 우주를 품고 계시지요,

그의 품 안에.

나의 친절하고 주의 깊은 목자가 되시지요.

내 목자이시고, 또한 지켜주시지요

그의 양인, 저를.

필요한 모든 것들로 늘 공급 받게.

프랜시스 데이비슨(Francis Davison)

그대들의 목자 되신 그는 누구십니까? 주님이시지요! 오, 내 친구들이여, 얼마나 놀라운 소식입니까! 하늘과 땅의 주 하나님, 만물들의 전능하신 **창조자**, 우주를 그의 손에 마치 그것이 매우 작은 것인 양 쥐고 계신 분, 그분이 그대들의 목자며, 그리고 그분은 목자가 자기 양들을 돌보며 지키는 일을 책임지고 있듯이, 그대들을 돌보며 지키는 일을 직접 떠맡았습니다. 만일 그대들의 마음이 이런 생각을 정말로 받아들일 수 있다면, 그대들은 결코 다시는 두려움이나 근심 같은 것은 갖지 않을 것입니다. 왜냐면 이런 목자와 함께라면 어떻게 그대들이 늘 어떤 좋은 것을 원한다는 게 가능할 수가 있겠습니까?

해나 스미스 편집

시험에 들지 않으려면

너희는 시험에 들지 않도록 깨어 기도하라. - 마 26:41

난 원하지요 맑은 정신을,

자기 포기의 의지를.

그건 짓밟아버리고 앞지르지요

기분 좋은 죄악의 미끼들을.

영은 늘 준비하고,

그리고 시샘하는 근심으로 무장하지요.

영원히 경계를 서고,

그리고 기도를 위해 깨어 있어요.

찰스 웨슬리

그대들이 "우리를 시험에 들게 마옵시고"라고 말할 때, 그대들은 아주 진지하게 매일의 행실에서 이미 겪었던 그 시험들을 피하려고 작정해야만 합니다. 그대들이 "우리를 악에서 구하소서"라고 말할 때, 그대들은 그대들이 의식하며, 또한 용서받기를 기도하는, 그대들의 마음에 있는 저 악에 맞서서 싸울 것을 작정해야만 합니다. 깨어 있고 기도하는 것은 확실히 우리의 능력 안에 있으며, 그리고 우리는 이 수단에 의해 힘을 얻을 수 있음을 확신합니다. 그대는 자신의 약함을 느끼며, 그대는 시험에 압도당하는 것을 두려워합니다. 그렇다면 그 길에서 벗어나십시오. 이것이 깨어 있는 것입니다. 그대를 잘못 인도하기 쉬운 교제를 피하십시오. 그리고 악의 참 그림자에게서 도망을 치십시오. 그대는 아무리 조심해도 지나칠 수 없습니다. 조금 지나치게 엄격하더라도 조금 지나치게 안일한 것보다는 낫습니다. 그것이 더 안전한 편입니다. 그대에게 위험한 책들을 읽는 것을 삼가십시오. 나쁜 생각들이 일어날 때는 그것들에서 돌아서십시오.

존 뉴먼

복종의 원리를 좇아

사람들을 기쁘게 하는 자들처럼 눈앞에서만 일하지 말고, 하나님을 두려워하며 성심으로 하라. 너희가 무엇을 하든지 그것을 진정으로 주께 하듯 하고, 사람들에게 하듯 하지 말라. – 골 3:22~23

나를 가르치소서, 나의 하나님 왕이시여,
만유 안에서 당신을 보도록,
그리고 모든 것에서 내 하는 것,
당신을 위해 하듯이 그것을 하도록.

조지 허버트

아무리 가벼운 행동이라도, 아무리 비열한 행동이라도 뭔가 어떤 위대한 목적을 위해 행하여질 수 있고, 또한 그로 인해 고상해질 수도 있습니다. 아무리 위대한 목적이더라도 가벼운 행동들이 그것을 도울 수도 있고, 또한 그것을, 아주 특별히 모든 목적들 중 최고의 것인, 하나님을 기쁘게 하는 일을 상당히 도울 정도로 행하여질 수가 있습니다.

존 러스킨

모든 의무는, 가장 작은 의무라도 복종의 전체적 원리를 포함합니다. 그리고 작은 의무들은 그 뜻을 충성스러운 것으로, 다시 말하면 유순하고 곧바로 복종할 수 있도록 만듭니다. 작은 복종들은 결국은 위대한 복종에 이르게 됩니다. 매일 반복되는 의무는 실습과 훈련으로 가득하며, 그리고 그것은 의지, 마음, 그리고 양심을 훈련시킵니다. 우리들은 예언자들이나 사도들이 될 필요는 없습니다. 가장 평범한 인생조차도 완전으로 가득할 수 있습니다. 가정의 의무들은 천국의 섬김을 위한 훈련입니다.

헨리 매닝

4월 11일
내적 조화의 현실

그러므로 사랑하는 자들아 …… 부지런해 너희가 흠 없이, 허물없이 평강 중에 주에 대해 나타나지 도록 하라. - 벧후 3:14

그의 양심은 모르지요 숨은 아픔들을.
은혜와 기쁨이 결합하여
그 거룩한 샘들이 감추어져 있고 신성한
인생을 만드는 동안.

아이작 와츠

양심의 가장 작은 불만까지도 정신의 전체 기질을 흐리게 할 수는 있으나, 그러나 그것의 평화를 복원하는 노력을 내놓을 수 있을 뿐이며, 그리고 전체 분위기 위에는 한 줄기 바람 같은 뜻밖의 순수함이 펼쳐지고, 의심과 성급함이 구름처럼 지나가고, 대지와 가정의 시들어진 공감들이 그 잎들을 펼치며 살아가고, 그리고 가장 맑은 푸른 하늘을 통해 하나님이 거주하시는 하늘나라의 깊이가 보여집니다.

제임스 마티노

영의 유순함이나 고요함으로 묘사되는 정신의 상태는, 높은 정도로 내적 조화에 의해 특징지어집니다. 예전처럼 생각과 생각이 서로 다투며, 양심이 스스로가 유지할 수 없을 권리들을 주장하는 따위의 내적 불화는 없습니다.

토머스 업햄

4월 12일
강권하는 사랑

완전하며, 좋은 위로가 되며, 한마음에 속하며, 평화롭게 사십시오. 그러면 사랑과 평화의 하나님이 여러분과 함께 계실 것입니다. - 고후 13:11

본 바 있는 자기 형제를 사랑하지 않는 자가, 어떻게 본 적이 없는 하나님을 사랑할 수 있겠는가? - 요일 4:20

주여! 눌러주소서 우리의 이기적인 뜻을.
각각 서로에 맞춰주소서 우리의 성질들을.
당신의 조절하는 기술에 의해,
악기 대 악기처럼, 마음 대 마음을.

찰스 웨슬리

우리의 사촌들과 이웃들을 천국 가족의 구성원들로서 사랑하는 것이, 토스카나 지방이나 마데이라 섬에 사는 우리의 고통받는 형제들에게 따뜻한 감정을 느끼는 것보다. 그리스도의 강권하는 사랑을 훨씬 더 요구합니다. 온 교회를 사랑하는 것과, 그리고 어제 나를 오해해 내 계획들을 반대했던, 그의 독특한 결점들 때문에 나의 가장 민감한 감정들이 거슬리는, 아니면 나의 타고난 성격이 아주 메스꺼워하는 바로 그 단점들을 타고난 사람들을 사랑하는 것은 — 다시 말하면, 그 사람의 장점들을 기뻐하며 그의 결함들을 덮어주는 것은 전적으로 별개입니다.

엘리자베스 찰스

4월 13일
잠잠한 내 영혼

이 모든 것들에서 우리를 사랑했던 이로 말미암아 우리는 정복자들보다 더 낫습니다. - 롬 8:37

이렇게 내 영혼은 그의 하나님 앞에서
잠잠히 있고, 더 말하지 않아요.
이렇게 고통과 죄를 다스리는 **정복자**,
한때는 내 영혼을 속속들이 때렸지요.
내 영혼의 하나님의 위대한 칭찬과 빛으로.
빛나는, 고요한 대양처럼.

요한 빙클러(Johann Joseph Winckler)

내 정신은 당황과 혼란에 맞서, 불확실, 의심, 그리고 불안에 맞서 영원히 닫혀져 있습니다. 슬픔과 소망에 맞선 내 가슴도 또한 그렇습니다. 침착하게 꼼짝 않고, 나는 그저 만사를 지켜봅니다. 왜냐면 나는 단 하나의 사건을 설명할 수도 없고, 홀로 나와 관련이 있는 사건과 그것의 관련성을 이해할 수도 없음을 알기 때문입니다. 하나님의 세계에서는 만사가 형통합니다. 그리고 이 사실이 나를 만족케 하며, 또한 이 믿음으로 나는 바위처럼 굳게 서 있습니다. 내 가슴은 인격적인 모욕들과 분한 일들, 내지는 인격적인 장점에서의 기쁨 때문에, 골칫거리에 대해서는 강철같이 무감각하게 됩니다. 왜냐면 나의 전 인격이 내 존재의 목적을 명상하는 중에 사라졌기 때문입니다.

요한 피히테(Johann Gottlieb Fichte)

4월 14일
어떻게 풀까요?

만물이 너희 것이다. 바울이나, 아볼로나, 게바나, 세계나, 생명이나, 사망이나, 지금 것이나, 장래의 것이든 모두가 너희 것이요, 너희는 그리스도의 것이요, 그리스도는 하나님의 것이다. - 고전 3:21~23

아무것도 없는 것 같으나, 모든 것들을 가졌습니다. - 고후 6:10

> 옛 친구들, 옛 정경들이 더 아름다우리라.
> 각자 안에 있는 하늘에 대해 더 많은 것을 우리 볼 때,
> 어떤 부드럽게 하는 사랑과 기도의 가냘픈 빛이
> 모든 십자가와 근심 위에 나타나기 시작하리라.
>
> 존 키블

사랑과 증오에서, 버는 일과 빌리는 일과 빌려주는 일과 잃는 것들에서, 병과 고통에서, 구애하는 일과 예배하는 일에서, 여행하는 일과 투표하는 일과 지켜보는 일과 걱정하는 일에서, 불명예와 치욕에서, 평화스럽고 아름다운 법들 속에 있는 우리가 배워야 할 가르침이 나옵니다. 그로 하여금 그 자신의 수업을 깎아내리게 하지 마시고, 그로 그것을 암기하게 하십시오. 그로 하여금 그 자신 앞에 놓인 저 인생의 난제를 푸는 데 정확하고, 용감하고, 명랑하게, 노력하도록 하십시오. 그리고 약속이나 꿈들에 의해서가 아니라, 착실한 행동에 의해서 이것을 풀도록 하십시오. 하나님을 믿듯이, 가장 위대한 영향력들의 임재와 호의를 믿으면서, 그로 하여금 더 낮은 관례들에 또한 충성함으로써, 그 호의를 받을 만하게 하고, 또한 그 호의를 받아들여 활용하는 법을 배우게끔 하십시오.

랠프 에머슨

악도 선일 수 있다

모든 것들이 하나님을 사랑하는 자들에게는 협력해 선을 이루는 것을 우리가 압니다. - 롬 8:28

> 하나님이 축복하시는 해악은 우리의 선이며,
> 그리고 축복받지 않은 선은 해악이지요.
> 그리고 아주 잘못되어 보이는 모든 것은 올바르지요.
> 만일 그것이 하나님의 향기로운 뜻이라면.
>
> 프레더릭 페이버

자신들을 아는 사람들에게는, 모든 것들은 협력해 선을 이루며, 또한 모든 것들은 그들에게 있는 그대로 선한 것 같습니다. 하나님이 주시는 선들은 "매우 선한" 듯하며, 그리고 그것들 안에 있는 하나님 자신인 듯합니다. 왜냐면 그들은 그것들을 받을 만하지 못하다는 것을 알기 때문입니다. 하나님이 허락하시고 파기하시는 악들 또한 "매우 선하게" 보입니다. 왜냐면 그들은 그것들 안에서, 영혼으로부터 하나님을 차단하는 것에서 그들을 치유하기 위해 내밀어진, 그분의 사랑하는 손길을 보기 때문입니다. 그들은 하나님께서 이느 것에서니, 심지어 가장 작은 선에서도, 그들에게 매우 선하시기에, 하나님을 열심히 사랑합니다. 왜냐면 그것이 그들이 받을 만한 이상의 것이기 때문입니다. 그러면 가장 큰 선에서라면 얼마나 훨씬 더 하겠습니까! 그들은 어느 것에 대해서든, 악으로 보이는 것 중 심지어 가장 큰 악에 대해서도, 그것들이 하나님의 사랑에서 보면, 실재하는 선들임을 알기 때문에, 하나님을 사랑합니다. 왜냐면 하나님은 "모든 우리 머리의 머리털들을 세시며", 또한 "우리가 무엇으로 만들어지는지를 아셔서" 인생에서 우리에게 일어나는 모든 것을, 완전한 지혜와 사랑으로, 우리의 영혼들의 안녕을 위해, 지도하시기 때문입니다.

에드워드 퓨지

영적 인생의 최고봉

평화의 하나님께서 친히 너희를 온전히 거룩하게 하시기를 기원하며, 또 너희의 온전한 영과 혼과 몸이 흠 없이 보존되기를 내가 하나님께 기도합니다. 너희를 부르시고, 또한 그 일을 하실 그분은 신실하십니다. – 살전 5:23~24

잠잠하라, 내 영혼아! 주는 네 편이시니,
참을성 있게 짊어져라 슬픔과 고통의 십자가를.
그대의 하나님께 맡겨라 명령하고 준비하는 것을,
모든 변화에서 하나님은 여전히 미쁘시리니.

《루터의 땅에서 온 성가들(Hymns from the Land of Luther)》에서

그 사도가 약속했던 것은 세속적인 악들로부터의 구원이 아니었습니다. 하나님의 자비는 그들을 화형장이나 사자들에게로 보냈을지도 모릅니다. 만일 그것이 그저 그들을 "세상으로부터 흠 없게" 지켰을 뿐이었다면, 그것은 그래도 하나님의 자비였습니다. 그것은 그들을 모욕과 비방과 불법에 노출시킬 수도 있었을 것입니다. 그들은 만일 그것이 "모든 선한 말과 행위에서 그들을 공고히 했다면", 그것을 여전히 자비로서 받아들였습니다. 오, 형제들이여! 여러분 중 얼마나 많은 이들이 그대들의 하늘 아버지 편에서 이와 같은 그런 신실함에 만족하십니까? 이것이 정말로 그대들의 기도의 추세와 취지가 되고 있습니까?

윌리엄 버틀러(William Archer Butler)

영적 인생의 최고봉은 계속되는 햇빛 속의 행복한 기쁨이 아니라, 하나님의 사랑에 대한 절대적이며 의심 없는 신뢰입니다.

앤서니 소럴드(Anthony Wilson Thorold)

4월 17일
영혼을 가다듬고

주를 신뢰하는 그 사람은 복이 있도다. - 시 40:4

우리가 고요하고 평화로운 삶을 영위하기 위함이라. - 딤전 2:2

> 그저 하나님 아버지로 행하시도록 하는 것
> 그분이 뜻하시는 것을,
> 그저 하나님이 참되신 것을 알고서,
> 잠잠히 있는 것.
> 그저 하나님을 신뢰하는 것, 이것이 전부이지!
> 그러면 하루가 확실히 될 거예요
> 평화롭게, 무슨 일이 일어나든,
> 밝고 복되게, 조용하며 자유롭게.
>
> 프랜시스 하버갈

　　매일 아침 평온한 하루를 위해 그대의 영혼을 가다듬고, 하루 종일 내내 조심스럽게 종종 그대의 결심을 상기하며, 결국은 그 결심을 회복시키십시오. 만일 무언가가 그대를 심란하게 하면, 당황하거나 불안해하지 마십시오. 그러나 그 사실을 발견했을 때는, 하나님 앞에서 자신을 얌전히 낮추고 그대의 정신을 고요한 태도 속에 들이도록 노력하십시오. "글쎄, 난 헛걸음을 했어. 이제 난 더 조심스럽고 주의 깊게 가야만 해"라고 혼잣말을 해보십시오. 이 말을, 그대가 아무리 자주 넘어지더라도, 매번 하십시오. 그대가 평화로울 때는, 끊임없이 유순한 행동들을 하며, 가장 사소한 것들에서도 침착하려 애쓰면서, 그것을 유리하게 활용하십시오. 무엇보다 용기를 잃지 마십시오. 그리고 인내하십시오. 기다리십시오. 침착하고, 온순한 영을 획득하려고 노력하십시오.

성 프란치스코 살레시오

하나님의 요구 사항

주 너의 하나님이 네게 주 너의 하나님을 경외하고, 모든 그의 길에서 행하며, 또한 그를 사랑하며, 또한 주 너의 하나님을 너의 모든 마음과 너의 모든 영혼으로 섬기는 것 외에 무엇을 요구하시더냐? - 신 10:12

우리 하나님 아버지는 당신 자녀들에게 무엇을 요구하시나,
정의 그리고 자비, 겸손,
선행들로 이루어진 온당한 봉사.
청결한 삶, 인간의 필요들에 대한 자비심,
존경, 신뢰, 그리고 우리의 일상의 길들에서
스승의 발자취들을 볼 수 있는 빛을 위한 기도 외에?
어떤 마디 있는 회초리도, 어떤 희생의 칼도 아니지,
질서가 잡힌 인생에서 오는 고요한 아름다움이지
그것의 모든 숨결은 말로 표현되지 않은 찬양이어라.

존 휘티어

우리들은 우리의 현실의 몫을 측정해, 그것을 성취해야만 하며 모든 힘을 다해서 우리의 몫이 요구하고 인정하는 존재가 되어야만 합니다. 그 너머에 있는 것은 우리의 사명이 아닙니다. 만일 사람들이 이 평범한 규칙을 지나치려 한다면, 그들이 과연 얼마나 많은 평화, 안정, 확신, 그리고 능력을 달성할 수 있을는지요.

헨리 매닝

4월 19일
하나님의 원리

우리 하나님의 손은 자기를 찾는 모든 자들 위에 영원히 있으십니다. - 스 8:22

주의 손에 내가 나의 영을 맡깁니다. - 시 31:5

주께서는 두근대는 가슴에 당신의 손을 얹으시네.
그리고 말씀하시네. "잠잠하라!"
침묵과 그늘은 단지 일부일 뿐이네.
주님의 달콤한 의지 중.
주의 임재 나와 함께 있고, 그리고 주 있는 곳에서
난 어떤 해악도 두려워하지 않네.

프랜시스 하버갈

그대 자신의 정신과 영 안에서 그대 자신의 생각들로부터 잠잠하고 냉정하십시오. 그런 후에는 그대는 하나님의 원리를 느껴, 그대의 정신을 인생이 비롯되는 주 하나님에게로 돌릴 것입니다. 그로써 그대는 하나님의 능력과 권능을 받아 온갖 휘몰아치는 풍우와 대폭풍들을 가라앉힐 수 있을 것입니다. 하나님의 권능으로 하나님에 이르기까지 인내를, 순진무구함을, 침착함을, 잠잠함을, 안정 상태를 서서히 완성케 하는 것은 바로 하나님의 원리입니다. 그러므로 그대 자신의 생각들, 원하는 일, 구하는 일, 소원, 상상들로부터 잠시 잠잠하고, 그대 안에 있는 하나님의 원리 안에서 안정하도록 하면, 그 원리가 그대의 정신을 하나님에게 이르도록 올려, 하나님 위에서 그것을 멈추게 할 것입니다. 그러면 그대는 그분에게서 오는 능력을 보게 되고, 그분이 바로 가까이에 계신 하나님임을, 고난과 곤경의 때에는 현재적인 도움임을 보게 될 것입니다.

조지 폭스(George Fox)

4월 20일
여전히 가능하지요

내가 참을성 있게 주를 기다렸더니 주가 내게 귀를 기울이시고 내 부르짖음을 들으셨도다. - 시 40:1

시련은 인내를, 인내는 경험을, 경험은 소망을 생기게 합니다. - 롬 5:3~4

주여, 우린 의심과 슬픔 때문에 밖으로 헤매 다녔지요.

그리고 당신은 발 디딜 때마다 앞으로 나아가도록 했어요.

그리고 우린 각각의 미지의 내일을 믿을 거예요.

당신은 그 일이 끝날 때까지 우릴 지지해줄 거예요.

새뮤얼 존슨

가능하지요. 미래가 희미할 때, 우리의 부진한 능력들이 보다 더 나은 세상의 완전과 행복에 대해 아무런 밝은 관념들을 조성할 수 없을 때, 피조물들을 향한 하나님의 자비로운 목적에 대한, 고생 가운데서도 하나님의 어버이다운 선하심에 대한 확신에 매달리는 것이 여전히, 또한 의무의 길이 비록 무거운 마음으로 밟힌다 해도, 결국은 평화에 이른다는 것을 느끼는 것이 여전히, 또한 양심에 대해 충실한 것이 여전히, 그리고 우리의 일을 하는 것, 유혹에 저항하는 것, 에너지가 줄긴 했어도 쓸모가 있는 것, 우리가 하나님의 신비한 섭리 아래서 기뻐할 수 없을 때 우리의 의지들을 포기하는 것이 여전히, 가능합니다. 이 흥은 없으나 끈기 있는 복종에서, 우리는 빛을 준비하게 됩니다. 영혼은 힘을 모읍니다.

윌리엄 채닝(William Ellery Channing)

4월 21일
하나님을 사랑하는 것

그러므로 너희는 하늘에 계신 너희 아버지가 완전하신 것 같이 완전하라. - 마 5:48

나에 대해서는 나는 의로움 가운데서 주의 얼굴을 보겠으며, 나는 내가 깰 때에 주의 모습에 만족할 것입니다. - 시 17:15

> 의를 그는 주 안에서 주목하네
> 그의 정의에의 의지가 승리하네.
> 주의 순결을 기뻐하기에
> 그는 그것을 깊이 들이마시네.
>
> 토머스 길

　하나님을 사랑하는 것은 그의 품성을 사랑하는 것입니다. 예를 들어, 하나님은 **순결**이십니다. 그래서 생각과 표정에서 순수한 것, 거룩하지 않은 책들과 대화를 외면하는 것, 우리가 순수하지 않았던 순간들을 질색하는 것이 하나님을 사랑하는 것입니다. 하나님은 **사랑**이십니다. 그래서 사적인 애착들이 모두를, 마침내는 동정심을 갖고 악과 적들까지도 껴안는 박애 행위로 확대될 때까지 사람들을 사랑하는 것, 그것이 하나님을 사랑하는 것입니다. 하나님은 **진리**이십니다. 진실한 것, 모든 형태의 거짓됨을 미워하는 것, 용감하고 참되고 진정한 인생을 사는 것, 그것이 하나님을 사랑하는 것입니다. 하나님은 **무한**이십니다. 그래서 계속 은혜에서 은혜에 이르면서, 믿음에 자비를 더하면서, 늘 우리 위에 있는 **이상**을 보며 도달하지 못해도 그것과 함께 죽으려고 언제나 위를 향해 오르면서, 하늘 아버지가 완전하신 것처럼 만족한 줄 모른 채 완전하려고 목표하면서, 무한한 것들을 사랑하는 것, 그것이 하나님을 사랑하는 것입니다.

프레더릭 로버트슨

4월 22일
성장하는 행복

아직 보지 못한 이를 여러분이 사랑하며, 이제도 여러분이 주를 보지 못하지만, 그러나 그를 믿으며, 말할 수 없는 영광에 찬 즐거움으로 기뻐합니다. - 벧전 1:8

만일 우리 사랑이 단지 더 단순하다면,
우린 주의 말씀을 곧이들어야만 하지요.
그리고 우리의 인생은 모두 햇빛이 될 거예요
우리 주의 감미로움 안에서.

프레더릭 페이버

절대적으로 사랑스러운 존재를 절대적으로 사랑하는 것 — 우리의 전 존재, 모든 생각, 모든 행위, 모든 소원을 저 흠모하는 분에게 줄 수 있는 것 — 그분이 그것 모두를 받아들이며, 하나님만이 사랑할 수 있는 것처럼 우리를 답례로 사랑하고 있음을 아는 것은 무엇이 될는지요? 이런 행복은 영원히 성장합니다. 우리의 본성들이 더 크게 되면 될수록, 우리의 생각의 범위는 그만큼 더 넓어지며, 우리의 의지는 그만큼 더 강해지며, 우리의 애정들은 그만큼 더 열렬해지며, 이렇게 하나님께서 하사하신 기도의 황홀함은 그만큼 더 깊어질 것이 틀림없습니다. 결심된 모든 희생은 문을 활짝 열며, 성취된 모든 희생은 내적 천국을 향한 한 걸음입니다. 이내 구름들과 추위가 뒤따름은 어떤 일순간의 번쩍임도, 하루의 황홀함도 안 될 것입니다. 우리 그저 부지런히 일하고 기도하며 기다립시다. 그러면 인간의 연약함의 간격들이 점점 더 짧고 덜 어둡게 될 것이며, 우리가 하나님을 기뻐하는 날들은 점점 더 길어지고 더 밝아져, 끝내는 인생이 오로지 하나님의 사랑이 될 뿐이고, 우리의 눈은 결코 점점 흐릿해지지 않을 것이며, 하나님의 미소는 결코 외면하지 않을 것입니다.

프랜시스 코브

4월 23일
왕과 함께 왕의 일을

이들은 옹기장이들이었으며, 수풀과 산울 가운데 거주했던 사람들이었다. 그들은 왕과 함께 거주해 왕의 일을 했다. - 대상 4:23

> 더 낮은 임무 그들에게 놓여져,
> 사랑으로 그 일을 가볍게 만드네.
> 그리고 거기서 그들의 미를 그들은 쏟아야만 하지
> 조용한 가정들에, 그리고 보이지 않게.
> 고상하고 고운 그들의 모습들 바뀌어도,
> 차분하고 묵묵히, 그들은 거기서 일하네.
>
> 《시대의 성가들(Hymns of the Ages)》에서

어디에서나 또한 모든 곳에서 우리들은 '왕과 함께 왕의 일을 위해' 거주하고 있을지 모릅니다. 우리들은 이 때문에 매우 있음직하지 않거나 아니면 마음에 안 드는 장소에 있을 수도 있습니다. 그곳은 왕의 '행동들'에 대해 우리 주변에서 볼 만한 것이 거의 없는 평범한 시골 생활에 있을 수도 있으며, 또한 그곳은 온갖 종류의 산울, 사방팔방 놓인 방해물들 가운데에 있을 수도 있으며, 그곳은 더 나아가, 우리 일상의 임무 때문에 온갖 양식의 옹기로 가득한 우리의 손들과 함께일 수도 있습니다. 아무 문제가 없습니다! 우리를 '그곳에' 배치했던 왕이 와서 그곳에 우리와 함께 거주할 것이며, 산울들이 모두 무사하거나, 아니면 그가 곧 그것들을 제거하려 할 것입니다. 그렇다고 우리의 길을 방해하는 듯이 보이는 것이 반드시 그 길의 참보호에 적합한 것은 아니며, 그리고 옹기에 대해서는, 아주 정확히 그가 우리 손 안에 맡기는 것이 적합하다고 본 것이며, 그러므로 그것은 당분간 '그의 일' 입니다.

프랜시스 하버갈

서로의 짐을 지라

너희가 서로의 짐을 지라. 그래서 그리스도의 법을 성취하라. - 갈 6:2

그대의 위로의 항아리는 소모성입니까?

일어나 그것을 다른 이와 함께 나누세요.

그러면 기근의 여러 해 동안 내내,

그대와 그대 형제에게 도움이 될 거예요.

그대의 짐은 힘들고 무겁습니까?

그대의 발걸음은 무겁게 끌립니까?

그대 형제의 짐 지는 것을 돕도록 하세요.

하나님이 지실 거예요 그 짐과 그대를 함께.

엘리자베스 찰스

그대가 여하한의 시간에 어떤 진리의 문제에 관해 아무리 당혹해한다 해도, 도피처와 변통 하나는 늘 가까이에 있습니다. 곧 그대는 그대 자신 외에 어느 누군가를 위해 무언가를 할 수 있습니다. 그대 자신의 짐이 가장 무거울 때, 그대는 어떤 다른 짐을 늘 약간 가볍게 할 수 있습니다. 그대가 하나님을 볼 수 없는 때에는, 하나님을 보여줄 수 있는 이 거룩한 가능성이 여전히 그대에게 열려 있습니다. 왜냐면 그것은 인간의 마음의 사랑이자 친절이며, 이를 통해서 신성한 실재가 마음이 그것에 이름을 붙이든 안 붙이든 사람들에게 뼈저리게 느껴지기 때문입니다. 그렇다면 이 생각이 그대와 함께 머물도록 하십시오. 그리고 그대가 도움을 찾을 수 없는 때가 있을지는 모르나, 그대가 도움을 베풀 수 없는 때는 없습니다.

조지 메리엄

아이가 되십시오

확실히 나는 그 어미에게서 젖을 뗀 아이처럼, 처신하며 마음을 달랬다. 지금 내 영혼은 젖 뗀 아이처럼 평온하다. - 시 131:2

> 달래주소서 주여, 저의 괴팍한 마음을.
> 만드소서 저를 얌전하고 유순하게.
> 올바르고, 단순하며, 기교에서 자유롭게.
> 만드소서 젖 뗀 아이처럼 저를
> 불신과 시기로부터 자유롭게,
> 주님을 기쁘게 하는 온갖 것을 기뻐하게.
>
> 존 뉴턴

오! 큰 것들을 구하지 마십시오. 작은 호흡들, 주님에 대한 작은 갈망들이, 만일 참되고 순수하다면, 인생의 달콤한 시작들입니다. 그대의 안목에 따라, 그대의 고통에 비례할 수 있는 어떤 큰 방문(축복)을 구함으로써, "작은 것들의 날"을 경시하는 것을 조심하십시오. 아니, 그대는 아이가 되어야만 합니다. 그대는 그대 자신의 의지를 아주 점차로 잃어야만 합니다. 그대는 인생이 하나님 아버지에 의해 꼼꼼하게 재어지기를 기다리며, 어떤 비율로, 어느 시간에, 하나님께서 재고 싶어 하시게 될는지에 만족해야만 합니다.

아이작 페닝턴

4월 26일
많은 세월이 걸려도

만일 우리가 보지 못하기 때문에 바란다면, 그때 우리는 인내력을 갖고 그것을 기다립니다. - 롬 8:25
하루가 주께는 천년 같고, 천년이 하루 같습니다. - 벧후 3:8

> 주님! 당신은 당신의 1,000년 세월을 기다려서
> 실행하고 계십니다 1,000분의 1을
> 당신의 거대한 계획 중, 우릴 위해 만드소서
> 열심히, 인내하는 마음을.
>
> 존 뉴먼

내 믿음으로는 만일 우리가 하늘 아버지께서 우리를 되게 하려고 작정하신 그것 — 영혼의 아름다움과 완전과 영광, 지금의 영이 영영토록 거하게 될 영광되고 아름다운 영의 몸—이 무엇인지를 먼저 알 수만 있다면, 만일 우리가 이를 흘긋 볼 수 있다면, 하나님께서 우리에 대한 당신 생각이신 저 이상을 향해 우리를 위로 데려가기 위해, 지금 우리와 함께 받고 계시는 모든 환난과 고통들을 우리는 인정하기를 싫어해서는 안 됩니다. 우리는 천천히 실행하시는 것이 하나님의 길임을 압니다. 그래서 만일 하나님이 필멸의 존재(인간)를 불멸의 영광스런 천사로 바꾸는 데 아주 많은 훈련의 세월이 걸린다 해도 우리는 놀라서는 안 됩니다.

애니 키어리

우리, 진실한 삶을

너희 모든 사람은 이웃에게 진실을 말하라. - 슥 8:16

우리의 기뻐하는 바는 이것이니, 우리 양심의 증거로 단순하게 하나님을 공경하는 진실함으로 ……
우리가 세상에서 이야기했다는 것입니다. - 고후 1:12

나는 언제나 지금의 나로 보입니까?

그리고 난 가장하고 있는 나입니까?

난 내 행로가 어느 길로 향하는지를 압니까?

그리고 내 말과 생각은 같은 소리가 납니까?

작자 불명

　　나는 내적인 신성한 삶의 근원에서 단순하게 행동하고 있습니까, 아니면 어떤 편의주의의 직접적인 결과를 얻고자 나의 길을 만들고 있습니까? 나는 어림잡을 수 없는 외부의 영향들의 헝클어진 그물 가운데서 결과들을 달성하려고 노력하고 있습니까, 아니면 올바른 것을 행하려고 오직 애쓰며, 그 결과들을 하나님의 선하신 섭리에 맡기고 있습니까?

메리 시멀페닌크

　　실로 그대에 대해 그대가 단순하지 않다거나, 혹은 그대가 선하지 않다고 말하는 것을 어떤 사람의 권한 안에 두지 말고, 그대에 관해 이런 종류의 모든 것을 생각하게 할 자가 누구이든 그 자로 하여금 거짓말쟁이가 되도록 하십시오. 왜냐면 그대가 선하며 단순하게 되는 것을 방해할 자가 누구란 말입니까?

마르쿠스 안토니누스

4월 28일
거룩한 순간의 신호

주는 너를 지키시는 자, 주는 네 오른 편에서 너의 그늘이 되신다. - 시 121:5

주의 법을 사랑하는 자들은 큰 평화를 가졌으니, 어느 무엇도 그들을 상치 못하리라. - 시 119:165

나는 쉬네 **전능자**의 그늘 밑에서.
내 슬픔들은 끝나고, 내 걱정들은 그치네.
당신은, 주여, 내 영혼 당신께 의지되고 있으니
조용히 날 지켜주시리 완전한 평화 속에.

찰스 웨슬리

'거룩한 순간'에 대한 실제적 인식의, 그리고 그 순간에 하나님의 거주하심을 우리가 아는 것의, 커다란 하나의 신호는 마음의 견실한 평온함과 평화입니다. 사건과 일들이 그 순간과 함께 오지만, 하나님 역시 그것들과 더불어 옵니다. 그러므로 만일 하나님이 햇빛 속에서 오시면, 우리는 안식과 기쁨을 보게 되며 만일 하나님이 폭풍우 속에서 오신다면, 우리는 그가 폭풍우의 **왕**이심을 압니다, 그래서 우리의 마음은 고민되지 않습니다. 하나님 자신은, 비록 가장 부드러운 감정들로 가득한 마음을 소유하고 있지만, 그럼에도 불구하고 영원한 평온하심이며, 우리가 그의 거룩한 성막으로 들어갈 때는, 우리의 영혼은 필연적으로 안식의 성막으로 들어갑니다.

토머스 업햄

내 영혼은 자신 및 하나님과의 조화뿐만 아니라, 하나님의 섭리들과의 조화 속으로 데려가졌습니다. 믿음과 사랑을 실천함에 있어, 나는 하나님의 섭리 속에, 순종 속에, 감사 속에, 그리고 침묵 속에 왔던 것은 무엇이나 다 인내하며 수행했습니다.

장마리 모트귀용(Jeanne-Marie Bouvier de la Motte-Guyon)

4월 29일
아버지께로 가리라

나는 일어나 내 아버지께로 가리라. - 눅 15:18

오 나의 하나님, 나의 아버지! 들으소서,
그리고 저를 도와 믿게 하소서.
약하고 지친 저를 가까이 이끄소서.
당신의 자녀를, 오 하나님, 받아주소서.
전 이렇게 자주 탈선했지요.
이젠 완전하신 **안내자**에게로 전 달아나요.
당신은 절 내쫓지 않겠지요.
당신의 사랑이 제겐 보증이 되지요.

《성령의 찬가들(Hymns of the Spirit)》에서

오, 자녀여, 그대는 넘어졌습니까? 일어나서 어린아이 같은 신뢰를 가지고, 탕자처럼 그대의 아버지에게로 가 마음과 입으로 겸손히 말하십시오. "아버지. 제가 하늘에 대해, 또한 당신 앞에 죄를 지었으니 너는 당신의 아들로 불릴 자격이 없습니다. 저를 당신의 고용된 종으로 삼아주십시오." 그러면 그대의 하늘 아버지께서는 그 비유 속에 나오는 아버지가 했던 것 외에 무엇을 하시겠습니까? 분명히 하나님은 아들의 나쁜 짓들 때문에 사랑이신 당신의 본질을 바꾸지는 않으실 것입니다. 만일 그대가 하나님을 믿는다면 그대에게 그대의 죄들을 용서하는 것은 하나님에게는 하나님 자신의 소중한 보물이요, 작은 일이 아니겠습니까? 왜냐면 하나님의 손은 그대를 구원받기에 적합하게 만들 수 없을 정도로 짧지 않기 때문입니다.

요하네스 타울러

4월 30일
앞으로 나아가라

이스라엘의 자녀들에게, 앞으로 나아가도록, 말하라. - 출 14:15
손에 쟁기를 잡고, 뒤를 돌아보는 사람은 누구도 하나님의 나라에 합당하지 않다. - 눅 9:62

> 신뢰하라, 견실하라, 그대에게 무슨 일이 일어나든,
> 오직 한 가지 것만을 그대는 주께 청하라.
> 앞으로 나아갈 은혜를 주가 그대를 어디로 인도하든,
> 단순하게 주의 말씀의 진실성을 믿고서.
>
> 작자 불명

영혼은 그 자신을 내부의 하나님의 **거룩하신 성령**과 외부의 하나님의 섭리의 가르침들에 완전히 넘겨 줄 때, 계획하는 일과 앞을 내다보는 일로 스스로를 지치게 하는 것을 멈춥니다. 그는(영혼은) 자신의 진보에 관해 영원히 안달하고 있거나, 그가 얼마나 멀리 도달하고 있는지를 보기 위해 뒤돌아보고 있지는 않습니다. 오히려 그는 꾸준히 그리고 조용히 계속 나아가며 그 행로가 무의식적이기 때문에 그만큼 더 많이 전진합니다. 그러므로 그는 결코 걱정되거나 용기를 잃지 않습니다. 만일 그가 쓰러지면 그는 스스로를 낮추기는 하나, 그러나 즉각 일어나고, 그리고 새로운 진지함을 갖고 계속 나아갑니다.

장 그루

누구를 찬미할까?

내가 언제나 주를 찬미할 것이니 주의 찬양이 계속 내 입에 있을 것입니다. - 시 34:1

오 주여, 내가 전심으로 당신을 찬양하며 당신의 모든 기사들을 전하리다. - 시 9:1

삼중의 복이 되리라 우리의 모든 복들은,

우리가 그것들로 인해 주를 믿을 수 있을 때,

각각의 기쁜 마음이 사랑과 감사와 찬양의

각자의 선물을 바칠 때.

제인 코테릴(Jane Cotterill)

비록 우리가 아름다움과 경이로움으로 둘러싸여 있지만, 우리에게 어울리는 것은 명랑함과 용기 그리고 우리의 열망들을 실현하고자 하는 노력입니다. 아주 많은 걸 받은 마음은 자신이 의지해 살아가는 **권세**를 신뢰하지 않겠습니까? 마음은 미래가 과거에 걸맞을 것임을 확신하기에, 다른 인도들을 포기하고 자신을 아주 친절하게 안내했던, 그리고 자신에게 아주 많은 것을 가르쳐주었던 **영혼**에 귀를 기울이지 않겠습니까?

랠프 에머슨

우리 주의 손으로부터 우리의 행로에 있는 모든 작은 축복과 총명을 취하는 습관은 주님의 사랑과의 교섭에서 특별한 방식으로 우리를 확증함을 나는 경험했습니다.

메리 시멀페닉크

5월 2일
작은 하얀 꽃

온유하고 안정된 영의 단장, 그것은 하나님이 보시기에는 매우 값진 것입니다. - 벧전 3:4

너희를 거룩하고, 흠 없고, 책망할 것이 없는 자로 주 앞에 세우기 위함이니. - 골 1:22

당신의 죄 없는 정신을 우리 안에 나타내소서,
알리소서 당신 영의 충만을!
내 모든 흠 없는 인생이 말하게 될 때까지
자애로운 마음의 부요를.

찰스 웨슬리

신성함이란 내게는 감미롭고, 유쾌하고, 매력적이고, 평온하고, 고요한 성격을 지닌 것으로 보였습니다. 내게 그것은 형언할 수 없는 순수와 광명, 평화로움과 환희를 영혼에 가져다준 듯했으며, 그것은 영혼을 온통 유쾌하고, 즐겁고, 평정을 잃지 않은, 온갖 종류의 유쾌한 꽃들이 있는 감미로운 고요함과, 부드럽게 생기를 주는 태양 광선들을 즐기는 하나님의 풀밭이나 정원처럼 만든 듯했습니다. 진정한 기독인의 영혼은 우리가 올해의 봄에서 보듯이, 가슴을 열고 유쾌한 태양 광선들의 영광을 받아들이며, 말하자면 고요한 황홀함을 기뻐하며, 주변에 달콤한 향기를 퍼뜨리며, 사방 주변의 다른 꽃들 가운데서, 모두가 같은 모양으로 가슴을 열고 태양 빛을 들이마시면서, 평화롭고 사랑스럽게 서 있는, 땅 위의 낮고 겸손한, 그런 작은 흰 꽃처럼 보였습니다.

조너선 에드워즈(Jonathan Edwards)

바위처럼 되려면

주는 선하시며, 환란의 날에 산성이며 또한 그를 신뢰하는 자들을 아십니다. – 나 1:7

하나님께 그대의 모든 길을 명하도록 맡기라.

무슨 일이 일어나든, 그분 안에서 희망을 가져라.

그대는 재앙의 날에 보게 되리라 그분을

그분의 아주 넉넉한 능력과 안내를.

하나님의 변치 않는 사랑을 신뢰하는 이는

무엇도 움직일 수 없는 바위를 의존하네.

게오르크 노이마르크

이 세상에서의 우리 운명 가운데 있는 모든 걱정은 우리의 정신과 그것의 불일치에서 일어납니다. 정신으로 하여금 운명에게 보내지도록 하십시오. 그러면 모든 격동이 즉시 진정됩니다. 곧 정신으로 하여금 그 처분 속에서 유지되게 하십시오. 그러면 사람은 고통 속에서 자신을 때리는 물방울들에 꿈쩍 않는 바위처럼 편히 서 있게 될 것입니다.

토머스 보스턴(Thomas Boston)

어떻게 우리의 의지가 거룩하게 됩니까? 스스로를 격의 없이 하나님의 의지에 맞춤으로써 되지요. 우리는 하나님이 의도하시는 모든 것을 의도하고 하나님이 의도치 않는 것은 아무것도 의도하지 않습니다. 그리고 우리는 우리의 연약한 의지를 모든 것을 수행하시는 전능하신 의지에 결합합니다. 따라서 어떤 것도 결코 우리의 의지에 반해 좀체 일어날 수 없게 됩니다. 왜냐하면 하나님이 뜻하시는 것을 제외하고는 어떤 일도 일어날 수 없으며, 그리고 우리는 하나님의 선하신 즐거움 안에서 평화와 위로의 무한한 원천을 보게 되기 때문입니다.

프랑수아 페늘롱

5월 4일
연약함에서 강하게

믿음으로 인해 나라들을 정복하며, 의를 행하며, 약속들을 얻으며, 사자들의 입을 막았던 자들이 연약함에서 강하게 되었다. - 히 11:33~34

그녀는 수많은 슬픔을 맞았네 표정이 있었으나
그것이 지녔던 찡그린 얼굴 밑으로 바뀌지 않았지.
그리고 찡그린 한 집안 아이들 이내 길들여져, 받아들였네,
얌전히, 그녀의 차분한 방식을, 하여 더는 찡그리지 않았지.
그녀의 부드러운 손 분노의 습격들을 옆으로 밀어놓고,
그리고 침착히 두 동강을 냈네
고통의 불 화살대들을,
그리고 열정의 그물들을 그녀의 행로에서 빌렸네.
그 승리의 손에 의해 절망은 살해되었지.
사랑으로 그녀는 미움을 격파했고, 그리고 이겼네
악을 선으로, 그녀의 위대한 스승의 이름으로.

윌리엄 브라이언트(William Cullen Bryant)

이 혼란한 사물들의 상태에서, 외적으로 우리에게 일어날 수도 있는 사건들에 관해서는, 우리는 우리의 부드러운 하나님 아버지를 믿고, 만족한 채 그의 뜻 안에서 쉬어야 하지 않겠습니까? 무엇이 우리를 해치겠습니까? 시련, 고통, 박해, 기근, 적신, 위험, 혹은 칼 등이 자녀에 대한 아버지의 사랑이나, 혹은 자녀의 안식이나 만족, 그리고 아버지의 사랑에 대한 기쁨을 비집고 올 수 있겠습니까? 또한 사랑, 안식, 평화, 절절한 기쁨이 외부 형편의 온갖 쓰라림과 슬픔을 몽땅 삼키지 않겠습니까?

아이작 페닝턴

어찌 그런 일들을

만일 네가 보병들과 함께 달리고, 그들이 너를 지치게 했다면 너는 말들과 경쟁할 수 있겠는가? 또한 만일 네가 신뢰하는 평화의 땅에서, 그들이 너를 지치게 한다면 너는 요단강의 큰 파도 속에서는 어찌할 것인가? - 렘 12:5

어떻게 그대는 십자가에 달릴 수 있었나,
그대에게 지친 시간은 패배인데.
아니 어떻게 가시들과 매질을 참을 수가 있었나,
그대는 경멸의 표정을 꺼리는데.

존 키블

혈연 가운데서 애정이 없는 마음은 하나님의 성도와 천사들에 대해 아무런 사랑이 없습니다. 만일 우리가 하인이나 친구에 대해 차가운 마음을 갖고 있다면, 우리가 하나님에 대해 아무런 열정이 없다고 해도 왜 놀라야만 합니까? 만일 우리가 사적인 기도에서 차갑다면, 우리는 가장 독실한 종교 교단에서 세속적이며 활기가 없어야만 합니다. 그리고 만일 우리가 동료의 성가심을 참을 수 없다면, 어떻게 우리가 죄인들의 모순을 참아야만 합니까? 만일 작은 고통이 우리를 압도하면, 어떻게 우리가 십자가를 견딜 수 있을까요? 만일 우리가 함께 일상의 시간들을 보내는 사람들에게 부드럽고, 명랑하며, 정다운 사랑을 갖고 있지 않다면, 어떻게 우리가 미지의 사람들과 나쁜 사람들, 은혜를 모르는 역겨운 사람들에게 사랑의 맥박과 정열을 느껴야만 합니까?

헨리 매닝

5월 6일
친절의 중요성

형제의 사랑으로 서로에게 친절할 정도로 다정하십시오. - 롬 12:10

그녀(현숙한 여인)의 혀 안에 친절의 법이 있습니다. - 잠 31:26

사소한 것들이 인간의 일들의 총계를 만들며,
또한 우리 불행의 반이 우리의 약점에서 일어나기에,
인생 최고의 기쁨들은 평화와 편안함에 있으며,
또한 거의가 도움이 될 수 없되, 모두가 즐거울 수 있기에,
오, 야비한 영으로 이로부터 배우게 하라,
작은 불친절이 커다란 죄의 근원임을.

해나 모어(Hannah More)

모든 유용함과 모든 위로는 불친절한, 심술궂고, 괴팍한 정신의 성미 — 어떤 의견이나 기질의 차이를 참을 수 없는 정신에 의해 방해받을 수도 있습니다. 트집 잡기의 영, 불만족하는 성미, 끊임없는 조바심, 표정이나 성품, 태도에서의 작은 기복들, 그리고 수심 깊은 찡그린 이마 — 남편이나 아내가 이유를 알 수 없는 이것들은 그대가 실행할 수 있는 모든 선을 무효로 하는 정도를 넘어, 인생을 결코 복되게 하지 않을 것입니다.

앨버트 반스(Albert Barnes)

만일 그대가 즐거워지는 모든 일상의 의무를 다하지 않았다면, 그대는 그것을 다하지 않았습니다.

찰스 벅스턴

하늘의 별들을 보라

하나님은 마음이 상한 자를 고치시며, 그들의 상처를 싸매십니다. 그는 별의 수효를 세시며 그것들 모두를 이름대로 부르십니다. - 시 147:3~4

내게 그대들의 기분을 가르쳐다오, 오 인내의 별들아!
그대들은 매일 밤으로 오르기는 해도 옛 하늘을
우주에 아무런 그림자를, 아무런 흉터들을,
아무런 나이의 흔적을, 아무런 죽는 두려움을 남기지 않아.

랠프 에머슨

나는 넓은 하늘을 한 번 더 올려다보았는데, 별들의 고요함이 나를 나무라는 듯했습니다. "우리들은 여기 위에서 안전합니다." 그들이 말하는 듯했습니다. "우린 두려움 모르고 자신 있게 반짝이지요. 앵초꽃에 거친 잎사귀들을 주어 고르지 못한 봄의 강풍으로부터 그 몸을 감추게 하신 하나님이, 우릴 우주의 무서운 구멍들 안에 매달아놓고 있으니까요. 우린 그분의 안전에서 떨어질 수 없어요. 눈을 계속 높이 들고 바라보세요! 누가 이것들을, 그 무리를 숫자로 나타내는 이것들을 창조했나요? 그분은 그것들 모두의 이름을 일일이 부르셨지요. 그분의 힘의 위대하심으로 인해, 그 때문에 그분은 능력에서 강하시며, 어느 하나 부족함이 없지요. 어찌 너는 말하느냐, 오 야곱아! 어찌 말을 하느냐, 오 이스라엘아! 내 길은 주께로부터 감추어져 있고, 내 판단은 내 하나님으로부터 건너온 것이라고?"

조지 맥도널드

5월 8일
한가하지 말고, 의무를

이날은 주가 정하신 날이다. 우리가 그날을 기뻐하며 즐거워하리라. - 시 118:24

왜 너희는 여기서 하루 종일 한가히 서 있는가? - 마 20:6

그래 여기 또 다른 파란 하루가 동이 터오고 있었지.
생각하라, 그댄 이날을 무익하게 빠져나가게 하려는지?
영원으로부터 이 새로운 날은 태어나,
밤에는 영원으로 돌아가리니.

토머스 칼라일

사실, 우리들은 모두의 가장 높은 의무를 수행할 때까지는, 우리가 일어나 우리 하나님 아버지에게로 갈 때까지는, 결코 평화로울 수가 없습니다. 그러나 더 작은 의무들의 수행, 그래요. 심지어 가장 작은 의무의 수행은 모든 다른 방면으로부터 우리에게 올 수 있는 가장 큰 기쁨들보다 우리에게 일시적인 안정을 주는 데 더 쓸모가 있을 것이며, 건강에 좋은 진통제로서 더 많이 작용할 것입니다.

조지 맥도널드

5월 9일
진정한 희생 제물

주께서 주셨고, 또한 주께서 가져가셨습니다. 주의 이름이 찬양을 받으소서. - 욥 1:21

주님이 주었던 것, 주님이 가져갈 수 있지요.
그리고 주님 뜻하실 땐 새 선물들을 마련할 수 있지요.
모든 건 주께로부터만 흘러나오지요.
주님이 그걸 주셨을 때, 그건 주님의 것이었지요.
주님이 그걸 되찾았을 때에도 그건 내 것 아니었지요.
주님의 뜻이 모두 이루어지소서.

존 오스틴(John Austin)

우리는 모든 게 아름답게 빛날 때는 기꺼이 찬양을 합니다. 그러나 인생이 구름으로 가리어질 때, 만사가 우리 뜻에 어긋나는 것 같은 때, 우리가 어떤 아끼는 행복 때문에 두려움에 빠질 때, 혹은 슬픔의 깊이에, 혹은 눈에 보이는 지지가 없는 인생의 고독에 빠질 때, 혹은 병이 한창인 때, 또한 죽음의 그림자가 다가오는 때, 그때에는 하나님을 기꺼이 찬양합니다. 그리고 이런 무서움, 외로움, 괴로움, 고통, 떨리는 두려움은 생명, 건강, 기쁨, 가정의 선물들만큼이나 확실한 사랑의 증거들이라고 기꺼이 말합니다. "주께서 주셨으니, 주께서 가져가셨다." "양편에 계신 이는 그분이시며, 모두는 똑같이 사랑이다." "주의 이름이 찬양을 받으소서." 이것이 진정한 찬양의 희생 제물입니다. 무엇이 이렇게 하나님과 일치하는 영혼에게 신통치 않을 수 있겠습니까? 무엇이 그 모든 조화 속에서 귀에 거슬리는 한 음색처럼 그렇게 많은 것을 만들 수 있겠습니까? 이 변덕스러운 인생의 온갖 변화들 속에서, 변덕스러운 인생은 영원히 찬양 중에 거합니다.

헨리 매닝

5월 10일
버림받지 않으리다

주께서 당신의 종들의 영혼을 구속하시니, 그를 신뢰하는 자들 중 누구도 버림받지 않으리다. - 시 34:22

주가 나를 죽이실지라도, 나는 그를 신뢰할 것입니다. - 욥 13:15

> 나는 주를 찬양해 내 날들이 계속되는 동안,
> 나는 주를 사랑해 내 날들이 계속되는 동안,
> 어둠과 기근, 불과 서리,
> 텅 빈 양팔과 잃어버린 보물 때문에,
> 나는 주께 감사해 내 날들이 계속되는 동안.

엘리자베스 브라우닝(Elizabeth Barrett Browning)

지난주에 앓았던 병은 좋은 약이었습니다. 고통은 내 영을 붕괴시켰거나, 아니면 영적인 것이 되었습니다. 나는 일어나서 — 제 느낌으로는 천사가 줄 수 있었던 것보다 제가 하나님께 어쩌면 더 많은 것을 드렸었을 겁니다.— 젊은 때에 하나님께 이 아름다운 세상에서 흠이 되는 것을, 하나님의 명령에 따라 받아들일 수 있을 것임을 약속했었습니다. 꾸준히 내 자신을 바쳐, 이전에 들어본 적 있는 가장 모호하고 가장 외로운 일을, 당신의 대리자라는 한 가지 조건을 달아, 계속하게 하소서. 그렇습니다. 하나님을 사랑하십시오. 그러면 하나님께서 내 모든 길에 서리와 어둠을 내시는 동안, 모든 것을 행하십시오.

메리 에머슨(Mary Moody Emerson)

5월 11일
운명을 만든다는 것

우리가 하나님의 손에서 선을 받을 것이면, 우리가 악을 받지 않겠는가? - 욥 2:10

오 주여, 당신은 당신의 말씀을 따라, 당신의 종을 선대하셨습니다. - 시 119:65

> 우리 운명이 어떤 것이든,
> 조용히 이 생각 속에서 우린 쉬리.
> 우리가 주께서 보시듯이 볼 수 있다면,
> 우린 그걸 최선으로서 선택해야만 하리.
>
> 윌리엄 개스켈(William Gaskell)

"모든 사람은 그 자신의 운명을 만든다"는 것은 하나의 속담으로서 모든 사람이 그 자신의 지혜롭거나 지혜롭지 못한 행실에 의해서, 스스로를 위해 선이나 악을 준비하는 것으로 해석이 됩니다. 그러나 우리는 그것을, 하나님 섭리의 손에서 그가 받는 것이 무엇이든 그것에 잘 순응하는 것으로, 아무리 많은 몫이 다른 이들에게는 부족하고 있는 것 같더라도, 그의 몫은 그에게는 좋은 것임을 알게 되리라는 것으로 이해할 수도 있을 것입니다.

빌헬름 훔볼트(Friedrich Wilhelm von Humboldt)

악은 일단 용감히 맞대하게 되면 악이기를 그치며, 풍부한 투쟁 희망이 생기 없고 소극적인 불행을 대신하고, 일종의 선이 됩니다.

토머스 칼라일

5월 12일
시련을 두려워 말라

네가 겪을 그것들 중 어느 것도 두려워 말라. …… 너는 열흘 동안 환난을 받으리라. 너는 죽도록 충성하라, 그러면 내가 너에게 생명의 면류관을 줄 것이다. - 계 2:10

> 그때에, 오 내 영혼아, 결코 두려워 말아라.
> 그대와 모든 것들을 지으셨던 주를
> 그대는 아주 조용히 의지하라.
> 무슨 일이 일어나든, 우리가 어디를 가든,
> 하늘에 계신 우리 아버지는 분명 알고 계신다.
> 만유 중에 무엇이 최선인지를.

파울 플레밍(Paul Flemming)

오, 주여, 세상의 온갖 변화들과 불일치들 가운데서 저를 안내하사, 일어나게 될 모든 일들에서, 제가 영의 차분함과 평온함을 갖게 하시며, 또한 제 영혼이 당신의 가장 거룩한 뜻과 즐거움에 전적으로 내맡겨져, 당신의 유순한 징벌들과 아버지로서의 교정에 관해 결코 투덜대지 않게 하소서. 아멘.

제러미 테일러

그대는 시련을 받을 때 하나님께 가장 가까이 있습니다. 이 시련을 하나님은 그대의 영혼의 정화와 미화를 위해 허용하십니다.

미겔 드 몰리노스(Miguel de Molinos)

내적 시험과 슬픔, 고민들을 중히 여기고, 믿음과 인내로 하여금 그것들 안에서 완전히 작동하도록 하십시오.

아이작 페닝턴

5월 13일
하나님의 우주 질서

저는 아버지께서 저희를 세상에서 데려가시기를 위함이 아니라, 당신께서 저희를 악에서 지켜주실 것을 기도합니다. - 요 17:15

부산한 시장과 혼잡한 거리에서,
이에 못지않게 고요한 피난처에서,
주님, 당신은 가까이 계셔 우리의 영혼들을 축복하지요.
온갖 하나님 아버지의 따뜻한 애정으로.

아이작 윌리엄스(Isaac Williams)

오로지 개인의 양심과 그 양심보다 더 크신 분만이, 세속성이 어디에서 우세한지를 말할 수 있습니다. 각자의 마음은 스스로 모험을 걸고 대담해야만 합니다. 우리의 영혼들이 이와 같은 아주 잡다한 세상에서 위험을 무릅쓰고 스스로를 지키도록 위임되어 있음은, 우리가 그 위탁에 대해서 결코 졸거나, 혹은 믿음을 배반해서는 안 되는 이유가 됩니다. 만일 저 무한자의 출구만이 계속 열려 있고, 영생과의 내적 유대가 보존되어 있으면, 이 세상일의 어느 한 움직임도 방해되거나, 혹은 이 세상 행복의 어느 한 맥박도 억눌려지지 않는 동안은, 소중하고 애틋한 모든 자연적인 교제들에도 불구하고, 신선하고 따뜻한 모든 인간적 공감들에도 불구하고 우리는 세상 안에 있으나, 세상에 속하지 않는 **하나님의 우주 질서** 안에서, 세상에서 데려가지지 않고, 세상 악으로부터 지켜진 채, 여전히 하늘나라에 가까이 있게 될 것입니다.

존 톰

겸손의 옷을 입어라

그러면 주께서 네게 공정하게 행하며, 자비를 사랑하며, 겸손히 네 하나님과 함께 처신하는 것 외에 무엇을 요구하시느냐? - 미 6:8

그러므로 …… 친절, 마음의 겸손, 온유, 오래 참음의 옷을 입어라. - 골 3:12

> 우리 안에 심으소서 겸손한 마음을,
> 인내하며, 인정 많고, 친절한 (마음을).
> 우리로 온유하고 겸비하게 하소서
> 선함으로 가득케, 당신으로 가득케 하소서.
>
> 찰스 웨슬리

　겸손 없이는 참되고 꾸준한 유순함이란 없습니다. 우리가 스스로를 매우 아끼는 한 우리는 다른 이들에게 쉽게 화를 내게 됩니다. 어떤 것도 우리의 덕택이 아님을 확신하십시다. 그러면 그때에 어떤 것도 우리를 어지럽히지 않을 것입니다. 종종 우리 자신의 약점들을 생각토록 합시다. 그러면 우리는 다른 이들의 약점들에 대해 관대하게 될 것입니다.

프랑수아 페늘롱

　다른 사람들의 결점이나 약점들을 참는데, 그것들이 어떤 종류에 속하든 인내하도록 노력하십시오. 왜냐면 그대 자신 역시 다른 사람들이 인내해야만 하는 많은 결점들을 갖고 있기 때문입니다. 만일 그대가 스스로를 자신이 만들고 싶어 하는 그러한 사람으로 만들 수 없다면, 어떻게 그대가 다른 사람을 만사에 그대 마음에 들도록 하기를 기대할 수 있겠습니까?

토마스 아 켐피스

5월 15일
안정이 오는 것을

내가 직접 너와 함께 가며, 내가 네게 안정을 줄 것이다. - 출 33:14

주가 내게 생명의 길을 보이리니 주의 앞에 기쁨이 충만하고 주의 오른 편에 영구히 즐거움이 있습니다. - 시 16:11

주님의 임재가 내 마음을 평화로 채우고,
매우 어두웠던 이전 생각들을 밝게 하네.
걱정들과 슬픈 예감들을 그치도록 명하고,
모든 것들로 방긋 웃도록 만드네.

샬럿 엘리엇(Charlotte Elliot)

어떻게 우리가 하나님 안에서 안정할까요? 우리 자신을 전적으로 하나님께 내줌으로써지요. 만일 그대가 자신을 반만 내준다면 그대는 충분한 안정을 보게 될 수 없으며, 또한 보류된 그 반절 안에는 불안이 늘 잠복해 있을 것입니다. 순교자, 고백자들, 그리고 성자들은 이 안정을 맛보았으며, 그들은 견뎌냈기 때문에 스스로를 행복하다고 여겼습니다. 무수한 무리의 하나님의 충실한 종들이, 피곤한 인생의 매일의 — 단조롭거나, 진부하거나, 고통스럽거나, 쓸쓸한 — 무거운 짐을 지고서 그것을 깊이 마셨습니다. 하나님은 그들에게 그랬던 대로 그대에게 기꺼이 전부가 되십니다. 마음이 깨끗한 양심, 적당한 인생 규칙, 그리고 변함없는 복종의 의도를 갖고 하나님께 한 번 완전히 바쳐지면, 그대는 놀라운 안정감이 그대 위로 다가오는 것을 보게 될 것입니다.

장 그루

5월 16일
전적으로 바쳐질 때

끝으로, 내 형제들이여, 주 안에서 그의 힘의 권능으로 강해지십시오. - 엡 6:10

어느 사람도 두 주인을 섬길 수 없다. - 마 6:24

오, 도달해야 할 하늘 고원들 있네,

많은 무서운 곳에.

거기 불쌍한 겁 많은 하나님의 상속자가

무턱대고 엎드려 있어,

하나님의 은혜를 애타게 바라며 있네.

허나 그는 결코 보지 못하리라 그것을

그가 하나님의 신호에 앞으로 나아가,

그에게 맡길 때까지는 그 자신을.

애나 워링

유보 제한들이 현재 속에 있는 다소의 깨끗하지 않은 감정이나 습관들, 미래 속에 있는 다소의 임박할 수 있는 유혹들에 대해 정신 속에 잠복해 있습니다. 그리고 이와 같이 우리는 내적·외적 기쁨들 모두에 대해 우리 자신을 속입니다. 우리는 양심 때문에 많은 방종을 포기하지만, 양심이 우리에게 보상을 줄 수 있을 완전한 충실의 그 지점에서는 잠깐 멈춰버립니다. 만일 우리가 오로지 우리 자신을 전적으로 하나님께 내어주려고만 하면 — 현재와 미래를 위해 모든 행위를, 그리고 무엇보다 모든 생각과 모든 감정을 포기해서, 최대한 모두 깨끗해지고 우리가 생각해낼 수 있는 가장 좋고, 가장 고상하고, 가장 거룩한 것으로 바쳐진다면 — 그러면 희생 제물은 이전보다 훨씬 더 수월하게 스스로를 바치는 평화를 가지게 될 것이라고, 나는 진실로 믿습니다.

프랜시스 코브

5월 17일
참 종교의 참 시작

그러므로 서로 간에 함께 위로하고, 너희가 또한 지금 하는 대로 서로를 계발하라. - 살전 5:11

이웃을 네 몸처럼 사랑하라. - 마 19:19

그래서 다른 이들이

참을성을 갖고, 노력하게 되리라, 그들의 가슴과 손까지.

그대의 손, 또한 그대의 가슴, 또한 그대의 용감한 격려로부터,

그리고 하나님 은총을 열매 맺게 하리라 그댈 통해 모두에게.

가장 작은 꽃이라도 넘쳐 흐르는 컵을 들고 서서는,

그 이슬을 근처의 다른 꽃과 함께 나눌 수 있으리라.

엘리자베스 브라우닝

우리의 이웃이란 말이 의미하는 바를 우리는 의심할 수 없습니다. 그것은 우리가 접촉하게 되는 모든 사람입니다. 우선, 우리 자신의 가정과 가족에서는 우리 곁에 있는 사람, 곧 남편 대 아내, 자녀 대 부모, 형제 대 자매, 하인 대 주인, 주인 대 하인이 글자 그대로 우리의 이웃입니다. 그러고는 우리 자신의 집 근처, 우리 자신의 마을, 우리 자신의 교구, 우리 자신의 거리에서는 우리에게 가까이 있는 사람입니다. 이 모든 이들과 더불어 참된 자비가 시작됩니다. 이들을 사랑하고 이들에게 친절한 것이 모든 참종교의 시작입니다. 그러나 이웃은 우리 주께서 가르치신 것처럼, 이들 외에 인생 유전과 우연들에 의해 우리 행로를 가로질러 던져지는 온갖 사람입니다. 그것이 누구이든, 우리가 도울 수 있는 어떤 수단을 갖고 있는 남자 혹은 여자, 곧 우리가 여행 중에 만날 수도 있는 불운한 이방인, 다른 아무도 돌보고 싶어 하지 않는 버림받은 친구입니다.

아서 스탠리(Arthur Penrhyn Stanley)

5월 18일
사랑은 당신의 표상

우리가 형제들을 사랑하기 때문에, 사망에서 생명으로 이미 옮겨갔음을 우리는 압니다. - 요일 3 : 14

사랑하지 않는 자는 하나님을 모릅니다. 왜냐면 하나님은 사랑이시기 때문입니다. - 요일 4 : 8

증표가 되게 하소서 서로 간의 사랑이,
주여, 우리가 당신에 속한다는 증표가.
당신의 표상인, 사랑을, 사랑을 주소서.
그것을 우리의 얼굴과 가슴에 찍으소서.
사랑만이 주어지게 하소서 우리에게.
주여, 우린 다른 천국을 청하지 않아요.

찰스 웨슬리

오, 얼마나 여러 번 우리는 우리 대부분에게, 만일 하나님께서 우리의 본성이 완전히 감당할 수 없을 것 같은 이 사랑의 의무로부터 우리를 그저 면제해주려고 했었다면, 우리의 양심들과 어떤 타협을 기꺼이 하려 했었을 때를, 가장 값비싼 희생 제물들을 기쁘게 마련하려 했었을 때를 상기시킬 수 있는지요. 우리가 거의 접촉이 이루어지고 있지 않는, 그들의 성미와 편견들이 우리의 그것들과 마찰하지 않는, 그들의 흥미들이 우리의 그것들과 충돌하지 않는 사람들에 대해 친절하게 느끼며 친절하게 행동하는 것이, 그들의 약점과 결점들이 늘 우리에게 무리를 가하며 우리 자신의 그것들을 휘젓고 있는 사람들에 대해 습관적이며 한결같은 자기희생적인 사랑을 유지하는 것보다 훨씬 더 쉽습니다. 어떤 사람은 하인들에게는 그저 초라한 주인이, 혹은 그의 자녀들에게는 초라한 아비가 되는 박애가로서 좋은 합격점을 받을는지도 모릅니다.

프레더릭 모리스

5월 19일
쉬며 기다려라

주 안에서 잠잠하며, 끈기 있게 주를 기다려라. - 시 37:7

주를 언제나 신뢰하라. - 시 62:8

> 그댄 주님의 시간이 언제 오는지를 묻는가?
> 그땐, 그 시간이 그댈 가장 잘 돕게 될 때.
> 주님의 미쁘심과 권능을 신뢰하라.
> 주님을 신뢰하고 조용히 쉬라.
>
> 작자 불명

나는 (하나님과의 교섭이) 외부 사람을 침묵케 하는 데 있을 뿐 아니라, 모든 생각을 침묵시키는 데, 그리고 영혼과 영혼의 온 힘들을 집중해 영혼의 하늘 아버지가 주시거나 혹은 보류하는 것이 적합하다고 보실 양식을 그저 조용히 지켜보며 기다리는 데 있음을 알게 되었었습니다. 어떤 경우에도 영혼은 빈 채로 보내어질 수 없었습니다. 왜냐면 만일 위로나 빛, 혹은 기쁨이 보류되어진다면, 하늘의 지혜의 분에서 겸손하게 기다리는 행위가 그 안에서 인내력을 작동시키지 않을 수 없으며, 그리고 따라서 그것을 겸손과 복종에 의해, "빛 가운데서 성도들의 기업에 참여하는 자가 되는 데" 더 알맞게, 그리고 본질적으로 더 복되게 하지 않을 수가 없을 것이기 때문입니다.

메리 켈티

"주 안에서 쉬라, 그리고 끈기 있게 주를 기다려라." 히브리어로는 "하나님께 잠잠하고, 하나님으로 그대를 주조하게 하라"입니다. 계속 조용히 하십시오. 그러면 하나님께서 그대를 바른 모양으로 주조하실 것입니다.

마르틴 루터

평온한 영을 위해

영적인 정신을 지니는 것은 생명과 평화입니다. - 롬 8:6

이제 모든 불안한 걱정들을 가라앉히라.
보라 하나님의 크신 선하심을 모든 곳에서.
모든 걸 하나님께 맡겨라 완전한 쉼 속에서.
하나님이 최선을 위해 모든 걸 하시리라.

《독일인》에서

우리가 하나님께 기도하며 찬양하는 동안 하나님을 그만큼 더 잘 섬기기 위해서, 그리고 사랑 안에서 서로를 더 잘 섬기기 위해서, 우리가 선을 행하며 받아들이는 데 적합하게 되기 위해서, 우리가 의기소침하지 않고 날개를 매달고 하늘로 가는 우리의 통행을 더 쉽고 즐겁게 만들기 위해서, 우리는 보다 평온한 영을 위해 모두 힘쓰고 노력해야만 합니다. 우리가 선한 땅에서 조용하고 즐거운 만큼, 그만큼을 우리는 천국에서 살며, 천국에 있습니다.

리처드 십스(Richard Sibbes)

그대는 어떤 노력에 의해서가 아니라, 그대를 성가시게 하거나 흥분시키는 모든 것을 땅에 떨어지게 함으로써, 할 수 있는 한 많이 평화 가운데서 꾹 참으십시오. 이것은 전혀 노동이 아니라, 말하자면, 동요로 인해 탁하게 된 가라앉혀야 할 유동체를 가라앉히는 것입니다.

장마리 모트귀용

5월 21일
배려와 지혜에 의지해서

주의 사랑을 입은 자는 그의 곁에서 안전히 거할 것이며, 주는 하루 종일 그를 보호하실 것이다. -
신 33:12

어떤 사건들이 일어나더라도,
주님의 뜻을 그들 모두는 수행하네.
안전하게 난 주님 가슴에 내 머리 숨기고,
닥쳐오는 폭풍도 두려워하지 않네.

헨리 라이트

나는 하나님이 내게 주시는 모든 것의 필요를 보며, 그분이 내게 거절하시는
어떤 것도 원하지 않는 법을 배웠습니다. 비록 쓰라리기는 하지만 아무런 섭리
가 없으나, 그 안에서건 혹은 그것을 좇아서건, 나는 그것 없이는 존재할 수 없
었음을 보게 됩니다. 그것이 내게서 빼앗겨지든지 혹은 내게 주어지지 아니하
든지, 조만간 하나님은 그것 없이 당신 안에서 나를 안정시키십니다. 나는 내
모든 근심을 그께 던지고, 내 하늘 아버지의 배려와 지혜에 의지해서 안선하게
삽니다. 내 길은 아시다시피, 어느 의미에서는 가시들로 완전히 둘러싸여 있고,
그리고 매일 점점 더 어두워지고 있습니다. 그럼에도 불구하고 나는 내 좋으신
하나님을 조금도 불신하지 않고, 만일 내가 모든 것을 소유한다면, 내 확신으로
는, 내가 살아야만 하는 이상으로, 모든 것의 부재 속에서 믿음으로 더 조용히
삽니다.

조지프 엘리엇(Joseph Eliot), 1664년

전능자의 그늘

가장 높으신 분의 은밀한 곳에 거하는 자는 전능자의 그늘 아래 거하리라. - 시 91:1

주를 의지하는 그들은,
안전히 거하네 비록 위험이 가까이 있지만.
보라! 주님의 보호하는 날개들이 펼쳐 있네
각 충성스런 종들의 머리 위로.
그들이 깰 때, 혹은 그들이 잠들 때에,
천사 호위병들은 그들의 불침번을 서네.
죽음과 위험이 혹 가까이 있더라도,
믿음과 사랑은 아무 두려할 것 없네.

해리엇 오버(Harriet Auber)

"어떤 불행도 그대에게 일어나지 않게 될 것이며, 어떤 재앙도 그대가 거주하는 곳 가까이에 오지 않게 될 것이다." 이 구절은 "가장 높으신 분의 은밀한 곳에 거하는" 모든 이들의 경우에서는 가장 최대 한도로 입증된 약속입니다. 그들에게 슬픔은 '불행'이 아니며, 병들은 '재앙'이 아닙니다. 전능자의 그늘은 그 아래 거하는 자들의 주변 멀리 뻗어 있어, 그 영향 안에 닿는 모든 것들의 속성을 바꿉니다.

필자 불명

하나님의 온갖 가장 거친 타격들로부터 사랑의 친절을 주장하며 요구하는 것은 믿음의 소행입니다.

새뮤얼 러더퍼드

5월 23일
만족하는 법을

너희가 지금 가진 그것들로 만족하라. - 히 13:5

내가 어떤 형편에 있든지, 그 형편에 만족하는 법을 배웠다. - 빌 4:11(영어 개역)

더 이상 앞도 또한 뒤도 보지 않지요

난, 희망이나 두려움 속에서.

허나, 감사히, 지금 여기에서의 최선인,

내가 알게 되는 선을 잡지요.

존 휘티어

만일 우리가 만족을 얻기를 바란다면, 우리는 이와 같은 규칙들을 시도할 수 있습니다.

1. 그대는 아무것도, 날씨까지도, 불평하지 마십시오.

2. 그대가 몸담지 않은 상황 아래서 자신에 대해 결코 상상하지 마십시오.

3. 결코 그대 자신의 운명과 다른 이의 운명을 비교하지 마십시오.

4. 이러저러한 것이 있었거나 혹은 있는 것과는 다르게, 그것이 있었으면, 또는 있으면 하는 소원에 결코 머물지 마십시오. 전능하신 하나님은 그대가 그대 자신을 사랑하는 것보다 더 잘 더 지혜롭게 그대를 사랑하십니다.

5. 결코 내일에 머물지 마십시오. 내일은 하나님의 것이지, 그대의 것이 아님을 상기하십시오. 슬픔의 가장 무거운 부분은 종종 그것을 고대하는 것입니다. "주께서 준비하실 것입니다."

에드워드 퓨지

5월 24일
이날이 슬픈 것 같아도

지금은 어떤 징계도 현재로서는 즐겁지 않고, 슬픈 것 같으나, 그럼에도 불구하고 후에는 그로써 훈련되는 사람들에게는 그것은 의의 평화로운 열매를 낳게 합니다. - 히 12:11

난 말할 수 없어요,
인생의 오늘의 걱정들의 압력 아래서
난 이것들을 기뻐한다고.
허나 난 말할 수 있어요
난 차라리 이 울퉁불퉁한 길을 걷는 편이 좋다고,
만일 그게 주를 기쁘게 하면은요.

S. G. 브라우닝

오늘 아침 그대에게 일어난 특별한 성가심, 그대의 귀에 들려 그대의 영을 "슬프게 했던" 약 오르는 말들, 하나님의 오늘을 위한 약속이었던 실망, 가벼우나 방해가 되는 병, 그대에게 "정신의 슬픔"인 어떤 사람의 참석 등등,— 아무리 이날에 기쁘지 않고 슬픈 것 같은 것이라도 모두는, "하나님의 선하심의 좋은 즐거움 안에서" "평화로운 열매"의 후 대응, 곧 만일 그대가 그것을 말라죽게만 하지 않는다면, 거기에서부터 이것이 싹 터 익어 가게 될 바로 그 씨앗과 연결되어 있습니다.

프랜시스 하버갈

5월 25일
복종이 경건의 전부

오 내 아버지여, 만일 그것이 가능하다면, 이 컵을 내게서 지나가게 하시되, 그럼에도 불구하고 내가 뜻하는 대로가 아니라, 당신께서 뜻하시는 대로 하옵소서. - 마 26:39

오, 주 내 하나님, 행하소서 당신은 당신의 거룩한 뜻을,
난 조용히 있을 거예요.
난 움직이지 않을 거예요. 내가 당신 품을 버릴까 하여,
그리고 매력을 깨뜨리지 않을까 하여
그 매력 내 아버지의 가슴에 매달려서, 날 달래주지요,
완전한 쉼 속에서.

존 키블

하나님 뜻에의 복종이 경건의 전부입니다. 그것은 선한 모든 것을 그 안에 포함하며, 또한 정신의 가장 안정된 평온과 침착의 원천입니다. 하나님의 뜻에의 우리의 복종은, 우리의 뜻이 잃어져 완전히 그의 뜻 안으로 용해되어 질 때, 우리가 우리의 목적으로서, 그 자체가 매우 의롭고 올바르며 선하기 때문에, 그의 뜻 안에 조용히 있을 때, 완전하다고 말하여질 수 있을 것입니다. 그러면 어느 곳에 우리 자신의 온갖 사악하고 똑바르지 않은 욕망들을 극복하게 될, 의롭고 그리고 올바르며 그리고 선한 것에의 이러한 애착이, 우주의 **통치자**에의 이러한 마음의 충성이, 불가능할 수 있겠습니까?

조지프 버틀러

자신의 뜻이 하나님의 뜻에 묻혀 있는 사람들에게는 아무런 실망이 없습니다.

프레더릭 페이버

5월 26일
아무 불평하지 않고

주는 너희가 주께 대하여 중얼대는, 너희의 불평의 소리를 듣고 계신다. - 출 16:8

중얼댐이 없이, 불평치 않고
주님의 손에,
맡겨라 그대가 이해할 수 없는
모든 것을.

카를 하겐바흐(Karl Rudolph Hagenbach)

거룩함의 한 가지 큰 특징은 결코 강요하고 있지 않는 것, 결코 불평하지 않는 것입니다. 각각의 불평은 우리의 위를 향한 여정에서 한 등급 아래로 우리를 끌어내립니다. 만일 그대가 하나님의 영이 누구 안에 거하고 있는지를 식별하고 싶으면, 그 사람을 지켜보며 그대가 그가 불평하는 것을 늘 듣는지를 유의 하십시오.

골드 더스트 편집

우리가 사물들이 현재와는 다르게 되기를 바랄 때, 우리는 신앙심 깊은 인생의 커다란 실제적 부분들을 시야에서 놓칩니다. 우리들은, 만일 우리가 우리 위에 놓인 모두를 이루었다면, 조용히 하나님의 손 안으로 떨어져야만 하는 때를 바라고, 또 바랍니다. 이러한 바람은 우리의 특권과 위로의 진정한 힘줄을 끊습니다. 그대는 당분간 나를 떠날 것입니다. 그리고 그대는 나를 더 잘 떠날 수 있기를, 혹은 내게 다소의 도움을 남길 수 있기를 소원하다고 말합니다. 그러나 만일 그대가 떠나는 것이 옳다면, 내가 내 위에 놓인 것을, 내가 만족시킬 것이 별로 없으면 하는, 혹은 그것을 더 잘 만족시킬 수 있으면 하는 소원 없이, 만족시키는 것이 옳습니다.

리처드 세실

5월 27일
하찮은 일이라 해도

지극히 작은 일에 신실한 사람은 큰일에도 신실합니다. - 눅 16:10
주님은 신실한 사람들을 지켜주십니다. - 시 31:23

주변 하찮은 것들, 흔히 볼 수 있는 일이,
우리가 청해야만 하는 모든 것을 공급하리,
우리 자신을 부인하는 자리를; 우리를
매일, 신에게로 더 가까이 데려오는, 길을.

존 키블

미천한 의무들에서 단순하고 높은 정서를 끊임없이 보존하는 것은 명예심을 갖고, 필요하다면, 소란 속에서 혹은 교수대에서, 일하려는 기질에 대해 성격을 단련시키는 것입니다.

랠프 에머슨

우리는 우리 자신의 뜻을 너무 맹목적으로 사랑합니다. 우리는 굉장한 일들이라 생각하는 것들을 행하기를 원합니다. 그러나 중요한 핵심은 작은 일들에 대해 부름을 받을 때, 바른 정신으로 그것들을 하는 것입니다.

리처드 세실

우리가 하나님의 뜻에 충실하도록 요구받는 것은 대단한 사건에서만이 아닙니다. 그리고 많은 사건이 꾸준히 일어나며, 우리는 얼마나 크게 우리의 영적 진보가 이러한 작은 사건들에 대한 작은 복종에 달려 있는지를 깨닫고선 놀라게 됩니다.

안네 스웨친(Anne Sophie Swetchine)

소중한 인내

하나님의 영광의 권능에서 오는 모든 능력으로 강하게 되어서 기쁨으로 끝까지 참고 견디기를. -
골 1:11

하나님은 필요로 하지 않네
사람의 공로나 혹은 당신 자신의 은사들을. 가장 잘
당신의 순한 짐을 지는, 그들이 가장 잘 섬겨. 당신의 위엄
왕다워. 수많은 사람들 당신의 명령에 속력을 내네.
그리고 땅과 바다에서 쉼 없이 급히 서둘러,
단지 서서 기다려도, 그들 역시 섬기고 있네.

존 밀턴(John Milton)

우리들은 늘 위대한 일을 할 수는 없으나, 우리 형편에 속하는 중요한 무언가
는 늘 할 수 있습니다. 우리가 행동할 수 없을 때, 말없이 참고 기도하는 것은 하
나님께 용납될 수 있습니다. 하나님의 임재에서처럼, 수용되고 인내된 실망, 모
순, 거친 언어, 성가심, 잘못 등은 긴 기도보다 더 가치가 있습니다. 그리고 만일
우리가 온유함과 인내로 시간의 손실을 허용한다면, 또한 만약 그 손실이 불가
피했고, 우리 자신의 잘못에 의해 일어난 것이 아니었다면, 우리는 시간을 허비
하지 않습니다.

프랑수아 페늘롱

5월 29일

소망 속에 사는 법

게으른 사람이 되지 말고, 믿음과 인내로 약속을 받는 사람들을 본받는 사람이 되십시오. - 히 6:12

> 지금 아파하며 그대가 밟는 곳을, 밟았구나
> 하나님의 성도들 중 가장 하얀 자가!
> 그대에게 그들의 발 어디 놓였는지 보여주려하네.
> 그들을 인도했던 빛이 아직 비치고 있네.

존 휘티어

성도들과의 이런 친교를 통해 소망 속에 사는 법을 우리 배우도록 합시다. 지금 평온한 성도들은 한때는 우리 자신들과 같았습니다. 그들은 한때 연약하고, 흠 있고, 죄가 많았습니다. 그들에게는 많은 무거운 짐과 방해, 허송세월함과 지루함, 실패와 몰락이 있었습니다. 그러나 지금 그들은 이를 극복했습니다. 그들의 인생은 한때 단조롭고 평범했습니다. 그들의 하루는 우리의 하루처럼 흘러갔습니다. 아침과 대낮과 밤이 우리에게서처럼 그들에게 왔다가 갔습니다. 그들의 인생 역시 당신들의 인생처럼 외롭고 쓸쓸했습니다. 시시한 까다로운 형편들과 빈번한 어지러운 변화들로 인해 당신들처럼 그들은 자신들의 시간을 허비했습니다. 당신들의 인생에는 그들 인생에 없었던 것은 아무것도 없습니다. 그들의 인생에는 또한 당신들의 인생에 있을 수 있는 모든 것이 없었습니다. 그들은 각 한 사람씩, 차례차례로, 각자 번갈아 가며, 그날이 왔을 때, 그리고 하나님이 각자를 시험하셨을 때, 극복했습니다. 그리고 당신들도 역시 마찬가지로 그리하게 될 것입니다.

헨리 매닝

과거일 수 없는 과거

이렇게 한 사람이 죽어, 그의 죽음을 통해 젊은 사람들뿐만 아니라, 그의 모든 백성들에게 고상한 용기의 모범과 덕의 기념비를 남겼습니다. - 외경, 마카베오하. 6:31

스불론과 납달리는 들판 높은 곳에서 죽음을 무릅쓰고 생명을 아끼지 않은 사람들입니다. - 삿 5:18

> 비록 사랑이 푸념하며, 이성이 화를 내어도
> 거기 대답 없는 목소리가 왔으니,
> 안전한 것은 사람의 파멸이라,
> 진실로 그가 죽어야만 할 때는.
>
> 랠프 에머슨

누군가는 기사도의 시대는 과거라고 말합니다. 그러나 그 시대는, 지상에 잘못이 고쳐지지 않고 남아 있거나, 아니면 남자 또는 여자가 "난 그런 잘못을 고치거나, 아니면 내 일생을 그런 노력에 쓸 것이다"라고 말할 여지가 있는 한, 결코 과거가 아닙니다. 기사도의 시대는, 우리가 "하나님이 나를 도와 그런 잘못을 고칠 것입니다. 아니면, 내가 아니더라도, 하나님의 영원한 뜻은 선으로 악을 이기는 것이기에, 하나님께서는 나 다음에 오는 이들을 도울 것"이라고 말할 만큼 충분한 믿음을 갖고 있는 한, 결코 과거가 아닙니다.

찰스 킹즐리(Charles Kingsley)

이렇게 사람은 모든 사건에 대해 공평하게 됩니다. 그는 옳은 것을 위해 위험에 직면할 수 있습니다. 그는 초라하고, 무르고, 아픈 몸을 지녔음에도, 불길이나, 총탄이나, 역병 속으로, 그의 안내자에 대한 의무로 인해, 뛰어들 수 있습니다.

랠프 에머슨

5월 31일
표현할 수 없는 기쁨

주께 신뢰를 두는 모든 이들로 기뻐하게 하며 …… 또한 주의 이름을 사랑하는 이들로 하여금 주 안에서 즐거워하게 하라. - 시 5:11

나는 이 제비꽃들이 합창함을 들을 수 있네
위 하늘의 축복에 대해.
그리고 우리 모두는 다함께 누워 있네
영원하신 사랑의 가슴에.

오, 자연의 가슴에 있는 평화여!
오, 낮에 속하지 않은 빛이여!
왜 그것을 멀리서 영원히 찾나,
그것이 늘려 없어질 수 없는 때에?

윌리엄 개닛(William Channing Gannett)

사과 꽃들과 한들거리는 잎들을 죽 올려다보며 거기서 하나님의 사랑을 보는 것, 잎들 가운데에 둥지를 튼 새소리를 들으며, 그 작은 목청을 높이는 모든 가락에서 새들을 보살피시는 하나님의 사랑을 느끼는 것, 하늘의 밝고 파란 깊이 너머를 보고 그것들이 축복의 덮개, 즉 내 아버지 집의 지붕이라는 것과, 만일 구름들이 그 위를 지나가더라도, 그건 구름들이 가리는 불변의 빛이라는 것과, 낮 자체가 사라질 때에도, 밤 자체는 단지 새로운 빛의 세계들을 드러낼 뿐임을 내가 알게 되리라는 것을 느끼는 것, 그리고 만일 내가 하나님의 우주를 한 겹 한 겹 풀 수 있다면, 난 단지 더욱더 많은 축복을 풀어 모든 것의 중심에 있는 사랑을 더욱더 깊이 들여다보게 된다는 것을 아는 것, 이것들은 내게는 얼마나 말로 표현할 수 없는 기쁨인가.

엘리자베스 찰스

6월 1일
아름다움의 원천

내가 주께 바라는, 내가 구해야 할 한 가지가 있습니다. 내가 한평생 주님의 집에 살면서 주님의 아름다움을 보는 것과 주님의 성전에서 의논하는 것입니다. - 시 27:4

당신의 아름다움, 오 내 하나님! 모두는 당신의 것.
허나 당신 자신 안에 아름다움 있어, 거기로부터
당신께서 지으신 아름다움이 언제나 흘러
다함이 없는 풍부한 개울에서.

당신은 성전! 또한 비록 내가 절름발이라도,
나면서부터 절름발이, 내 죽을 때까지 그러하리.
나는 아름답다 불리는 문을 통해 들어오고,
또한 당신과만 있습니다, 오 지극히 높으신 주님.

존 채드윅(John White Chadwick)

외적으로 아름답게 보이는 모든 것은 외적 아름다움의 원천인 보이지 않는 성령에서만 유래되는 것임을 고려하시고, 즐겁게 말하십시오. "보라, 이것들은 아직 만들어지지 않은 샘에서 나오는 작은 시내들이다. 보라, 이것들은 모든 선의 무한한 대양으로부터 오는 물방울들이다! 오! 내 안 깊숙한 마음이 모든 창조된 아름다움의 원천이자 기원인, 저 영원하고 무한한 아름다움을 보노라면 얼마나 기쁜지!"

로렌초 스쿠폴리(Lorenzo Scupoli)

아주 닮아 갈 때

우리 모두는 베일을 벗은 얼굴로 거울을 보듯이 주님의 영광을 보매, 주의 성령에 의한 듯이 주와 같은 형상으로 변화되어 영광에서 영광에 이르게 됩니다. - 고후 3:18

> 그때 온갖 유혹적인 형태의 죄는,
> 당신 앞에서 부끄럼 되어, 사라지네.
> 그리고 모든 타오르는, 황홀해진 영혼은
> 그게 곰곰 생각하는 닮은 모습 입고 있네.
>
> 필립 도드리지

선한 이가 그의 정신과 인생의 틀을 산에서 받은 생각과 모형에 전적으로 따를 때, 그는 거룩한 쉬키나(빛의 기둥)가 머물며 거룩한 영광이 가득 차는 하나님의 성막이 됩니다. 우리가 자라서 하나님을 아주 닮게 될 때, 우리는 하나님을 최고로 찬양합니다. 그리고 신성함과 정의, 온유의 참된 영이 우리의 모든 행동들을 관통해 흐를 때, 온 세상의 한 몸이신 위대한 **정신**과 **지혜**와 함께, 만유를 지으셨고 지지하며 지배하시는 **전능하신 성령**과 함께, 모든 선이 거기서부터 흘러나오되 아무런 흠과 오점이나 악의 그림자가 없는 그런 **존재**와 함께, 대화하는 사람들에게 어울리는 세상에서 우리가 그렇게 살 때, 그리고 거룩한 사랑스러움과 선함에 대한 의식에 그렇게 사로잡혀 압도당하고 있으면서도, 하나님같이 되려고 노력하며, 우리 자신을 하나님께 가능한 한 많이 맞출 때, 우리는 그때에 가장 많이 하나님의 영광을 위해 행동합니다.

존 스미스

6월 3일
하나님을 믿는 사람

의인은 주 안에서 기뻐하며, 주를 믿게 되리로다. - 시 64:10

주를 믿는 사람은 행복하다. - 잠 16:20

믿는 마음은 영원히 노래하며,

그리고 날개를 가졌던 듯이 경쾌히 느껴,

평화의 샘이 그 안에서 솟으니,

오라 좋든 나쁘든,

오늘, 내일 무엇이 일어나든지

하나님의 뜻이니 그건.

아이작 윌리엄스

그는 더 이상 넝마 조각 같은 얼룩진 인생을 만들지 않고, 거룩한 일치의 삶을 살 것입니다. 그는 그의 인생에서 천하고 경박한 것을 그치고, 모든 장소들과, 그가 진력할 수 있는 모든 복무에 만족할 것입니다. 그는 하나님을 품고 다니는 그런 신뢰를 태만히 하는 중에, 차분히 내일을 마주할 것인바, 그래도 이미 마음 밑바닥에서는 온전한 미래를 갖고 있습니다.

랠프 에머슨

하나님을 믿는 사람은 내일을 염려하지 않고, 즐겁게 충심으로 일합니다. "하나님은 당신의 사랑하는 자들을 잠에서처럼 내주시기 때문입니다." 그들은 일하고 깨어 있어야 하며, 결코 염려하거나 걱정해서는 안 되고, 하나님에게 모두를 맡기고 잔잔한 평온함 속에서. 고요한 마음을 갖고, 무사하게 조용히 잠자는 사람처럼 살아야만 합니다.

마르틴 루터

헛되지 않은 수고

그러므로 나의 사랑하는 형제자매 여러분, 굳게 서서 흔들리지 말고, 주님의 일을 더욱 많이 하십시오. 여러분이 아는 대로, 여러분의 수고가 주님 안에서 헛되지 않습니다. - 고전 15:58

말하지 마세요, 헛되었다고 그 모두가,
모진 고통과 어둠과 다툼이.
바다 위에 던져진 사랑은 다시 오나니
더 고상한 인생을 향한 끌 수 없는 갈망 중에.

애나 십턴(Anna Shipton)

그대, 평생 어떤 목적을 향해 충실히 홀로 노력했으나 전혀 그것을 얻지 못한 사람에 대해 들어본 적이 있었습니까? 만일 어떤 사람이 꾸준히 큰 뜻을 품고 있다면, 그는 고귀하지 않습니까? 어떤 사람이 용맹, 자비, 진실, 성실을 애썼는데, 그것들에는 아무런 유익이 없었음을, 그게 헛된 노력이었음을 본 적이 있습니까?

헨리 소로(Henry David Thoreau)

의를 행하십시오. 그러면 당신에 대한 하나님의 보상이 더 많은 의를 행할 수 있는 힘이 될 것입니다. 주십시오. 그러면 당신에 대한 하나님의 보상이 더 많이 줄 수 있는 영, 복된 영이 될 것입니다. 왜냐하면 그것은 하나님 자신의 영이며, 하나님의 생명은 베풀어주는 행복이기 때문입니다. 사랑하십시오. 그러면 하나님은 당신에게 더 많은 사랑의 능력을 주실 것입니다. 왜냐면 사랑은 하늘이기 때문입니다. 사랑은 당신 안에 있는 하나님이기 때문입니다.

프레더릭 로버트슨

6월 5일
귀를 기울여 들음

주님, 말씀하십시오. 주님의 종이 듣고 있습니다. - 삼상 3:9

비록 알려지지만 전혀 아무 두려움이나
밖의 징조나 징후 없이.
비록 내적인 귀에 대고서만
그것은 부드럽고 나지막하게 속삭이지만.
비록 만나 내렸듯이 떨어지고 있지만,
보이지 않게, 게다가 위로부터,
이슬 떨어짐처럼 조용히, 그걸 잘 주의하세요,
그대의 아버지 하나님의 사랑의 소리를.

존 휘티어

이것은 우리가 겸손에 의해서, 공평에 의해서, 순수함에 의해서, 평온함에 의해서, 그 안으로 놓이게 되는 태도의 한 결과로, 우리가 우리에 관한 하나님의 뜻이 무엇인지를 지켜볼 수도 있는 호기, 이탈, 침묵을 갖는 것입니다. 만일 우리가 우리 자신을 당연한 이상으로 생각하지 않으면, 만일 우리가 우리 자신이 아닌 다른 이들의 안녕을 구한다면, 만일 우리가 만사를 우리에 대한 하나님의 처사로 받아드릴 준비가 되어 있다면, 우리는 하나님이 우리에게 말하려고 갖고 계신 것을 파악할 수 있는 기회를 때때로 가질 수가 있을 것입니다. 회교도의 기도들에서, 한 가지 꾸준한 몸짓은 양손을, 마치 다른 세계에서 오는 메시지를 들으려는 듯이, 양쪽 귀에 대는 것입니다. 이것은, 만일 우리가 이 인간 세상의 흔들림, 혼란, 상실을 넘어 그리고 그것들 위로 서 있을 만한 자리를 갖는다면, 우리의 정신들이 취하는 자세요, 태도입니다.

아서 스탠리

살아 있는 돌

이기는 사람은 내가 하나님의 성전에 기둥이 되게 하겠다. - 계 3:12

그리스도 안에서 여러분도 함께 세워져서 하나님이 성령으로 거하실 처소가 됩니다. - 엡 2:22

아무도 부인하지 않아 정해진 장소를
그것들은 하나요, 그것들은 전부다.
건축자는 선택하네, 살아 있는 돌들을
하나님 성의 옆으로 줄지은 층들을 위해.

진 잉겔로

천천히, 온 우주에 걸쳐, 하나님의 성전이 지어지고 있습니다. 모든 세상에서 한 영혼이 자발적인 복종으로, 하나님 형상의 불을 붙드는 곳이면 어디든지, 그 영혼은 살아있는 돌로서, 커져가는 벽들 안으로 놓여집니다. 힘든 싸움에서, 귀찮은 고된 일에서, 혹은 커다란 유혹에서, 그대가 그대의 존재의 목적을 파악하고, 그대 자신을 하나님에게 드리고, 그래서 하나님에게 하나님 자신을 그대에게 베풀어줄 기회를 드린다면, 산돌인 그대의 생명은 택하여져 지 기져가는 성벽 안으로 놓여집니다. 어디에서 영혼들이 어떠한 평범하고 소박한 방식들로 시험을 당하며 성숙되든지, 거기에서 하나님은 당신의 성전을 위한 기둥들을 다듬고 계십니다. 오, 만일 그 돌이 성전에 대해, 영원히 돌은 그 일부일 수밖에 없더라도, 약간의 비전을 가질 수만 있다면, 어떠한 인내라도 그 돌이 망치의 타격들을 느낄 때 돌을 채워야만 하며, 그리고 그런 인내는 돌에게서의 성공이라는 것이 그저 돌 스스로로 하여금 주인이 뜻하는 어떤 모양으로 빚어지도록 내버려두는 것임을 알고 있습니다.

필립스 브룩스

6월 7일
빛나는 기쁨

여러분은 모두 빛의 자녀요, 낮의 자녀입니다. - 살전 5:5

빛은 의에게 뿌려지며, 기쁨은 마음이 정직한 사람에게 뿌려진다. - 시 97:11

고요하리라 우리의 날들은 또한 밝고,
그리고 행복하리라 우리의 자연은,
사랑이 틀리지 않는 빛이 되고,
그리고 기쁨이 자신의 보증이 될 때.

윌리엄 워즈워스

죄로부터 자유롭고, 사악한 행동과 의도들로부터 더럽혀지지 않고 지켜진 마음만큼, 어떤 것도 그처럼 큰 인생의 평온을 줄 수는 없습니다. 이 수단에 의해 영혼은 오염되어지지도, 어지럽혀지지도 않을 것입니다. 그 샘은 더럽혀지지 않고 깨끗하게 흐를 것이며, 또한 그 샘으로부터 흘러나온 개울들은 정의롭고 정직한 행동들, 만족스런 황홀, 사람을 기쁨의 열광자로 만드는 활기찬 영의 에너지, 그리고 희망보다 더 달콤한, 좀처럼 잊히지 않는 추억이 될 것입니다. 왜냐면 아침 이슬을 쓴 채 베어 쓰러진 관목이 그 후 긴 시간 동안 향기를 유지하듯, 지혜로운 사람의 착한 행동들은 그의 정신에 향수를 뿌려, 풍성한 향기를 행동들 뒤에 남기기 때문입니다. 분명히 그 기쁨은, 말하자면 이 요소들로 적셔지며, 그리고 그것의 무성함은 이 요소들 덕분입니다.

플루타르코스(Ploutarchos)

6월 8일
거룩한 아름다움

작은 일의 날이라고 멸시하는 자가 누구냐? - 슥 4:10

작은 것들이
작은 날개들을 타고
작은 영혼들을 하늘로 데리고 가네.

작자 불명

일상적 거룩함을 이따금 노력만 해도, 특별히 그것이 관찰의 주제가 된다면, 대단한 희생의 행위들을 이룩하거나, 혹은 예사롭지 않은 시련의 심각한 압력을 견딜 수도 있을지 모릅니다. 그러나 눈에 띄지 않는 방법들로의 꾸준한 훈련과 영의 말없는 비이기적 모습은, 만일 인생의 숨겨진 습관이 된다면, 인생에게 진정 거룩한 아름다움을 주며, 또한 이 아름다움은 작은 것들에 대한 배려와 겸손한 사랑의 결과입니다. 완전은 자기를 잊어버리는 사랑의 노력들을 매일 바치면서, 인생의 모든 작은 세세한 것들에서 종교적 성실성을 이렇게 꾸준히 보이는 데서 아주 쉽게 달성됩니다.

토머스 카터

사랑의 비밀은 하나님을 위한 일들을 늘 하고 있는 것이지, 그 일들이 정말 아주 작은 일들이기 때문에 괘념하는 것이 아닙니다.

프레더릭 페이버

가장 소박한 일상적인 인생이란 관점에서 보면, 하늘에는 생생한 상례적인 대화가 있을지 모릅니다. 거룩함은 흔치 않은 것들을 하는 데 있지 않고, 모든 것을 순수한 마음으로 하는 데 있음을 늘 상기토록 하십시다.

헨리 매닝

6월 9일
칭찬할 만한 것들

노하기를 더디 하는 사람은 용사보다 낫고, 자기의 마음을 다스리는 사람은 성을 점령한 사람보다 낫다. - 잠 16:32

씻어라 우리 마음에서 아주 깊고 더러운 얼룩들을,
분노와 교만과 근심의 (얼룩들을).
영혼 위에 보내라 그대 자신의 거룩한 고요를,
그리고 거기 정주토록 그것에게 청하라!

작자 불명

분노로 흥분하고 있는 그대에게 이 진리가 있도록 하십시오. 이 진리는 격정에 의해 움직이는 것은 남자답지 않다는 것이며, 그러나 저 온화함과 상냥함은, 그것들이 인간 본성에 더 어울리기 때문에, 분명 또한 그것들은 더 남자답다는 것입니다. 왜냐면 남자의 마음이 모든 격정으로부터의 자유에 더 가까운 것과 같은 정도로 정신적 힘에 더 가깝기 때문입니다.

마르쿠스 안토니누스

착하고 상냥한 사람들과 사귀는 것이 대단한 일은 아닙니다. 왜냐면 이는 모두에게 당연히 유쾌하며, 또한 모든 이들은 자진해 평화를 즐기며, 그 자신과 맞는 사람들을 가장 사랑하기 때문입니다. 그러나 딱딱하고 심술궂은 사람이나 무질서한 사람, 우리와 반대로 사는 그런 사람들과 평화롭게 살 수 있는 것은 대단한 미덕이요, 또한 매우 칭찬할 만한 남자다운 일입니다.

토마스 아 켐피스

6월 10일
어둠을 밝힐 빛

너희 가운데 누가 주님을 경외하며, 누가 그의 종에게 순종하느냐? 어둠 속을 걷는, 빛을 모르는 사람이라도, 주님의 이름을 신뢰하며, 하나님께 의지하여라. – 사 50:10

주 나의 하나님은 나의 어둠을 밝히십니다. – 18:28

> 우리가 어둠 속에서 걷거나,
> 하늘의 불꽃을 느끼지 못할 때,
> 그때가 우리의 하나님을 믿고
> 그리고 하나님의 이름을 의지할 때라.
>
> 오거스터스 톱레이디(Augustus Montague Toplady)

하나님은 그대가 어둠 속에 있어 아무런 빛이 없기에 그대를 향해 특별한 사랑의 부드러움을 갖고 계시며, 또한 하나님의 마음은 그대가 일어나 "나는 내 아버지께로 가겠다"라고 말할 때 기뻐하십니다. 왜냐면 하나님은 그대가 하나님을 꿰뚫고 볼 수 없는 그 모든 어둠을 뚫고 그대를 보기 때문입니다. 하나님께 말하십시오. "나의 하나님, 나는 매우 둔하고 낮고 정직되어 있습니다. 그러나 당신은 나의 하나님이십니다. 나는 당신의 자녀입니다. 나를 버리지 마십시오." 그리고는 그대 믿음의 양팔을 펼치고 빛이 어둠에서 올라올 때까지 조용히 기다리십시오. 그대 믿음의 양팔을 펼치라고 나는 말하는 것이지, 그대 행동의 팔이 아닙니다. 그대가 마땅히 해야만 하는 무언가를 곰곰이 생각하고, 가서 비록 그 일이 방을 청소하거나 식사를 준비하거나 친구를 방문하는 일에 불과하더라도 가서 그 일을 하십시오. 그대의 감정들을 개의치 마십시오. 그저 그대의 일을 하십시오.

조지 맥도널드

인생의 해결책

내가 부르짖었을 때에, 주님께서는 나에게 응답해주셨고, 나에게 힘을 한껏 북돋우어주셨습니다. -
시 138:3

제가 약함을 덜 느끼는 것은 아니에요, 허나 당신은
제 힘이 될 거예요. 제가 덜 보는 것은 아니에요
죄를. 허나 당신이 지닌 용서하시는 사랑의 더 많은 것을,
또한 아주 충족한 은총을. 족합니다! 또한 이제는
모든 당황스런 생각이 진정 되네요. 저는 쉴 뿐이나,
느끼네요 당신께서 가까이 계심을, 알아요 제가 행복함을.

프랜시스 하버갈

그렇습니다. 비록 그대가 믿을 수 없다 해도, 그로 인해 당황하지 마십시오.
그대는 그저 속으로 가라앉거나, 아니면 인생의 숨겨진 해결책을 애오라지 갈망
합니다. 그러나 그것은 그대를 걱정과 두려움, 고민, 고통, 공포 따위로 괴롭히
고, 흔들어대고, 채우는 것에 있지 않습니다. 아니, 아닙니다! 그것은 하나님 앞
에서 인내하고, 잠잠하고, 소망하고, 기다리고, 침묵하는 것에 있습니다.

아이작 페닝턴

우리들은 우리의 현재의 빛과 능력에 걸맞게, 인내하고, 기도하고, 하나님의
뜻을 행하기만 하면 됩니다. 그러면 영혼의 성장은 계속될 것입니다. 식물은 햇
볕 아래에서만큼 충실히 안개 속에서와 구름 아래서 자랍니다. 우리 내면에 있
는 하늘의 원리 또한 그렇습니다.

윌리엄 채닝

6월 12일
인생은 정해진 싸움터

그때 그가 내게 응답하여, 이것이 땅에 태어난 사람이 싸우게 될 싸움의 조건이라 말씀하셨다. 사람이 지면, 그가 말씀하신 대로, 고통을 받게 될 것이요. 그러나 이기면 내가 말하는 것을 받게 될 것이다. - 외경, 에스드라스하 7:57~58

> 한 거룩한 교회, 한 강한 군대,
> 한 변함없는 높은 의도,
> 한 무리의 일꾼, 한 추수의 노래,
> 한 전능하신 왕.
>
> 새뮤얼 존슨

우리들은 이 작은 세상에서 인간답지 못하고 비열하고 의롭지 못했던 것들에 대해, 온 마음과 뜻과 힘을 다해 맞서 싸우고 있다고 느끼는 사람의 말에 귀를 기울였습니다. 그것은 밑에서 싸우며 죄짓고 있는 사람들에게 고요한 높은 곳에서 충고와 경고를 하는 이의 차갑고 분명한 목소리가 아니라, 우리를 위해 우리 편에서 씨우며, 그와 우리 자신과 시로를 돕기 위해 우리를 찾는 이의 따뜻한 살아 있는 목소리였습니다. 그다음은 지루하나, 조금씩, 그러나 대체로 확실하고 꾸준하게 어린 소년에게 처음으로 그의 인생의 의미가 뼈저리게 느껴지게 되었습니다. 인생은 그가 우연히 헤매 들게 된 바보나 게으름뱅이의 천국이 아니라, 옛날부터 정해진 싸움터로, 구경꾼들이 없어도, 가장 어린 사람까지도 자기편을 들어야만 하는, 삶과 죽음이 걸린 곳이었습니다.

토머스 휴스

6월 13일
진심어린 교제

하나님이 빛 가운데 계신 것과 같이, 우리가 빛 가운데 살아가면, 우리는 서로 사귐을 가지게 됩니다. - 요일 1:7

하나님은 불의하신 분이 아니므로, 여러분의 행위와 여러분이 하나님을 이름을 위해 나타낸 사랑을 잊지 않으십니다. 여러분은 성도들을 섬겼으며, 또 지금도 섬기고 있습니다. - 히 6:10

세상에서 내가 어디에 있든지
어떤 형편에 있든지,
나는 진심어린 교제를 가지고 있네.
지키며 두텁게 할,
또한 해야 할 겸손한 사랑의 일 있네
내가 시중하는 주님을 위해.

애나 워링

우리들은 축하의 쪽지를 쓰는 일, 애정의 선물로서 의도된 무엇인가를 만드는 것, 우리와 성미가 전혀 맞지 않는 사람들과의 불가피한 교제, 혹은 가정 내에서 낭비되어진 것처럼 보이는 시간들까지라도, 우리에 의해 매우 신성하고 복된 일의 수행, 심지어 우리의 연약한 대책 후에, 행복의 증진을 위한 신의 설계를 실행하는 일이 될 수 있음을 늘 깨닫고 있는 것은 아닙니다.

세라 스티븐

한정된 일이란 것은 언제나 우리를 위해 잘려지고 네모지게 떠지는 일이 아니라, 그것이 병원에서 간호하는 일이든, 혹은 손수건을 공그르는 것이든, 양심에의 요구로서 오는 일입니다.

엘리자베스 슈얼(Elizabeth Missing Sewell)

172

6월 14일
안식에 대한 갈망

주님께서는 너희에게서 슬픔과 두려움과 수고해야 할 힘든 노역에서 벗어나 쉬게 해주실 것이다. - 사 14:3

오늘, 당신의 벌주시는 눈 바로 밑에서,
나는 홀로 평화와 휴식을 갈망하네.
유순히 당신의 손 안에 있어,
그게 최상이라 느끼네.

존 휘티어

오, 주님, 당신은 지친 땅의 큰 바위 그림자 같으며, 일에 지치고, 쾌락에 지치고, 이루어지지 않는 소망에 지치고, 자기 자신에게 지친 당신의 피조물을 바라보십니다. 당신의 풍부한 동정심과 이루 말할 수 없는 애정으로 제가 기도하오니, 당신의 안식으로 우리를 이끄소서. 아멘.

크리스티나 로세티

바랄 수 있는 모든 것들을 넘어 제게 당신 안에서 안식하며, 또한 당신 안에서 제 마음을 평화롭게 갖도록 허락하소서. 당신은 마음의 참된 평화요, 당신은 마음의 유일한 안식입니다. 당신을 떠나서는 모든 것들이 힘들고 불안합니다. 바로 이 평화 속에서, 다시 말하면, 최고의 영원한 선이신 유일한 당신 안에서, 저는 잠자며 안식하겠습니다. 아멘.

토마스 아 켐피스

당신은 당신 자신을 위해 우리를 지으셨습니다, 오 주여. 그리고 우리의 마음은 당신 안에서 안식할 때까지 불안합니다.

성 아우구스티누스

6월 15일
그대가 아는 지식

하나님은 우리의 피난처요 힘이시니, 환난 중에 만날 도움이시다. 그러므로 땅이 없어지든지, 산들이 바다 가운데 빠질지라도, 우리는 두려워 아니할 것이로다. - 시 46:1, 2

> 비록 파도와 폭풍이 내 머리 위로 넘어가며,
> 비록 힘과 건강과 친구들이 사라져도,
> 비록 기쁨들이 모두 시들고, 죽어가며,
> 비록 모든 위로가 물러가더라도,
> 이것에 나의 한결같은 영혼 의지하지요.
> 하나님! 당신의 자비 결코 죽지 않아요.

요한 로테(Johann Andreas Rothe)

그대의 외부 환경들은 변할 수 있고, 수고가 안식을, 병이 건강을 대신할 수 있고, 시련들이 안팎에서 무성할 수 있습니다. 외적으로 그대는 그런 환경의 희생자입니다. 그러나 그대의 마음이 하나님에게 머물러 있다면, 어떠한 변화나 우연들도 그것을 건드릴 수 없으며, 또한 그대에게 일어날 수 있는 모든 일은 단지 그대를 하나님에게 더 가까이 끌어당길 뿐입니다. 현재의 순간이 무엇을 가져오든, 그 모두는 하나님의 뜻이며 또한 그대의 미래의 천국 삶이 하나님 뜻에 의해 영향을 받을 것이라는 그대의 인식으로 인해, 모두를 관용할 수 있게 될 뿐만 아니라, 환영하게 될 것입니다. 반면 어떠한 변화도 그대에게 큰 영향을 끼칠수는 없습니다, 이는 그대를 당신의 강력한 손 안에 쥐고 계신 하나님께서는 변하실 수 없고 영원히 머물러 계심을 그대가 알기 때문입니다.

장 그루

6월 16일
하나님 사랑의 비밀

이제는 우리 가운데서 일하시는 능력을 따라, 우리가 구하거나 생각하는 것 이상으로 더욱 넘치게 줄 수 있는 분에게, 교회 안에서와 그리스도 예수에 의해서, 영광이 대대로 끝없이 온 세상에 그분에게 있으시기를 빕니다. 아멘. - 엡 3:20, 21

> 우리 빈약한 은사들을 달라고 청하지 않겠어요
> 당신이 우리 모두에게 내주시고 싶어 하실 때에,
> 그러나 이 생명 위하여, 이 작은 시간에,
> 당신의 사랑과 배려와 권능 모두를 청하겠어요.
>
> 진 잉겔로

하나님은 우리를 너무나 사랑하셔서 만유를 우리의 통로들과 그의 사랑의 심부름꾼들로 만들고자 하십니다. 그를 위해서 사랑의 행동을 하십시오. 그러면 하나님이 그대에게 그의 사랑을 주실 것입니다. 그대 자신을, 그대 자신의 근심들을, 하나님을 위한 그대 자신의 우려들을 진정시키십시오. 그러면 하나님이 그대의 가슴에게 말히실 것입니다. 하나님 자신을 청하십시오, 그러년 하나님이 그대에게 그분 자신을 주실 것입니다. 정말이지, 비밀한 숨겨진 것은 하나님의 사랑으로, 이 사랑은 그것을 구하는 자들에게만 알려지며, 그리고 그것은 그들에게 또한 비밀입니다. 왜냐면 사람이 이곳에서 그것에 대해 가질 수 있는 것은 하나님 사랑의 저 끝없는 바다를 미리 맛보는 일이 아주 적기 때문입니다.

에드워드 퓨지

6월 17일
들의 백합화를 보라

들의 백합화가 어떻게 자라는지 살펴보아라. - 마 6:28

그들은 수고하지 않아요,

그들에게 주어진 임무에 만족하며

그들은 단지 자랄 뿐. 그들은 요구하지 않아요

보다 넉넉한 몫을, 더 높은 영역을.

허나 그들의 사랑스러움에서 나타나요.

그리고 자라며, 미소하고, 또한 최선을 다하지요.

그리고 하나님께 그들은 맡겨요 안식을.

메리앤 파닝엄(Marianne Farningham)

하나님의 강력한 생명을 주는 힘을 방해하지 마십시오. 그 힘은 그대 안에서 하나님 뜻의 모든 선한 즐거움을 수행하기 때문입니다. 그대 자신을 하나님의 달콤한 통제에 완전히 내어주십시오. 그대의 성장을 그대의 모든 다른 일들을 두었듯이 그렇게 완전히 하나님 손 안에 두십시오. 하나님으로 그것을 하나님이 뜻하시는 대로 경영케 하십시오. 그것에 관해 걱정을 하지 마시고, 또한 그것을 생각조차 하지 마십시오. 하나님을 늘 절대적으로 믿으십시오. 매 순간의 섭리를 그것이 하나님의 소중한 손에서 그대에게 오는 대로 받으십시오. 그것은 그 순간의 성장을 위해 요구되는 햇빛과 이슬이기 때문입니다. 그대의 하나님 아버지의 뜻에 대해 끊임없이 "예"라고 말하십시오.

해나 스미스 편집

6월 18일
부질없는 걱정

오늘 있다가 내일 아궁이에 들어갈 들풀도 하나님께서 이와 같이 입히시거든, 하물며 너희들을 입히시지 않겠느냐, 믿음이 적은 사람들아? - 마 6:30

나는 하나님의 자비를 영영히 믿습니다. - 시 52:8

> 조용히 우린 보지요 우리의 뒤를, 과거의 기쁨과 슬픔들을.
> 우린 알지요 모두가 이제는 자비요, 마침내 잘될 것임을.
> 조용히 앞을 보며, 우린 나쁜 미랠 두려워하지 않아요.
> 충분히 안전과 평화를 위해, 당신이 우리와 함께 계시면
> 언제나요.
>
> 제인 보스위크(Jane Borthwick)

두려움과 걱정 속에 과거로도, 불안과 예측 속에 미래로도 돌아가지 마십시오. 그러나 그저 하나님의 손길 아래 조용히 거하며, 하나님 뜻 외에 아무런 뜻을 갖지 마십시오.

헨리 매닝

나는 가냘픈 한 송이의 꽃이 말이 다니는 길과 바퀴 자국 사이에서 2피트의 높이로 자랐었던 것을 보았습니다. 1인치 오른쪽이나 왼쪽으로 더 기울었었거나, 혹은 1인치가 더 컸었던 것이, 그 운명을 낙인찍었습니다. 게다가 그 꽃은 살아서 주변에 인적 없는 공간의 수천 평을 갖고 있는 듯이 무성히 자랐고, 자기가 초래했던 위험을 결코 몰랐습니다. 그 꽃은 걱정을 빌리지도 않았고, 또한 그것을 염려함으로써 나쁜 운명을 초대하지도 않았습니다.

헨리 소로

어떤 상황에서나

주님께서는 너를 모든 재난에서 지켜주실 것이다. 주님은 네 생명을 지켜주실 것이다. - 시 121:7

당신의 날개 아래서, 나의 하나님, 저는 쉬어요.
당신의 그늘 아래 있지요 안전하게.
당신 자신의 힘에 의해 평화로이 잡혀서요,
걱정하던 재난들이 제 옆을 지나는 동안에.

애나 워링

하나님을 기뻐하는 마음은 하나님의 모든 뜻을 기뻐하며, 모든 상황들에서 가장 굳건한 기쁨을 확실히 제공받습니다. 왜냐면 만약 어떤 것도 하나님의 뜻에 어긋나거나 벗어나서 지나쳐갈 수 없다면, 하나님을 기뻐하고, 하나님의 뜻 외에 다른 뜻을 갖고 있지 않으나, 언제나 모든 상황들에서 곧, 하나님이 그들을 밝게 비칠 뿐만 아니라, 그들에게 구름이 낄 때에도, 하나님을 따르는 영혼은 속이 상할 수 없기 때문입니다. 해를 좇는 꽃은 어둡고 구름 낀 날들에도 그렇게 합니다. 그러나 해가 앞으로 비치지 않을 때에는, 꽃은 해의 숨겨진 행로와 움직임을 좇습니다. 하나님의 뒤를 좇아 움직이는 영혼은 정말이지 하나님이 자신의 얼굴을 가릴 때도 그 행로를 지키며, 만족해하며, 실로 모든 형편들이나 상황들 혹은 사건들에서 하나님의 뜻을 기뻐하기까지 합니다.

로버트 레이턴

하나님으로 하여금 그가 뜻하시는 바를, 그가 뜻하는 모든 것을 나와 더불어 하게 하소서. 그것이 무엇이든, 그것은 하늘 자체이거나, 아니면 하늘의 어떤 시작일 것입니다.

윌리엄 마운트퍼드(William Mountford)

6월 20일
샘이 있는 곳

참으로 하나님 나를 불쌍히 여겨주십시오. 나를 불쌍히 여겨주십시오. 내 영혼이 주님을 믿기 때문입니다. 그래요, 이 재난이 지나가기까지 내가 주님의 날개 그늘 아래로 피합니다. - 시 57:1

나의 하나님! 당신 안엔 모든 샘들이 있네
한없는 사랑과 미지의 은총(의 샘들이).
나를 숨기소서 당신의 펼친 날개 밑에,
어두운 구름이 날려갈 때까지.

아이작 와츠

환난의 때에는 도움을 구하려 그대 자신 밖으로 나가지 마십시오. 왜냐면 시련의 모든 이익은 침묵과 인내, 평온과 인종에 있기 때문입니다. 이런 상태에서 어려운 싸움을 위한 신적 힘이, 신 자신이 영혼을 위해 싸우시기 때문에, 발견됩니다.

미겔 드 몰리노스

그대는 환난의 때에 도움을 좇아 그대의 정신을 소모시키려하나, 헛일입니다. 그것은 폭풍 속에 출범하는 것과 같습니다. 조용히 앉아, 그대의 원칙들을 잡으려고 더듬어보십시오. 그리고 만일 그대가 얼마간의 버팀목이자 지주 되는 것을 그대에게 제공하는, 또한 그대에게 평온과 말없는 복종을 가리키는 그 무엇을 찾지 못하면, 틀림없이 그대는 아직 **진리의 영**으로부터 **진리**를, 결코 배운 적이 없습니다. 비록 그대가 이 영과 이 영에 대한 다른 서술들로부터 진리에 관한 어떤 관념들을 우연히 찾아내었을지라도.

메리 켈티

6월 21일
두려움에 대한 진정

너희는 고난 중에 부르짖었고, 나는 너희를 건졌다. - 시 81:7

강하고 굳건하여라. 두려워하지도 겁내지도 말아라. - 대상 22:13

당신은 평온케 할 수 있어요 불안한 마음을,
당신은 그 두려움을 진정시킬 수 있어요.
나를 가르쳐 맡기도록 하세요 모두를
내 아버지 하나님의 뜻에요.

하인리히 푸흐타(Christian Rudolf Heinrich Puchta)

비록 이런 끈기 있고 겸허한 복종이 인생의 모든 외적 사물들과 사건들과 관련해서 훈련되어져야만 할지라도, 그러나 그 복종은 주로 우리 자신의 내적 상태, 고민, 곤경, 약점들과 우리 자신의 영혼의 무질서를 중시합니다. 그리고 그대 자신의 성급함, 분노, 교만, 불복종이 그대 자신을 공격할 때, 하나님에 대해 끈기 있는 유순하며 겸손한 복종으로 돌아서 있다는 것은, 그대가 교만이나 분노, 혹은 다른 사람들의 무질서한 격정들에 의해 공격 받을 때 유순함과 인내로 돌아서 있는 때보다, 이 의무를 더 높게, 더 유익하게 수행하는 것입니다.

윌리엄 로

감당할 수 있는 시련

여러분은 사람이 흔히 겪는 시련 밖에 다른 시련을 당한 적이 없습니다. 하나님께서는 신실하셔서, 여러분이 감당할 수 있는 능력 이상으로 시련을 겪는 것을 허락하지 않으십니다. 그러나 하나님께서는 시련과 함께 또한 그것을 벗어날 길도 마련해 주셨습니다. - 고전 10:13, 14

> 그렇지 않아요. 그렇지가, 어떤 괴로움의 짐이
> 가져올 필요는 없어요 절망적인 찡그린 얼굴을.
> 우리가 그걸 참는 동안은, 우린 참을 수 있어요,
> 그걸 지나쳐, 우리가 내려놓기 때문이에요 그걸.
>
> 세라 윌리엄스(Sarah Williams)

발생하는 모든 것은 그대가 본래 그것을 감당토록 만들어지거나, 아니면 그대가 본래 그것을 감당토록 만들어지지 않은 방식으로 발생합니다. 만일 그렇다면, 그것이 그대가 본래 그것을 감당토록 만들어진 방식으로 그대에게 발생하면, 불평하지 마시고, 그대가 본래 그것을 감당토록 만들어진 대로 그것을 감당하십시오. 그러나 만일 그것이 그대가 감당할 수 없는 방식으로 발생한다면, 불평하지 마십시오. 왜냐면 그것은 그대를 소진시킨 후에 소멸할 것이기 때문입니다. 그러나 그대는 본래 모든 것을 감당토록 만들어졌으며, 그리고 모든 것에 대해서는, 이것을 하는 것이 그대의 이익이거나 아니면 그대의 의무라고 생각함으로써, 그것을 참을 수 있고, 관용할 수 있게 만드는 것이 그대 자신의 의견에 달려 있다는 것을 상기하십시오.

마르쿠스 안토니누스

6월 23일
돌아오라 그대

내 영혼아, 네가 어찌하여 낙망하며, 어찌하여 내 속 에서 불안해하느냐? 너는 하나님을 바라라. 나는 내 안색의 건강이요, 내 하나님 되신 하나님을 찬양하련다. - 시 42:11

아! 어찌하여 지나치는 구름에 압박이 되어,
성가신 생각들이 그대의 가슴을 산란케 해야만 하나?
돌아오라 그대는 하나님께로 모든 고통 중에서,
간절히 청하는 자 그를 찾을 때 결코 헛되지 않아.
기쁨의 황홀한 날에는 그대의 힘,
기쁨이 떠나갔을 때는, 그대의 소망.

헨리 라이트

그대의 염려가 불안과 걱정으로 변질되게 내버려두는 것을 경계하십시오. 비록 그대가 잡다한 고민들의 풍랑 속에 흔들려진다 해도, 그대 눈을 주님께 고정하고, "오, 나의 하나님, 저는 당신만을 의지합니다. 당신은 저의 안내자, 저의 길 안내자가 되어주십시오"라고 말하십시오. 그런 후 위로를 받으십시오. 해안에 이를 때, 누가 수고와 풍랑을 마음에 두겠습니까? 그리고 우리의 마음이 올바르고, 우리의 의도가 열렬하고, 우리의 용기가 꾸준하고, 우리의 믿음이 하나님께 고정되어 있는 한, 우리는 모든 폭풍을 뚫고 안전하게 나아가게 될 것입니다. 만일 때때로 폭풍우로 다소 간담이 서늘해진다 해도, 결코 두려워 마십시오. 우리로 하여금 잠깐 쉬고서, 다시 계속하게 하십시오. 때로 그대의 가정의 다양한 걱정거리들에 의해 생기게 되는 일시적인 속상함과 불편함의 발작들에 의해 좌절되지 마십시오. 정말 그러지 마십시오. 가장 사랑하는 자녀여, 이 모든 것들은 그저 우리의 사랑하는 주님께서 우리 앞에 두신 자비로운 인내하는 은총들 속에서 그대 자신을 강화시킬 수 있는 호기들일 뿐입니다.

성 프란치스코 살레시오

6월 24일
운명을 보는 눈

그렇습니다, 아버지. 분명 그것이 아버지가 보시기에 좋은 듯했습니다. - 마 11:26

> 그대를 슬프거나 화나게 못하도록 하세요 아무것도,
> 아니 너무 후회하게도,
> 조용히 하세요.
> 하나님 명하셨던 것들은 틀림없이 옳지요,
> 그러니 찾으세요 그 안에서 그대 자신의 기쁨을,
> 내 뜻을.
>
> 파울 플레밍

만일 우리가 우리의 자기 사랑에 귀 기울이면, 우리는 우리의 운명을 현재의 것에 의해서보다는 오히려 현재의 없는 것에 의해 평가하게 될 것이며, 또한 그 방해물들을 곰곰 생각하게 될 것이고, 그 가능성들에 대해 맹목적이 될 것이며 그리고 그것을 오로지 상상의 생활들과 비교하기 때문에, 만일 우리가 권력만 있다면 우리가 당연히 해야만 하는 것에 대한 유망한 꿈들에 탐닉하게 될 것이고, 또한 우리가 재산만 있다면 베풀게 될 것이며, 또한 아무런 시험들이 없다면 잔존하게 될 것입니다. 우리는 영구히 투덜대면서 우리의 어려움과 궁핍들을 우리의 무정한 기질과 보람 없는 인생에 대한 핑계들로서 변명하고, 또한 우리 자신들을 상처 입은 존재들로 공상하고, 우리를 사랑하는 소중한 섭리를 사실상 찡그린 얼굴로 바라보고, 아무런 연민을 일으키지 못하는 자기 고행에 짜증을 내게 될 것입니다. 그러나 우리가 하나님께 우리 자신들을 양보하고, 우리의 운명을 하나님에 의해 할당된 것으로 진지하게 받아들인다면, 우리는 그 내용물들을 총계하고, 그 누락물들을 무시하게 될 것이며, 비록 그 운명이 절름발이의 그것만큼 허약하고, 어린이의 그것만큼 좁더라도, 그 안에서 우리의 최고 경제를 능가하는 이익의 원천들과, 우리의 최고 의지를 깨어 있게 할 거룩한 요구들을 발견하게 될 것입니다.

제임스 마티노

6월 25일
아름다운 복종에서

내 시대가 주의 손에 달려 있습니다. - 시 31:15

주의 모든 의도가 이루어지게 될 것입니다. - 렘 51:29

난 매우 기뻐요! 안다는 건 이렇게 안심이 돼요
그대께서 만사를 명하고 정하셨음을,
내 운명을 또한 명하고 정할 것임을.
비록 내가 이해할 수 없는 아주 많은 것이,
택하지 않았을 (그것이), 있었고, 또한 있을 것이지만,
그댄 택하시고, 그댄 실행하시기 때문에요. 그대, 내 주여.
이것이면 나로서는 충분하지요.

프랜시스 하버갈

우리는 자신의 운명을 선택해 고정시키려고 서둘러서는 안 됩니다. 우리는
안내되어지도록 기다려야만 합니다. 우리는 마치 작은 아이들처럼, 우리가 모르
는 길로 계속 인도되어집니다. 우리가 하나님이 우리에게 지정해주신 일로부터,
우리 자신의 영혼에 대한 더 큰 축복을 찾기 위해, 마치 우리가 스스로 신적 임
재의 충만을, 홀로 그것이 찾아질 수 있는 곳에서 그것을 찾기는커녕, 아름다운
복종에서 보게 될 장소를 선택할 수 있는 듯이, 도망친다는 것은 헛된 생각입니
다.

조지 엘리엇

어디에서나 언제나 경건히 그대의 현재 형편에 묵묵히 따르며, 그대 주변에
있는 사람들에게 공정히 행동하는 것은 그대가 할 수 있습니다.

마르쿠스 안토니누스

6월 26일
사랑하는 것 외에는

너희가 서서 기도할 때에, 어떤 사람과 서로 등진 일이 있으면, 용서하여라. 그래야, 하늘에 계신 너희 아버지께서도 너희의 잘못들을 용서해 주실 것이다. 만일 너희가 용서해주지 않으면, 하늘에 계신 너희 아버지께서도 너희의 잘못들을 용서해주지 않으실 것이다. - 막 11:25, 26

> 내 죄들에 눈물 흘리는 건 충분치 않아요,
> 그건 하늘로 가는 한 걸음일 뿐이에요.
> 내가 다른 이들에게 친절할 때, 그때에
> 난 알지요 내 자신이 용서받았음을.
>
> 프레더릭 페이버

사람과의 미움이나 경멸, 무시의 모든 관계는 속상함과 고통으로 가득합니다. 사람들을 사랑하고, 그들의 미덕들을 감탄으로, 그들의 잘못들을 연민과 인내로, 또한 그들의 상처들을 용서로 응시하는 것 외에는 사람들을 처리할 수 있는 것이 없습니다. 그대의 정신의 모든 재간을 어떤 다른 것을 궁리하기 위해 혹사해도, 그대는 결코 그것을 찾을 수가 없을 것입니다. 그대의 적을 미워하는 것은 그대에게 도움이 안 될 것입니다. 또한 그를 죽이는 것도 그대에게 도움이 안 될 것입니다. 우주 구역 안에 있는 어떤 것도, 그를 사랑하는 것 외에는 그대에게 도움이 될 것이 없습니다. 그러나 그런 사랑이 그대 주변의 모든 것으로 흘러 나오도록 하십시오, 그러면 무엇이 그대를 해할 수 있겠습니까? 얼마나 많은 무지와 오해의 매듭이 단순하며 신뢰가 가는 마음의 진실로 말해진 한마디에 의해 풀려지게 될는지요! 얼마나 많은 외로운 장소들이 사랑이 거기에 있다면 즐겁게 될는지요. 그리고 얼마나 많은 어두운 거주지들이 빛으로 채워지게 될는지요!

오빌 듀이

생명을 지닌 과업

하나님의 나라는 너희 안에 있다. - 눅 17:21

오, 제가 드리려하는 이 마음을 받으시어
영원히 모두 당신의 것 되게 하소서.
전 제 자신을 위해 더 이상 살지 않을 것이오니,
오소서, 주님, 당신만이 저의 왕이 되소서.

게르하르트 테르슈티겐

이 속에 개개의 영혼에게 할당된, 그 자체 안에 생명을 지닌, 우리의 영역을, 그 영역이 무엇이든, 우리 자신 안에 하나님의 통치를, 우리 하나님 아버지의 풍성한 영의 참되고 온전한 통치를 충분하도록 만드는 과업이 있습니다. 만일 우리들에게 할당된 장소와 친밀한 사귐으로 우리가 은총과 선하심과 거룩한 사랑의 지상 성막을, 성전과 같은 가정을 세우는 것이 허락된다면, 감사하고도, 말할 수 없이 감사하지만, 그러나 이 과업은, 우리가 하나님이 거기서 통치하게 되실 것을 우리 자신의 영혼들을 위해, 우리가 죄나 불복종이나 불경한 불신에 의해 우리 하나님과의 효 관계를 우리 자신의 의지들로 깨지 않을 것을 적어도 우리 자신을 위해 결심한다면,— 기뻐하거나 슬퍼하든, 환경의 혼란과 불결함과 싸우고 있거나, 평화의 분위기 속에 있든, 귀중한 친교 중에 있거나 홀로 있든, 하나님께서는 당신의 뜻이 법이 되는 영역을, 또한 복종과 순종이 계산적인 신중함이나 신앙 없는 외경에서가 아닌, 영의 교제와 항상 겸손한 열망과 항상 자비로운 신뢰에서 나오는 영역을 우리 안에 가질 수 있으리라는 것이 우리의 소원과 기도가 될 것임을 결심한다면, 우리에게 거부되어져야만 합니다.

존 톰

당신의 보금자리

주님은 순박한 사람들을 지켜주신다. - 시 116:6

당신의 집은 겸손한 이들과 있지요, 주여!
순박한 이들은 당신의 안식이고요.
당신의 숙소는 있지요 어린이 같은 마음 안에.
당신은 그곳을 당신의 보금자리로 하시지요.

프레더릭 페이버

영혼을 모든 쓸모없고 이기적이며 불안한 염려들로부터 이렇게 구출하는 것은 말할 수 없는 평화와 자유를 가져옵니다. 이것은 참으로 단순합니다. 완전한 복종과 영원한 묵종의 이런 상태는 참된 자유를 산출하며, 이 자유는 완전한 단순을 가져옵니다. 자기 추구를, 사심 없는 목적들을 모르는 영혼은 완전히 거리낌이 없습니다. 그것은 방해받지 않고 앞으로 곧장 나아갑니다. 그리고 그것의 길은, 자아 포기와 자아 망각이 증가하는 데 비례해, 매일 더욱 더 '완전한 날'을 향해 열리게 되며, 또한 그것의 평화는, 어떤 환난이 그것을 눌러싸는, 바다의 깊이만큼이나 그렇게 무한할 것입니다.

프랑수아 페늘롱

6월 29일
자격 없는 이름

갑옷을 입는 자로 갑옷을 벗는 자같이 자랑치 못하게 하라. - 왕상 20:11

하나님의 전신 갑주를 입어라. - 엡 6:11

제가 싸움터에 가려고 띠를 두르지 않았나요?
제가 교만의 투구와 번쩍이는 검을 지니지 않았나요?
저의 깨진 방패의 부서진 조각들을 보아주셔요.
그리고 제게 당신의 천국 갑주를 빌려주셔요, 주님이요!

작자 불명

오, 적어도 그날에는 말할 수 있게 하소서. 주여, 저는 영웅이 아닙니다. 저는 경솔하고, 비겁하며, 때로는 거의 반항적이었습니다. 제가 마땅히 받았던 벌을, 그것을 저는 부정하지 않습니다. 그러나 저는 결코 배반자는 아니었으며, 저는 결코 변절자는 아니었습니다. 저는 악에 맞선 당신의 싸움에서 당신 편에서 싸우려고 애썼습니다. 저는 제 가장 가까이에 놓여있던 의무를 다하려고, 그리고 당신께서 제게 책임지도록 위탁하셨던 것은 무엇이든, 제가 보았던 것보다는 조금은 더 좋은 상태로 되게 하려고 애썼습니다. 저는 착하지는 않았으나, 적어도 착해지려고 노력했습니다. 그런 실행의 의지를 받아주소서, 좋으신 주님. 모든 충실한 사람들의 복된 무리인 고귀한 승전군의 호명부에서 저의 자격 없는 이름을 삭제하지 말아주소서. 그리고 제 이름이 또한 **생명책**에 적혀져 있는 것을, 비록 그 명단에 제가 가장 아래에 마지막에 있을지라도, 저로 보게 하소서.

찰스 킹즐리

6월 30일
행복한 사람들

의의 열매는 평화요. 의의 결실은 영원한 평안과 안전이 될 것이다. - 사 32:17

주를 위하여 섬기는 마음은
주님 자신의 일에서 안식하리.
그리고 어린이의 복종하는 영이
주의 자녀들을 가장 잘 섬길 수 있으리.

애나 워링

우리가 어디에 있는지 또는 무엇인지는 중요치가 않기 때문에, 우리는 주님의 종들이 될 수가 있습니다. 주님의 연민의 사명들을 이룰 수 있는 넓은 들과 큰 능력을 가진 사람들은 행복합니다. 그리고 보호받는 가정들과 좁고 험한 의무의 길들에서, 사랑의 겸손한 섬김으로 주님을 시중하는 사람들은 또한 행복합니다. 지혜롭든 혹은 단순하든, 재능이 있든 혹은 지식에서 빈약하든, 세상의 응시 속에 있든 혹은 숨겨진 길들에 있든, 높든 혹은 낮든, 가정의 사랑과 즐거움들에 에워싸여 있든 혹은 하나님 안에서만 홀로 만족하든, 그들이 살아계신 하나님의 인장을 지닐 수 있다는 것이 무슨 문제가 됩니까? 서로에게 알려지지 않은, 그들 자신들조차를 모르고 있는 복된 친구들이여!

헨리 매닝

7월 1일
더 좋은 성장의 수단

아침이 되면 하나님의 영광을 보게 될 것입니다. - 출 16:7

주님을 섬기면서. 소망을 품고 즐거워하십시오. - 롬 12:11, 12

> 하루하루는 새로운 출발이며,
> 매일 아침은 새로 빚어진 세상이지요.
> 슬픔과 죄짓는 일에 지친 그대여.
> 여기 있지요 그대를 위한 아름다운 소망이,
> 나를 위한 소망과 그대를 위한 소망이.

수전 쿨리지

모든 이에게, 그러나 무엇보다 그대 자신에게 너그러우십시오. 제 말 뜻은 그대의 단점들 때문에 혼란해하지 말고, 넘어져도 늘 용감히 일어나라는 것입니다. 저는 그대가 날마다 새로이 시작하는 것이 기쁩니다. 그리고 영적 삶에서는 계속 새롭게 시작하고, 우리가 이미 충분히 이루었다고 결코 생각하지 않는 것보다 더 좋은 성장의 수단은 없습니다.

성 프란치스코 살레시오

인내는 매우 어렵기 때문에, 하나님의 은총에 의해 뒷받침될 때에도, 그때부터 새로운 시작들의 가치가 있습니다. 왜냐면 새로운 시작들이 바로 인내의 생명이기 때문입니다.

에드워드 퓨지

7월 2일
그대를 이끄는 곳으로

그러므로 나는 언제나 하나님과 사람들 앞에서 거리낌 없는 양심을 가지려고 힘쓰고 있습니다. - 행 24:16

네가 가야 할 길을 내가 너에게 지시하고 가르쳐주마. 너를 눈여겨보며 너의 조언자가 되어주겠다. - 시 32:8

오, 민감하게 유지하세요 그대의 양심을.
어떤 내적 신호도 놓치지 마세요.
그리고 가세요. 은총이 그대를 이끄는 곳으로—
완전함이 여기에 있지요.

프레더릭 페이버

우리들은 오직 순종할 필요가 있습니다. 우리 각자를 위한 조언자가 있기에, 그러므로 겸손히 귀 기울임으로써 우리는 옳은 말을 듣게 될 것입니다.

랠프 에머슨

기독교의 완전이란 고지는 그대들을 그곳에 인도할 안내자를 매 순간 충실히 따름으로써만 도달되어질 수 있으며, 그리고 그분은 그대들의 일상생활의 사소한 것들에서, 오로지 그대의 입장에서 오직 그대들이 그대 자신들을 그분의 안내에 완전히 양보하기를 요구하면서, 한 번에 한 걸음씩 그대에게 그대의 길을 계시하십니다. 만일 그렇다면, 그대가 의심스럽거나 불안스러운 어떤 것에서, 그것이 주님의 목소리임을 확신하고, 즉시 그것을 그분의 명령에 맡기며, 그분께서 이와 같이 당신을 인도하고 안내하기를 이미 시작하셨음을 아주 큰 기쁨으로 즐거워하십시오.

해나 스미스 편집

주님 들어오소서

주께서 이스라엘을 그 모든 죄에서 구원하시리라. - 시 130:8

> 당신의 말씀을 따라 있게 하소서 그 일이.
> 저를 모든 죄에서 구원하소서.
> 제 마음은 이제야 당신을 맞습니다, 주님.
> 들어오소서, 내 주님, 들어오소서!
>
> 찰스 웨슬리

그대가 잠을 깰 때, 혹은 그대가 옷을 입는 순간, 하나님에게 당신의 전 자아를, 영혼과 몸을, 걱정과 의도와 소원들을 바쳐 그 하루 동안 하나님이 뜻하시는 존재가 되도록 하십시오. 그대에게 일어날 것 같은 죄의 경우들을 염려해, 어린 아이처럼 하늘에 계신 그대의 아버지 하나님께로 가서, 그대의 시험들을 어린아이 같은 단순한 말로, 다음과 같은 다소 간단한 말로 그분에게 말하십시오. "선하신 주님, 당신은 제가 유혹 당하고 있음을 아십니다. (그러고는 아는 만큼 죄에 대한 유혹들과 죄짓는 길들을 잘 열거하십시오) 그러나 선하신 주님, 당신의 사랑 덕분에 저는 모든 것으로부터 (죄를 명명하며) 온전히 이날을 지키겠으며, (반대의 은총을 열거하면서) 꼭 그리하겠습니다. 저는 당신의 은총에 의해, 어떤 행동을 하지 않고, 어떤 말을 내뱉지 않고, 어떤 눈빛을 주거나 혹은 어떤 생각을 제 영혼에 품지 않겠습니다. 만일 당신께서 허락하셔서 이 유혹들 중 어느 것이 오늘 제게 닥친다면, 저는 당신이 뜻하시는 것만을 생각하고, 말하고, 행하고 싶습니다. 주님, 당신 없이는 저는 아무것도 할 수 없습니다. 그러나 당신과 함께 저는 모든 것을 할 수 있습니다."

에드워드 퓨지

7월 4일
옛 세대들을 보라

옛 세대들을 보고, 또 보아라. 일찍이 주를 믿고 망친 자가 있느냐? 혹 주를 경외하고 버림받은 자 있으며, 혹 주께 호소하되 주가 누구를 업신여기더냐? – 위경 집회서 2:10

주님, 주의 긍휼하심과 인자하심이 영원부터 있었사오니 이를 기억하여 주옵소서. – 시 25:6

> 내 아버지 하나님! 보시지요
> 제가 옛날 보여주셨던 미쁘심을 믿는 것을,
> 제가 결코 식어질 수 없는 사랑을 믿는 것을.
> 저는 당신을 믿습니다요.
>
> 《크리스천 인텔리전서(Christian Intelligencer)》에서

언젠가는 이루어져야만 하는 것의 시각에서 낙심하지 말고, 오히려 그대를 향한 하나님의 선하신 뜻에서 위로를 받으십시오. 사실, 하나님은 그대를 막대기와 심한 고생들로 벌을 주셨습니다. 그러나 하나님이 그대에게서 일찍이 당신의 자비로운 친절을 빼앗아가신 적이 있었습니까? 아니면 일찍이 그대에게 일이닌 가정 쓰리고, 가장 시꺼멓고, 가장 짙고, 가장 어두운 밤에서도 하나님의 미쁘심이 실패한 적이 있었습니까?

아이작 페닝턴

우리는 그분을 "우리 조상들의 하나님"이라 부릅니다. 그리고 우리가 우리의 걱정들을 우리 오른편에서 듣고 계신 분에게 말할 수가 있고, 또한 그분에 의해 그들의 걱정들이 상기되고 일소가 되는 동안, 우리는 중심에 어떤 안정성이 있음을 느낍니다.

제임스 마티노

그대는 상한 갈대

주께서는 당신의 거센 바람을 동풍 부는 날에 머물게 하셨습니다. - 사 27:8

상한 갈대를 주님은 꺾지 않으실 것입니다. - 사 42:3

> 내 평생 동안 난 늘 찾았었네,
> 그리고 난 그걸 결코 잊지 않으리라.
> 모든 슬픔은 그 한계를 갖고 있네,
> 그리고 어떤 십자가도 영원히 지속하지 않아.
> 그 밖의 모든 것들은 단지 한때만 있을 뿐,
> 하나님의 사랑만이 영원히 지속할 뿐.

파울 게르하르트

우리는 감당할 수 있는 것 이상을 결코 갖고 있지 않습니다. 우리는 현재를 늘 참을 수 있습니다. 우리의 하루가 그렇듯이, 우리의 능력 역시 그렇습니다. 만일 많은 세월의 시험들이 하나로 모아진다면, 그것들은 우리를 압도할 것입니다. 그러므로 우리의 작은 능력을 불쌍히 여겨, 하나님께서는 먼저 하나를, 그 다음에는 다른 하나를 보내시고, 그다음에는 그 둘을 없애 주시고, 그리고 어쩌면 그 둘보다 더 무거운 세 번째를 과하십니다. 그러나 그 모두는 우리 능력에 맞게 지혜롭게 계산되어져 있어서 상한 갈대는 결코 꺾이지 않습니다. 우리는 이런 지속적이며 연속적인 시야로 우리의 시험들을 충분히 보지는 않습니다. 각각의 시험은 우리에게 무엇인가를 가르치기 위해 보내지며, 또한 전적으로 그 시험들은 가르치기만을 하는 모든 이들의 능력을 넘어서는 교훈을 갖고 있습니다.

헨리 매닝

너를 지켜주리라

나 주가 의를 이루려고 너를 불렀으며, 너의 손을 잡고, 너를 지켜주리라. - 사 42:6

오 내 영혼을 지키시며, 나를 구원하소서. 나는 주님을 믿기 때문입니다. - 시 25:20

> 난 청하지 않지요 내 십자가에게 이해하기를,
> 내 길에게 보기를,
> 어둠 속에서 더 잘, 그저 주님의 손길 느끼기 위해,
> 그리고 주님을 따르기 위해.
>
> 애들레이드 프록터

오 주님, 만일 제 뜻만이라도 당신을 향해 올바르고 견고히 있을 수 있다면, 제 뜻이 당신을 기쁘게 해주게 될 것은 무엇이든 저와 함께 실행하십시오. 왜냐면 당신이 저와 더불어 무엇을 하게 되든, 그것은 선일 수밖에 없기 때문입니다. 만일 제가 어둠 속에 있어야 하는 것이 당신 뜻이라면, 당신은 복되실 것입니다. 또한 만일 제가 밝음 속에 있어야 하는 것이 당신 뜻이라면, 당신은 두 배로 복되실 것입니다. 만일 당신이 저를 위로해주신다면, 당신은 복되실 것입니다. 또한, 만일 당신이 저를 시달리게 하신다 해도, 당신은 꼭 같이 복되실 것입니다. 오 주님! 저는 당신을 위해, 당신의 허락으로 인해 제게 일어나게 될 것은 무엇이든 유쾌하게 견디겠습니다.

토마스 아 켐피스

내 영혼은 다른 하나의 뜻이 그 자신의 자리를 이미 차지했기 때문에, 이편이나 저편으로 기울어질 수가 없었지만, 그러나 하나님의 날마다의 섭리들로써 단지 스스로를 보양했습니다.

장마리 모트귀용

7월 7일
하늘 아버지의 자녀들

주님이 나의 빛이요 구원이신데, 내가 누구를 두려워하랴? 주님이 내 생명의 힘이신데, 내가 누구를 무서워하랴? - 시 27:1

당신은 조용한 휴식의 숨은 원천이요,

당신은 모든 게 충분한 거룩한 사랑,

내 적들로부터 내 도움이신 피난처이지요.

난 안심하지요 당신이 내 것인 동안

그리고 보세요! 죄와 슬픔과 수치에서

난 날 숨겨요, 하나님 아버지, 당신의 이름 안에.

찰스 웨슬리

그대에게 무슨 일이 생기든, 그것을 어떤 피조물의 손에서가 아니라, 하나님에게서만 받으시고, 또한 모두를 하나님에게 돌려 드리시며, 만유 안에서 하나님의 즐거움과 영광을, 그대 자신을 정화하고 억제하는 일을 구하십시오. 모두가 먼저 하나님을 접촉해야만 하는 때, 그대는 하나님 안에서 이미 그대 자신을 둘러쌌는데, 무엇이 그대를 해칠 수 있겠습니까?

로버트 레이턴

하나님은 한 영혼이 사방으로 비천함과 고통에 둘러싸여 있으면서도 천사들이 하늘에서 하는 일, 즉, 하나님을 사랑하고, 흠모하고, 찬양하는 일을 땅에서 하는 것을 보시면 얼마나 기뻐하시겠습니까!

게르하르트 테르슈티겐

7월 8일
위대한 사랑의 행동

서로 친절히 대하십시오. - 엡 4:32

> 그녀는 작은 친절들을 행하네
> 그것들을 대개의 사람들은 행치 않거나 경멸하네.
> 마음 하나를 편하게 하는 어떤 것도,
> 또한 행복이나 평화를 주는 어떤 것도,
> 그녀 눈엔 낮게 평가되지 않기 때문이네.

제임스 로웰(James Russell Lowell)

무엇이 이러한 사람의 힘의 비결이었는지? 무엇을 그녀는 행했었는지? 절대 아무것도 하지 않았으나, 빛나는 미소들, 밝은 좋은 유머, 모든 이들이 느꼈고 모든 이들이 원했던 것을 간파하는 솜씨 등은 그녀가 자아로부터 벗어나 다른 이들을 생각하는 법을 익혔음을 말해주었습니다. 그래서 한 번은 찡그린 이마들과 날카로운 어투들로 인해 이미 임박하고 있음을 보여주는 싸움을 달콤한 말로 비난하는 데서, 다른 한 번은 병든 이의 베개를 반듯하게 해줌으로써, 또 다른 한 번은 흐느껴 울고 있는 아이를 달래줌으로써, 또 다른 한 번은 사업상의 짜증스런 걱정들 때문에 지치고 화가 나 돌아와 있었던 아버지의 비위를 맞춰주고 달래줌으로써 그 비밀이 드러났습니다. 그녀 외에는 아무도 이런 일들을 보지 못했습니다. 오직 사랑하는 마음만이 그런 일들을 볼 수 있었습니다. 그것이 그녀의 하늘같은 힘의 비결이었습니다. 시련 중에 위대한 사랑의 행동들을 할 수 있을 것으로 여겨지게 될 사람은 언제나 사려 깊은 작은 행동들을 하고 있는 사람입니다.

프레더릭 로버트슨

서로를 최대한으로

사랑은 하나님에게서 난 것입니다. 사랑하는 사람은 다 하나님에게서 났고, 하나님을 압니다. - 요일 4:7

누가 누구에게 싸움(또는 불평)할 일이 있더라도, 서로 용납해 주고, 서로 용서해주십시오. 주님께서 여러분을 용서하신 것과 같이, 여러분도 서로 용서하십시오. - 골 3:13

> 오, 우리 모두 우리의 혈통을 입증하며,
> 베풀고 용서하며, 선을 행하고 사랑할 수 있다면,
> 부드러운 애정 표시로써, 친절한 경쟁에서,
> 일상생활의 짐을 가볍게 하면서.
>
> 존 키블

우리들은 원하면 서로에 대해 비판할 수도 있습니다. 모든 이는 자신의 약점이 있으며, 또한 모든 이는 자신의 과실들이 있습니다. 우리는 이것들을 비판할 수 있으며, 우리는 우리의 주의를 끝없이 이것들에 집중시킬 수도 있습니다. 그러나 우리는 또한 서로를 최대한 이용할 수도 있습니다. 우리들은 우리 자신이 용서받기를 바라면서도, 용서할 수도 있습니다. 우리들은 우리 자신들을 다른 사람들의 입장에 두고, 만일 우리가 그들의 입장에 있다면, 우리에게 무엇이 이루어지고, 우리에 대해 무엇을 생각하고 싶은지를 물을 수도 있습니다. 우리 주변 사람들 안의 사랑할 만한 것은 무엇이나 사랑함으로써, 사랑은 다시 그들로부터 우리에게로 다시 흘러올 것이고, 그래서 인생은 고통 대신 즐거움이 될 것이며, 땅은 하늘처럼 될 것입니다. 그리고 우리들은 그 이름이 사랑이신 하나님의 불명예스러운 추종자들이 되지는 않게 될 것입니다.

아서 스탠리

7월 10일
인도하시는 대로

주님께서 내게 관계된 것을 완전케 하실 것입니다. 오 주님, 당신의 인자하심이 영원하시오니, 주께서 손수 지으신 것들을 버리지 마옵소서. - 시 138:8

하나님이 나를 인도하시는 대로, 나는 가겠어요,
택하지 않겠어요 나의 길을.
그분으로 기쁨이나 괴로움을 택하도록 하세요
매일의 (기쁨이나 괴로움을).
그것들은 해칠 수 없어요 나의 영혼을,
그분이 관리하고 계시니까요.
나는 그분에게 맡기고 있어요 전부를,
그분의 자녀들은 그럴 거예요.

람페르투스 게디케(Lampertus Gedicke)

우리들이 미래에 대해 매우 부산한 이유가 무엇입니까? 그건 우리의 영역이 아닙니다. 미래를 처리하고자 하는 우리의 뜨겁고 걱정스런 노력들에는, 또한 우리 자신의 거친 상상들에 의해 만들어진 선악의 그림자로 미래를 꽉 채우는 일에는, 미래가 속하고 있는 하나님에 대한 범죄적인 간섭은 없습니까? 하나님의 뜻을 그것이 우리에게 알려지게 되는 대로 신속히 행하며, 매 시간 마다 — 나는 대개는 매 순간이라 말했었지만 — 하나님이 우리에게 무엇을 요구하시는지를 묻고, 우리 자신과 친구들과 모든 관심을, 하나님께서 구획하신 길이 결국은 우리의 완전과 하나님 자신에게로 이른다는 유쾌한 믿음으로, 하나님께서 관리하시도록 맡기는 것 — 이것이 우리의 의무이자 행복입니다. 그런데 우리들은 왜 이 평범하고 단순한 길로 걸으려고 하지 않습니까?

윌리엄 채닝

현재에의 충실

하나님이 침묵하실 때, 누가 그때 (하나님께) 싸움을 걸 수 있습니까? 욥 34:29

이것들 중 어느 것도 나를 움직이지 않습니다. - 행 20:24

> 난 지금 짊어져야 할 십자가가 많아요,
> 그리고 뒤에 남기고 있어요 많은 것을.
> 허나 현재의 고난들이 날 움직이지 못해요,
> 또한 흔들지 못해요 내 고요한 마음을.
> 그리고 무엇이 내일의 십자가가 될는지를
> 난 알려고 애쓰지 않지요 결코.
> 내 아버진 말씀하지요. "그건 내게 맡기고,
> 그리고 유지하라 평온한 마음을."

작자 불명

그렇다면 현재만을 생각하고, 우리의 마음들이 호기심으로 미래 속을 방황하도록 허용조차 하지 맙시다. 이 미래는 아직 우리의 것이 아닙니다. 아마 그것은 결코 그리 되지 않을 것입니다. 하나님을 앞질러, 하나님이 우리를 위해 예정하지 않을 수도 있는 것들을 준비하고 싶어 하는 것은 유혹에 우리 자신들을 노출시키는 것입니다. 만일 이런 일들이 일어나야만 한다면, 하나님은 우리에게 필요를 따라 빛과 힘을 주실 것입니다. 왜 우리가 어려움들을 너무 일찍이, 우리가 아직까지 그것들을 위해 제공된 힘과 빛을 갖고 있지 않을 때, 마주하고 싶어 해야만 합니까? 현재를, 그 의무들이 긴박하더라도, 명심하십시오. 우리에게 미래에의 충실을 준비시키는 것은 다름 아닌 현재에의 충실입니다.

프랑수아 페늘롱

7월 12일
지혜로운 자의 길

마음을 강하게 하고 용기를 내십시오. 두려워도 말고 무서워하지도 마십시오. …… 주 너의 하나님께서 너와 함께 가시기 때문입니다. 하나님은 너를 떠나지도 않고 버리지도 않으십니다. - 신 31:6

겁 많은 이들에게 그들의 길을 묻는 것은 걱정이 되네.
허면 염려하라 어떤 적들이 헤맬 수 있는가를 동굴과 늪에,
사건이 알려질 때까지 한 발자국도 꼼짝 않는 것,
걱정되면 슬퍼하라 닥칠 불행을 지나간 재앙들처럼.
현자들은 그렇지 않아, 그는 비겁한 파수를 보지 않아
그의 진로에 어떤 위험이 기어가고 있는지 보기 위하여.
그가 갈 곳에서, 현자는 마음이 편안하네.
그의 가정은 대지, 그의 넓은 방은 하늘빛 지붕이네.
그의 맑은 영이 그를 인도하는 곳, 거기에 그의 길이 있네,
신 자신의 빛에 의해 비쳐지며 예시되어지는 (길이).

랠프 에머슨

비록 공감은 가지만, 나는 용기를 잃고 낙심하는 감정에는 조금도 함께하지 않습니다. 나를 우울케 하거나, 늘 우울케 할 것은 이런 종류의 것들이 아닙니다. 용납되지 않는 것들, 칭찬, 일자리들, 내 일에 대한 위대함의 감정, 그리고 그것과 관련한 나의 무능력, 이런 것들이 나를 누르고 낙심하게 합니다. 그러나 사소한 방해들과, 익숙하거나 당연하게 기대된 길들의 막힘, 그리고 극복되어야 할 난제들의 출현, 나는 이것들과 같은 사소한 것들에 의해 낙심되지는 않을 것입니다.

제임스 힌턴(James Hinton)

7월 13일
푸른 초장으로

그리고 주께서 너를 항상 인도하시며, 마른 곳에서도 네 영혼을 만족시켜 주실 것이다. - 사 58:11

주님이 날 어디로 안내하시든지,
어떤 부족함도 날 되돌리지 못하게 되리.
내 목자는 내 곁에 계시지,
그리고 아무것도 난 부족할 수 없으리.
주님의 지혜는 늘 깨어 있고,
주님의 통찰력은 결코 애매치 아니하네.
주님은 친히 취하시는 길을 알고 있고,
해서 난 주님과 함께 걸을 것이네.

애나 워링

주님의 돌보심과 안내에, 목자가 돌보는 한 마리 양처럼 그대 자신을 맡기고, 그를 전적으로 믿으십시오. 비록 그대 자신에게는 그대가 내·외적으로, 그대 주변에 푸르른 무엇 하나 없이, 사막 바로 한 가운데에 있는 것 같을지라도, 또한 푸른 초장들에 들어갈 수 있기 전에는 그대가 긴 여행을 해야만 할 것 같은 생각이 들지라도, 전혀 문제가 없습니다. **우리들의 목자**는 그대가 있는 바로 그 장소를 푸른 초장들로 바꾸실 것입니다. 왜냐면 주님은 사막으로 즐겁게 하며 장미처럼 꽃피게 하는 능력을 갖고 계시기 때문입니다.

해나 스미스 편집

7월 14일
마음을 새롭게 함으로

여러분은 이 세상을 본받지 말고, 마음을 새롭게 함으로 변화를 받으십시오. - 롬 12:2

하나님 아버지, 우리의 신실한 마음으로 하여
안식하게 하소서, 당신에게만 기울어져.
억눌러 주소서 모든 불안한 생각을.
완전한 평화 속에 지켜주소서 우리의 영혼을.

찰스 웨슬리

마음 안으로 물러나십시오. 기다려서 하나님의 영을 얼마간 느끼며, 하나님의 거룩한 본성과 반대되는 것들을 발견하고 그것에서 떨어져나가 하나님에게 받아들여질 수 있는 것 안으로 인도되십시오. 정신이 이것에 합류될 때, 다소의 참빛과 생명이 맞아집니다.

아이작 페닝턴

믿음을 갖고 그대의 신념들을 실행하십시오. 그리고 믿음이 없었을 때는, 스스로를 참고, 늘 침착하고 단순하게, 그대의 작은 과제를 다시 시작하십시오. 모든 반복을 가능한 한 많이, 그대 자신에 대해 억누르십시오. 그러면 많은 헛된 행위를 억제하게 될 것입니다. 많이 침착하고 사건들에 대해 개의치 않는 습관을 들이십시오.

장마리 모트귀용

마음을 늘 평화롭게

문들아, 너희 머리를 들어라. 영원한 문들아, 머리를 꼭 들어라. 영광의 왕께서 들어가신다. - 시 24:9

우리는 살아계신 하나님의 성전입니다. - 고후 6:16

> 그대의 마음의 정문들을 넓게 확 여시오,
> 마음으로 따로 떨어진 성전이 되게 하시오
> 하늘의 고용을 위해 지상의 사용으로부터 (떨어진),
> 기도와 사랑, 기쁨으로 장식된 (성전이).
> 그럼 그대의 주권자가 들어오게 되리 안으로,
> 그러면 시작하라 새롭고 더 고상한 인생을.

게오르크 바이셀(Georg Weissel)

그대는 그대의 영혼이 하나님의 중심이요, 거주지요, 왕국임을 알아야만 합니다. 그러므로 주재하시는 왕께서 끝까지 그대의 영혼의 보좌에 영원히 계시도록, 그대는 그것을 깨끗하고, 조용하며, 평화롭게, 죄와 흠들로부터 깨끗하게, 두려움들로부터 조용하게, 유혹과 시련들에서는 평화롭게, 유지되도록 수고해야만 합니다. 그리고는 그대가 하나님의 성전을 정결하게 유지하기 위해서, 그대는 그대의 마음을 늘 평화롭게 유지해야만 합니다. 그리고 바르고 정결한 의도를 갖고, 그대는 일하고 기도하며 복종하고 그대에게 보내는 것이 주를 기쁘시게 하는 것은 무엇이든, (조금도 흔들리지 않고) 받아야만 합니다.

미겔 드 몰리노스

우주의 위대한 실재

주님을 경외하는 이들에게 주시려고 주님께서 쌓아두신, 주님을 믿는 이들을 위해 행하신, 그 선하심이 어찌 그리도 크신지요. - 시 31:19

주님께서 나를 너그럽게 대해 주셔서, 내가 주께 찬송을 드립니다. - 시 13:6

> 당신의 평온이 고요히 위에서 허리를 굽혀
> 제 불안을 가라앉히지요.
> 제 주위로 당신의 소생케 하는 생명이 흘러,
> 저의 비틀대는 의지를 격려하지요.
> 당신의 임재가 채우지요 제 고독을.
> 당신의 섭리가 선으로 바꾸지요 모든 것을.
>
> 새뮤얼 롱펠로

하나님께 헌신적이며 하나님으로 가득 찬 마음으로, 더 이상 하나님을 하늘 위에서나, 혹은 땅 아래에서, 혹은 땅 밑에 있는 것들에서 찾지 마시고, 하나님을 어떤 장소나 지역에서 분리되지 않고, 모든 상소들에서, 보는 사물들과 사건들에서, 매 순간 계시되는, 우주의 위대한 실재로 인정하십시오. 그러면 영원만이 우리가 종종 **영원한 현재**라 불러왔던 이 순간적 계시를 비울 것이기 때문에, 그대는 하나님이 늘 현재하시고 늘 새롭다는 것을 이렇게 알게 될 것입니다. 그러면 그대의 영혼은 하나님을 받들게 될 것이며, 또한 새로운 매 순간들이 가져오는 사물들과 사건들 속에서, 하나님을 먹고 살게 될 것입니다. 그러면 그대는 하나님에게서 결코 부재하지 않게 될 것이고, 또한 하나님은 그대에게서 결코 부재하지 않게 될 것입니다.

토머스 업햄

7월 17일
그대는 흙이 아님

현재 우리가 겪는 고난은 장차 우리 안에 나타날 영광에 견주면 아무것도 아니라고 생각합니다. - 롬 13:18

영원한 생명의 능력. - 히 7:16

그대는 믿으시나요 영원한 것들을?
그대는 알지요, 그대 마음속 깊은 곳에서요,
그대가 흙이 아님을; 영혼은 날개가 있음을,
그리고 그대가 보는 것은 단지 부분이에요.
이것을 아픔을 위한 그대의 약으로 만드세요
매일의 고통에서 오는 (아픔), 어때요 벙어리면,
매 번의 새로운 상실 속에 진정 그대는 있으니까요
다가올 것들의 힘을 음미할 때에는.

토머스 파슨스(Thomas William Parsons)

우리 의지의 모든 모순, 모든 사소한 병, 모든 작은 실망은, 만일 우리가 그것을 인내심을 갖고 받아들이면, 복이 될 것입니다. 그러므로 땅 위를 걷는 동안, 우리는 하늘에 있을 수도 있습니다. 다른 사람들의 나쁜 성미들, 세상의 경멸과 무례들, 좋지 못한 건강, 하나님이 우리의 평화를 구기거나 교란시키기는커녕 자비로운 마음으로 우리의 길들에 뿌려놓으셨던 일상의 뜻밖의 일들로 인해, 하나님의 평화가 널리 우리 마음들 속에 풍요롭게 미쳐질 수도 있습니다.

에드워드 퓨지

사랑이 비치게 하라

새 계명을 내가 너희에게 주니, 너희는 서로 사랑하라. 내가 너희를 사랑한 것 같이, 너희 역시 서로를 사랑하라. - 요 13:34

그리고 주께서 너희로 서로 간의 사랑과 모든 사람들에 대한 사랑이 늘어나 풍부하게 되도록 해주시기를 빕니다. - 살전 3:12

> 사랑으로 하여금 내 모든 행실을 통해 비치게 하라,
> 주님의 아름다운 형상을, 비록 희미하기는 하나.
> 이렇게 나로 하여금 입증케 하시오 주님의 제자임을,
> 밖으로 나타내려 왔으니 주님의 사랑을.
>
> 사이먼 브라운(Simon Browne)

우리는 모든 창조물에게까지 뻗어가는 사랑의 충만함에, 우리가 지니고 있는 사랑과 선함을 우리 주변에 있는 모두에게 풍부하며 충만한 물결들로 쏟아내며 나누어주고자 하는 소원에, 도달해야만 합니다. 제임스 그리브스

선하심과 사랑은 그 형상을 그것들 나름의 이미지로 조형해, 사랑의 기쁨과 아름다움을 얼굴의 모든 부분에서 밖으로 빛나게 합니다. 이 형상의 사랑이 보여질 때, 그것은 말로 표현할 수 없을 만큼 아름답게 보이며, 기쁨으로 영혼의 가장 깊은 생활에 영향을 끼칩니다.

에마누엘 스베덴보리(Emanuel Swedenborg)

내면에 있는 영혼은 자신의 안색을 자체의 충만한 행복과 기쁨으로 자주 비추었었기에, 얼마간의 영원한 광채가 그 위에 여전히 남아 있었습니다.

세라 스티븐

7월 19일
소리 없는 기도에 귀를

주는 모두에게 선하시며, 주의 부드러운 자비는 하시는 모든 일들 위에 있습니다. - 시 145:9
삼림의 모든 짐승이 내 것이요, 수많은 산 위의 소들이 내 것이라. - 시 50:10

> 땅과 바다와 하늘을 만드신 분으로,
> 창조의 으뜸가는 주님이자 왕 되신,
> 그분은 별 모양의 세계들을 높이 다셨고,
> 그리고 참새의 날개를 똑같이 만드셨지.
> 주가 보살피는 말 못하는 짐승들을 축복하시오.
> 그리고 그들의 소리 없는 기도에 귀를 기울이시오.
>
> 작자 불명

하나님의 사랑이 진실로 완전하게 되며, 참된 지배의 영이 주의 깊게 뒤따르게 되는 곳에서는, 우리에게 복종하도록 만들어진 모든 피조물을 향한 애정이 체험되어질 것이며, 또한 **위대한 창조주**께서 우리가 지배하는 것들을 위해 의도하신, 우리가 저 동물 창조 속에 있는 생명의 달콤함을 업신여기지 않는 배려가 우리 안에서 느껴지게 될 것임을 나는 믿습니다. 우리가 보이지 않는 하나님을 사랑한다고 말하면서, 동시에 하나님의 생명에 의해서, 하나님으로부터 유래된 생명에 의해서, 움직이는 가장 작은 피조물에게 잔인성을 발휘하는 것은 본질상 하나의 모순이었습니다.

존 울먼

나는 그 사람의 종교를 위해서는 아무것도 내놓지 않겠습니다. 왜냐하면 바로 그의 개와 고양이까지도 그의 종교 때문에 그만큼 더 낫지 않기 때문입니다.

롤런드 힐(Rowland Hill)

속도를 늦추십시오

그때에 내가 말하기로, 내가 헛되이 수고하였고, 쓸모없고 허무한 일에 내 힘을 낭비하였습니다. ─
사 49:4

전 당신께서 제게 주신 힘을 허비하였기 때문에
당신께서 결코 정하시지 않았던 싸움에서,
하여 지금 당신께 드릴 것은 오직 인생의 찌꺼기뿐이기에,
오 주님, 전 후회를 하지요 마음에서.

세라 윌리엄스

만일 그대의 주변 사람들이 그대에게서 생명을 빼내는 속도로 그들의 사업이나 자선을 하고 있다면, 절대적으로 속도를 더 늦추십시오. 곧 느림보로 불려지고, 그들보다 돈을 덜 벌며, 일을 덜 완수하십시오. 그러나 그대가 되고자 뜻했고 또한 지금 될 수 있는 인물이 되십시오. 그대는 기계와 다름없이 자신의 자연적인 힘의 한계를 ─ 10이나 20, 혹은 100마력을 ─ 갖고 있습니다. 그대는 어떤 종류의 일들을 하기에 적합하고, 또한 어떤 종류의 언료와 그 양을, 어떤 종류의 솜씨를 필요로 합니다.

조지 메리엄

그대의 일들에서 그대의 영혼을 평화로이 소유하도록 애쓰십시오. 그만큼 더 빨리 끝내기 위해 어떤 행동을 서둘러 수행하려는 것은 좋은 계획이 아닙니다. 반대로, 그대는 그대가 해야만 하는 것이 무엇이든, 그대 자신과 안정된 평화의 소유를 유지하기 위해, 차분히 하는 데 익숙해져야만 합니다.

장마리 모트귀용

7월 21일
탈출로는 있다

그런 이유로 우리는 낙심하지 않습니다. 그러나 우리의 겉 사람은 낡아가나, 우리의 속사람은 날로 새로워집니다. - 고후 4:16

제 영혼으로 그녀(영혼)의 짐에 눌려
너무 지친 육체로 인해 기절치 않게 하소서.
저로 시간마다 새로 마시도록 하소서
당신에게서 오는 사랑과 평화를, 내 하나님이여!

크리스티안 리히터(Christian Friedrich Richter)

　내 가족의 위로를 증진시키고자 하는 시도들에서, 내 영의 안정이 어지럽혀졌습니다. 이 중 얼마는 분명 신체적 약점 때문입니다. 그러나 모든 시험에는 탈출로가 있습니다. 죄를 지을 어떤 필요성은 전혀 없습니다. 나는 다른 일, 내 영을 안정시켜 명령을 받도록 노력하지 않고, 하루의 일을 시작한 것에서 손해를 겪은 적이 있습니다. 그래서 많은 것들이 나를 누르고 있는데, 이것이 때로 무시가 됩니다. 상황이 그래야만 했다는 것이 나에게는 부끄럽습니다.

　이것이, 주의 깊게 지켜보며 — 지금 나는 아주 쇠약하기 때문에 — 내 자신을 너무 피곤케 하지 않는 것이, (피곤케 하는) 그때에는 내가 다른 이들의 즐거움에 기여할 수가 없기 때문에, 아주 중요합니다. 또한 평온한 얼굴과 부드러운 어조가 내 가족을 내가 그들을 위해 할 수 있는 다른 어떤 것보다 더 행복하게 해줄 것입니다. 우리 자신의 뜻이 슬프게도 때로는 우리의 의무들 수행 안으로 들어갑니다.

엘리자베스 킹(Elizabeth Taber King)

누가 이것들을 지키는가?

지혜가 있어 이것들을 지킬 자는 누구든, 그들도 주님의 인자하심을 깨닫게 되리라. - 시 107:43

어떤 통로가 필요한지 우리의 믿음은, 눈을 제외하고?
하나님은 땅의 어떤 곳도 찬양하지 않게 두지 않네.
풍부하게 낭비하듯이, 사랑스러운 모습들이 솟아오고.
새 아름다움들이 낡은 것들이 사라지기 전 동터오네.

믿으십시오 권세자의 지키심에 대한 그대의 기쁨들을
그분이 이 변화의 그림자들을 손에 쥐고 계시니까요.
믿고 생활하며, 인식하십시오 시간마다 이것을
더 새로운 아름다움이 일어 그대의 해안으로 옴을요.

토머스 히긴슨(Thomas Wentworth Higginson)

나는 가장 거칠고, 매우 난폭하며, 별나게 혼란스럽고, 겉보기에 변덕스러운
자연의 활동에는 늘 그것을 아름답게 유지했던 원리가 무엇일 수 있을까를 수백
번 되풀이해서 궁금해했습니다. 신성함이란 아름다움이 어쨌든 그 중심에 틀림
없이 있다고, 나는 생각했습니다. 우리의 하나님은 아주 흠이 없으시며, 아주 인
자하시며, 아주 비이기적이시며, 아주 선하시며, 아주 전적으로 하나님께서 우
리가 그렇게 되기를 바라시는 그런 존재이시며, 아주 거룩하시기 때문에, 그래
서 모든 하나님의 작품들은 아름다움으로 하나님을 선포합니다. 하나님의 손가
락들이 무엇인가를 건드리면 그것은 사랑스런 모습으로 주조되어질 수가 있습
니다. 하나님의 자연력의 움직임까지도 우아하며 부드러운 형태를 입습니다.

조지 맥도널드

하나님을 사랑하는 것은

네 마음을 다하고 네 목숨을 다하고 네 힘을 다하고 네 뜻을 다해 주 너의 하나님을 사랑하라. - 눅 10:27

오 하나님, 어떤 제물을 제가 드려야할까요
땅과 하늘의 주이신, 당신에게?
저의 영과 혼, 육신은 받고 있는데요,
거룩한, 살아있는 희생 제물을.

요한 랑게(Johann Joachim Lange)

"마음을 다해" 하나님을 사랑하는 것은 자비하신 친절에 대한 무한한 감사와 선하심에 대한 자기 헌신성의 영적 열정을 아는 것입니다. "뜻을 다해" 하나님을 사랑하는 것은 과학의 열광이 되는 진리에의 열정을, 모든 진리와 미가 하나님의 자기 계시들로서 간주되어질 때 시인과 예술가에게 영감을 주는 미에의 열정을 아는 것입니다. "목숨을 다해" 하나님을 사랑하는 것은 헌신과, 회개의 두려움에 대해 온통 거룩하신 분의 얼굴 응시로 이루어지는 성자의 황홀을, 성자의 죄에 대한 혐오와 죄인의 영혼을 구원코자 하는 성자의 욕망의 고통을 아는 것입니다. "힘을 다해" 하나님을 사랑하는 것은 나머지들을, 곧 실재에 대한, 영과 진리로 예배하는 것에 대한, 우리가 연모하는 존재가 되는 것에 대한, 우리가 하나님의 말씀이라고 알고 있는 것을 실행하는 것에 대한 열정을, 또한 우리의 정당한 예배인 온전한 번제로서 살아 있는 제사를 강요하며, 우리의 가장 추운 시간에 우리가 벌겋게 달아올랐을 때 좋게 보였던 것을 변함없이 지키는 충절을 시험하는 최고의 영적인 열정입니다.

존 톰

7월 24일
운명을 사랑하십시오

여러분을 부르셔서 당신의 나라와 영광에 이르게 하시는 하나님께 합당하게 사십시오. - 살전 2:12

분명히 주님께서는 이곳에 계셨는데. 내가 그것을 몰랐구나. - 창 28:16

> 그댄 우연히 그대의 장소에 오지 않아요,
>
> 그건 하나님이 그댈 위해 뜻하셨던 바로 그 장소.
>
> 하여 만일 그대 거기서 작은 행동 영역을 보게 되어도,
>
> 이에 대해 물러나 불평하지 마세요.
>
> 리처드 트렌치(Richard Chenevix Trench)

신의 섭리가 그대를 위해 보았던 장소, 그대의 동년배들의 교제, 사건들의 관련을 받아들이십시오.

랠프 에머슨

그대의 운명이 함께 던져졌던 그것들에 적응토록 하십시오. 그리고 더불어 사는 것이 그대 몫인 사람들과, 그것을 성실한 애정으로 사랑하십시오. 더 이상 그대의 현재의 운명을 불만하거나, 미래로부터 뒷걸음치지 마십시오.

마르쿠스 안토니우스

나는 각 물건을, 모든 다른 때에는 그것 없이도 지내지만, 제때에 갖는 것을 가장 좋아합니다. 나는 태어나 온 세상에서 가장 존경할 만한 장소로 들어왔으며, 그리고 또한 아주 때 맞춰 태어났다는 내 놀라움을 결코 극복한 적이 없습니다.

헨리 소로

7월 25일
지연은 성숙의 시간

하나님은 내가 가는 길을 아십니다. - 욥 23:10

사람의 발걸음은 주님으로 말미암은 것이니, 어찌 사람이 자기의 길을 알 수 있겠는가? - 잠 20:24

조용하세요, 어찌 이리 걱정스레 신경 쓰나요
그대의 엉클어진 길들에 대하여?
하나님은 그 모두를 아셔서, 속도를 주시지요,
그리고 지연들을 허락하신다고요.

E. W.

우리는 어쩔 수 없이 살아야 하는 느리고 답답한 인생에 대해, 우리의 초라한 행동 범위에 대해, 사회 규모에서의 우리의 낮은 사회적 위치에 대해, 우리 자신을 알릴 여지가 없는 것에 대해, 우리의 허비된 정력에 대해, 우리의 인내의 세월 등에 대해 불평합니다. 그래서 우리들은 우리의 인생을 지시해주는 하나님 아버지가 없다고 말하며, 그래서 하나님이 우리를 이미 잊었다고 말합니다. 그래서 어떤 인생이 우리에게 최선인지를 대담하게 판정합니다. 그래서 불평함으로써 우리는 조용한 세월의 효용과 이익을 잃습니다. 믿음이 작은 사람들이여! 그대들이 일하도록 아직 보냄을 받고 있지 않기 때문에, 하나님이 그대들을 기억하기를 그쳤다고 생각합니까? 그대들이 어쩔 수 없이 밖으로 활발하지 못하기 때문에, 그대들은 또한 조용한 세월 속에서 "하나님 아버지의 일"에 종사하지 못할지도 모른다고 생각하십니까? 그러나 그것은 하나님께서 우리에게 하도록 주실 일을 위해 우리 자신을 성숙시켜야만 하는 우리에게 주어진 기간입니다.

스톱퍼드 브룩

7월 26일
흔들리는 일 없어

주님을 의지하는 사람은 시온 산과 같아 흔들리는 일이 없이 영원히 서 있다. 산들이 예루살렘을 감싸고 있듯이 주님께서도 당신의 백성을 지금부터 영원토록 감싸주신다. - 시 125:1, 2

어떻게 바위 위에 서 있는지 그것들이,
주님의 눈 주시하며, 주님의 안내하는 손 쥐고 있으니!
가신 같은 산들 가운데 반도 고정되지 않았으나,
케드론 골짜기를 가득 채우는 성전 건물이 올라간다.

존 키블

그것이 환난들 가운데서, 마치 파도 가운데의 바위처럼, 흔들리지 않는 길입니다. 하나님께서 왕국이나 도시 가운데 계실 때, 하나님은 옮겨질 수 없는 시온 산처럼 그것을 견고하게 하십니다. 하나님이 한 영혼 가운데 계실 때는, 비록 재난들이 사방에서 그 주변에 몰려들며 바다의 파도들처럼 요란한 소리를 내더라도, 그러나 내부에는 변치 않는 고요가, 마치 세상이 주거나 빼앗아 갈 수 없는 그린 평화가 있습니다. 사람들의 마음을 위험의 모든 상풍에서 나뭇잎처럼 흔들리게 만드는 것은, 하나님을 그 영혼 속에 묵게 할 필요와 하나님 대신에 세상이 그것들 속에 있다는 사실 말고 무엇이겠습니까?

로버트 레이턴

7월 27일
은밀한 성장

씨를 받아 좋은 땅에 뿌린 사람은 말씀을 듣고 깨닫는 사람인데. 이런 씨는 과실을 맺되, 100배 혹은 60배 혹은 30배의 결실을 낸다. - 마 13:23

그리고 그대의 은밀한 성장을 축복하고, 잡으려 마라
떠들썩함을, 허나 번창하라 보이지 않게 말없이.
깨끗이 지켜, 과실을 맺고, 생명을 얻어, 깨어 있어라
흰 날개 달린 추수꾼들이 올 때까지.

헨리 본

하나님은 우리를 다른 터에 옮겨 심을 필요가 없으시나, 바로 우리가 있는 곳에서, 바로 우리를 둘러싸고 있는 환경과 함께, 당신의 태양을 만들어 비추게 하시고 당신의 이슬을 만들어 우리 위에 내리게 하시며, 우리의 가장 큰 방해물들 앞에 있었던 것들까지도 우리의 성장의 가장 값싸고 가장 복된 수단으로 변형시키십니다. 그대의 형편에서의 어떤 곤경들도 하나님을 꺾을 수는 없습니다. 지나간 세월에서의 그대의 성장의 위축도, 그대의 내면의 생명 샘들이 마른 것처럼 보이는 것도, 그대의 과거 발전 어딘가의 구부러지고 일그러진 모습도, 만일 그대들이 오로지 자신들을 절대적으로 하나님 손에 맡기고, 하나님으로 그대들과 함께 하나님 자신의 길을 갖도록 한다면, 하나님이 이루실 완전한 역사를, 조금도 망칠 수가 없습니다.

해나 스미스 편집

7월 28일
죽음을 슬퍼 말아요

그러나 형제 여러분 나는 여러분이 잠든 사람의 문제를 모르고 지내는 것을 원치 않습니다. 여러분은 소망을 가지지 못한 다른 사람들과 같이 슬퍼하지 않아야 합니다. - 살전 4:13

그러나 **사랑**은 꿈을 꾸며, **믿음**은 믿을 거예요
(우리 필요를 아는 하나님은 공정하기 때문이지요),
어떻든, 어디에서든, 우리가 만나야만 한다는 것을.
결코 보지 못하는 그를 위하여 슬프게도
별들이 빛나고 있어요 그의 사이프러스 나무 사이로.
그는 아직 배우지 못하였지요 믿음의 시간들 안에서,
육체와 감각에 알려지지 않은 진리를,
인생은 언제나 **죽음**의 주인 것을.
사랑은 결코 그 자신의 것을 잃을 수 없다는 것을.

존 휘티어

우리 초라한 여행사들이 얼얼한 피나는 발로, 궁보와 인생의 흙먼지를 따라, 여전히 힘들여 걷는 동안, 우리 일행들은 그저 다른 갈림길에 올라 더 성스러운 개울들을 탐험하고, 더 거룩한 개울들을 찾아가고, 하나님 창조의 더 높은 영역인 영원한 알프스 산중을 헤매 다녔었습니다. 그래서 우리는 마음의 용기를 유지하며, 사랑의 추억들로 원기를 회복하고, 의무의 길들에서 덜 피곤한 발걸음으로, 늘 하나님의 손길을 찾으려 더듬으며, 우리를 기쁘게 환영하며 기다리는 신들의 길들여진 음성에 귀 기울이면서, 앞을 향해 여행을 합니다. 죽음이란, 간단히 말해서, 기독교적 관점 아래서는 하나님의 식민화 방법 곧, 우리 종족의 이 어머니 나라로부터 더 아름답고 더 새로운 세상으로의 전환일 뿐입니다.

제임스 마티노

시간이 부족해요

형제 여러분 내가 이 말을 합니다. 때가 얼마 남지 않았습니다. - 고전 7:29

> 난 때때로 인생의 실이 가늘다고 느끼네,
> 그리고 머지않아 내게 그 수고가 다 마쳐지리.
> 그때 내 마음 다른 이들에 대해 더 부드러워지네.
> 그 시간이 짧으니.

디나 크레이크(Dinah Maria Craik)

오, 나의 사랑하는 친구들아, 비참한 오해들을 언젠가는 깨끗이 정리하려 하면서도, 여전히 해마다 그것들을 계속 흘러가도록 버려두고 있는 그대. 지금이 그대의 자존심을 희생하고 그것들을 죽일 때임을 전적으로 확신할 수 없기 때문에, 궁핍한 다툼들을 생생히 유지하고 있는 그대. 거리에서 무뚝뚝하게 사람들을 지나치며, 어떤 어리석은 심술로 해서 그들에게 말을 걸지 않으나, 이들 중 한 사람이 내일 아침 죽는다는 말을 들으면 마음이 부끄럼과 자책으로 가득 차리라는 것을 아는 그대. 이웃을 굶도록 내버려두어 끝내는 그가 굶주림으로 죽어가고 있다는 소문을 듣거나, 혹은 친구의 마음을, 언젠가는 주려고 작정한 한마디의 감사나 동정의 말 대신 친구의 마음을 아프게 버려두고 있는 그대. 만일 그대만이라도 불현듯 "시간이 부족함"을 알고, 보며, 느낄 수 있다면, 얼마나 그것이 그 마법을 깰 수 있을 것인지! 얼마나 그대들이 지금 즉시 가서, 다시 기회를 얻어 결코 할 것 같지 않을 일을 할 것인지.

필립스 브룩스

7월 30일
하나님의 용서를

내 젊은 시절의 죄와 내 허물들을 기억하지 마시고, 주님의 자비하심을 따라 나를 기억하시되 주의 선하심을 인하여 하소서, 오 주님. - 시 25:7

> 내 쑤시는, 짐 진 가슴 위로
> 내 죄들이 무겁게 놓일 때에,
> 나의 용서를 말씀하시며, 새 평화를 주시고,
> 나를 기억하소서 사랑 가운데.

토머스 호아이스(Thomas Haweis)

우리는 우리의 죄들이 용서 받고 있음을 알 필요가 있습니다. 그러면 어떻게 우리가 이를 알게 됩니까? 우리가 하나님과 더불어 평화를 갖고 있다고 느낌으로써 우리가 죄를 범할 때마다, 일어나 하나님께로 가서, 즉시 그에게, "아버지, 제가 죄를 지었으니, 저를 용서해 주십시오"라고 말할 수 있을 만큼, 그렇게 하나님의 거룩하신 동정과 무한하신 자비심을 믿을 수 있다고 느낌으로써 알게 됩니다. 우리가 용서받고 있음을 알려면, 우리 하나님 아버지의 사랑을 우리 마음 안에 가라앉을 때까지 바라보며, 우리의 영혼을 하나님께서 당신의 사랑을 우리 영혼 안으로 부어주시게 될 때까지 그에게 열어놓으며, 하나님을 우리가 평화를 찾을 때까지, 우리의 양심이 더 이상 우리를 괴롭히지 않을 때까지, 책임감의 무게가 우리에게 누르는 짐이 되는 것을 그칠 때까지, 우리가 우리의 죄들이 비록 크다 해도 그것들이 우리를 우리의 하늘 아버지로부터 떼어놓을 수 없음을 느낄 수 있을 때까지, 하나님을 모시는 것이 꼭 필요합니다.

제임스 클라크

주님의 손 안으로

내가 네 허물들을 빽빽한 구름처럼, 너의 죄들을 구름처럼, 없애버렸으니 내게로 돌아오라. 내가 너를 구원하였기 때문이라. - 사 44:22

주께서 다시 돌이켜, 우리에게 동정을 베푸시고. 우리의 불법들을 정복하실 것입니다. 주께서는 그들의 모든 죄를 바다 깊은 곳에 던지실 것입니다. - 미 7:19

> 만일 닫힌 내 두 눈이 감히 벌린다면 그 눈꺼풀을,
> 난 알지요 어떻게 그것들이 움츠려야만 하는지를 불꽃 같은
> 당신 사랑의 위대성 밑에서. 아니, 난 감히 올리진
> 못해요, 천국에 보일, 한 번의 기도를, 그 불꽃이 보면
> 안 되니 내 가슴을 찢어놓을 그런 용서를.

헨리 서턴 편집

오 은혜롭고 자비하신 주 하나님, 우리에게 주소서. 제가 당신께 당신의 자비 가운데서 겸손한 믿음을 간청하오니, 우리의 마음이 우리를 저버리도록 허락지 마옵소서. 비록 우리의 죄가 일곱이라도, 우리의 죄가 일곱의 일흔 배라도, 우리의 죄가 우리 머리털보다 더 많더라도, 그래도 충실한 회개 가운데 우리에게 은혜를 주셔서 우리 자신을 당신의 동정의 바닷속으로 던지게 하소서. 우리로 주님의 손 안으로 떨어지게 하소서.

크리스티나 로세티

8월 1일
불들을 끄소서

급하게 화내지 말라. 분노는 어리석은 사람의 품에 머무는 것이니. - 전 7:9

해가 지도록 노여움을 품고 있지 마십시오. - 엡 4:26

끄소서 그대는 증오와 불화의 불들을,
가슴의 소모성의 열을.
위험에서 지키소서 우리의 약한 인생을,
그리고 주소서 우리 영혼에 하나님의 평화를.

존 뉴먼

그대가 다른 사람들에 의해 기분이 상하거나 화가 날 때, 그대의 생각이 거기에 혹은 그것과 관계있는 어떤 것들에 머물도록 하지 마십시오. 예를 들면, "저들이 나를 이렇게 대하지 않았어야 했는데, 저들이 대체 누구이기에, 혹은 저들이 스스로들을 누구라고 생각하기에"와 같은 것들입니다. 왜냐면 이 모두는 분노와 노여움, 증오를 불붙이는 것이며 그 연료이기 때문입니다.

로렌조 스쿠폴리

그대의 성급함에 부지런히 맞서 싸우고, 때를 얻든지 못 얻든지, 모든 이들에게, 아무리 그들이 그대를 많이 괴롭히고 성나게 하더라도, 친절하고 상냥하도록 노력하며, 하나님이 그대의 노력들을 축복하실 것임을 확신하십시오.

성 프란치스코 살레시오

8월 2일
사라지게 하라

보라, 하나님은 나의 구원이시다. 나는 믿고, 두려워하지 않으리니, 주 여호와는 나의 힘이시며 나의 노래이심이라. 그는 또한 나의 구원이 되심이라. - 사 12:2

왜 너희가 이렇게 무서워하느냐? 어찌 너희가 믿음이 없느냐? - 막 4:40

아직도 그대의 마음이 무거운가?
아직도 아래로 가라앉느냐 그대의 신명이?
무거운 짐 던져버리고, 두려움 떠나게 하라,
그리고 사라지게 하라 모든 걱정이.

파울 게르하르트

아주 단순하게 계속하십시오. 고요한 정신을 얻으려고 너무 갈망하지 마십시오. 그러면 정신이 그만큼 더 고요해질 것입니다. 너무 면밀하게 그대의 영혼의 진보를 점검하지 마십시오. 완전하려고 너무 많은 것을 갈망하지 마시되, 그대의 영적 인생이 그대의 의무와 환경들이 불러일으키는 행동들에 의해서 만들어지도록 하십시오. 내일에 대해 너무 많은 걱정을 하지 마십시오. 하나님께서 그대를 지금까지 계속 안전하게 인도하셨으니, 끝까지 그대를 계속 인도하실 것입니다. 그대가 하나님의 하늘 섭리 속에 가져야만 하는 애틋하고 거룩한 확신 안에서 전적으로 쉬도록 하십시오.

성 프란치스코 살레시오

8월 3일
슬플 수는 없어요

주님은 그로 하여금 주님의 안색으로 크게 기뻐하도록 하셨습니다. - 시 21:6

내 가슴은 즐거움에 튀어 오르고,
그것은 더 이상 슬플 수 없네.
바로 그 기쁨에 그것은 웃고 노래하고,
즐거운 햇빛 빼고는 아무 것도 보지 않네.

파울 게르하르트

새 날이 제 위에 떠올랐습니다. 그것은 마치 또 하나의 태양이 하늘로 솟는 것 같았습니다. 하늘은 형언할 수 없도록 더 밝았고, 대지는 더 아름다웠습니다. 그리고 그날은 지금 시간까지 계속해서 밝았습니다. 나는 대개의 사람들처럼 인생의 다른 기쁨들을 많이 알았다고 생각합니다. 나는 예술과 아름다움을, 음악과 즐거움을 알았습니다. 나는 우정과 사랑과 가족의 유대를 알았습니다. 그러나 우리가 세상에서 하나님을, 이 밝고 무한한 우주에서 하나님을 볼 때까지는 가장 높은 기쁨을 결코 모르는 것은 확실합니다. 그것은 이 세상보다 1,000배는 더 아름다운 세상으로 옮겨가는 경우보다 더 멉니다. **무한하신 사랑과 지혜**의 최고 중심 되는 **빛**만이 이 세상과 온 세상 위를 비추면서, 우리에게 그것들이 얼마나 고귀하며 아름다운지, 얼마나 곱고 영광스러운지를 보여줄 수 있기 때문입니다.

오빌 듀이

이처럼 파란 하늘을 들여다보면, 하늘은 너무 깊고, 너무 평화롭고, 신비한 자비심으로 너무 가득해, 나는 수세기 동안이라도 누워 하나님의 얼굴이 장엄한 사랑의 자비로부터 나타나기 시작하는 것을 기다릴 수 있을 것 같습니다.

조지 맥도널드

8월 4일
흔한 것이라 하더라도

주께서는 사모하는 영혼을 만족하게 하시며, 주린 영혼을 좋은 것으로 채워주신다. - 시 107:9
하나님의 온갖 충만하심으로 여러분이 충만하시기를. - 엡 3:19

충분해요 지으신 하나님이 영혼을 채울 수 있음은
여기와 이후 그 깊은 곳들이 넘칠 때까지.
충분해요 사랑과 자비가 지배하는 것은
우리 운명을, 기쁨과 의심 중 우리가 가는 곳마다.

작자 불명

오, 믿는 자들의 **생명**이요, 의로운 자들의 **지복**이신 하나님, 당신의 약속들을 목말라 하는 영혼들이 당신의 풍부하심으로부터 항상 채워지도록, 당신의 탄원자들의 기도들을 자비롭게 받아주소서. 아멘.

《겔라시우스 예전서(Gelasian Sacramentary)》 주후 490년

하나님은 모든 흔한 것으로 하여금, 당신이 뜻하시면, 당신의 사랑 안에서 지복의 능력을 확장하는 데 도움이 되도록 하십니다. 기도가 아니고, 그대의 부름에서의 충실의 행위가 아니고, 하나님 자신을 위한 사랑에서 이루어진, 친절한 또는 자기를 부정하는 그런 말이나 행동이 아니고, 참을성 있게 견딘 지루함이나 고통스러움이 아니고, 수행되어진 의무가 아니고, 저항된 유혹이 아니라도, 그러나 그것은 하나님의 사랑의 무한한 능력을 위해 온 영혼을 확장시킵니다.

에드워드 퓨지

즐겁게 지내는 최선의 길

오 네게 주어진 재능을 받아들이며, 기뻐하고, 천국으로 너를 부르신 하나님께 감사하라. - 외경, 에스드라스하 2:37

말로 다 형용할 수 없는 은사를 주시는 하나님께 감사하십시오. - 고후 9:15

> 오 각각의 완전한 은사를 주시는 분이시여!
> 이날에 우리의 일용할 양식을 공급해 주소서,
> 성령의 고요한 깊이들로부터
> 우리가 다함없는 기쁨의 잔들을 마시는 동안.
>
> 《가톨릭 성가(Lyra Catholica)》에서

사람이 올바로 즐겁게 지내는 최선의 길은, 만유 안에 있는 거룩하신 창조되지 않은 뜻에 전적인, 그리고 준비된, 기분 좋은 순종을 유지하는 것입니다. 이는 그가 선한 것 외에는 아무것도 선량함의 샘에서 발해 흘러나올 수 없으며, 그렇기에 선한 사람은 어떤 한 조각의 신성한 섭리에 결코 기분이 상하지 않으며, 그리고 선한 사람은 선량함이란 영원한 삿대로 만유를 명령하시고 결성하시는 뜻을 조금도 싫어하지 않는다는 것을, 어떤 교만이나 질투도 없이 하나님이 지으신 모든 것과 자유로이 교통하며, 하나님 자신의 형상에 참여한 자들이 된 하나님의 영원하신 양팔에 있는 이들을 늘 감싸며, 하나님 은총의 신선한 생기 넘치는 영향력들로 그들을 영원히 먹이시며, 소중히 기르시는, 무한하고 전능한 **사랑**이 있음을 알기 때문입니다.

존 스미스

기쁨의 요소들

내 영혼아, 주님을 찬송하며 주님이 베푸신 모든 은혜를 잊지 말아라. - 시 103:2

만일 환영하면서 우리 것으로 만드는 게 더 현명하다면
비록 작지만, 현재가 가져오는 선한 것 모두를,
친절한 인사들, 햇빛, 새들의 노래, 그리고 꽃들을,
작은 것들에 대한 어린이의 순수한 기쁨으로.

리처드 트렌치

모든 우리의 인생들 속으로, 많은 단순하며 친근하고 소박한 방식들로, 하나님께서는 우리 생애를 뜻밖에 밝게 하며, 우리 눈을 빛으로 채우는 인생의 놀라운 일들에서 오는 이 기쁨의 요소를 주입합니다. 하나님께서는 이 추가적인 달콤함을 당신 자녀들의 컵 속으로 떨어뜨려 그것을 넘치게 하십니다. 고된 일 한가운데서 우리가 고려치 않고 있었던 성공, 우리가 잡으려고 애쓰고 있지 않았던 축복, 음악의 선율, 또한 일상의 일로 오가는 때 안으로 던져진 아름다운 아침 풍경과 저녁노을의 장관, 구하지 않은 용기의 말이나 연민의 표현, 작가나 연설자가 생각했던 이상으로 우리에게 많은 것을 뜻했던 문장, 이것들과 모든 이들의 경험이 제공할 수 있는 수많은 다른 것들이 제가 뜻하는 것의 실례들입니다. 그대들은 그것을 우연한 일이나 우연으로 부를 수도 있습니다. 그것은 종종 그렇습니다. 그대들은 그것을 인간적인 선량함이라 부를 수도 있습니다. 그것은 종종 그렇습니다. 그러나 언제나, 언제나 그것을 하나님의 사랑이라 부르십시오. 왜냐면 그것이 늘 그 안에 있기 때문입니다. 이것들은 하나님 은총의 넘쳐나는 재산이며, 이것들은 하나님께서 거저 주시는 선물들이기 때문입니다.

새뮤얼 롱펠로

8월 7일
불가능은 없습니다

믿을 수 있다면, 믿는 자들에게는 모든 일이 가능하다. - 막 9:23

아무것도 너희에게 불가능할 수 없다. - 마 17:20

너무 가깝지요 웅장 화려함이 우리 인체에게,
너무 가깝지요 하나님은 사람에게요.
하나님은 해야만 해, 의무가 낮게 속삭일 때에,
젊은이는 응답하지요, 난 할 수 있어요.

랠프 에머슨

"불가능한"이란 단어는, 진리와 자비와 자연 질서의 영원한 목소리가 있는 곳에서는, 용감한 사람의 사전에는 있을 곳이 없다는 것을 아십시오. 모든 사람들이 이미 "불가능한"을 말하며 어딘가 딴 곳에서 시끄럽게 넘겨졌으나, 그대만이 남겨지게 될 때, 그때 첫 번째로 그대의 때와 가능성이 이미 왔다는 것을 아십시오. 그것이 이제 그대를 위해 있습니다. 그대는 그걸 실행하시고, 오직 그대 자신과 하나님의 조언 외에는, 아무 사람의 조언도 정하시 마십시오. 형세여, 그대는 그대 안에 많은 것을 위한 가능성, 한 영웅적인 인생의 기록을 영원한 하늘에 쓸 수 있는 가능성을 갖고 있습니다.

토머스 칼라일

만일 우리가 철저한 의지를 그것에 가져간다면, 도덕의 세계에서는 불가능한 것이란 없습니다. 사람은 그 자신과 더불어 모든 것을 할 수 있습니다. 그러나 그는 다른 이들과 너무 많은 것을 하려고 시도해서는 안 됩니다.

빌헬름 훔볼트

다시는 종의 멍에를

그리스도께서 자유로 우리를 해방시켜주셨으니, 그러므로 그 자유 안에 굳게 서서, 다시는 종의 멍에를 메지 마십시오. - 갈 5:1

나는 믿었다. 그러므로 나는 말했다. - 고후 4:13

그들은 노예들 하여 변호하기를 두려워해
타락한 자들과 약한 자들을 위해.
그들은 노예들 하여 오히려 선택하지 않을 걸
증오, 비웃는 일, 욕설을,
침묵 속에서 꺼려하기보다는
그들이 필히 생각해야만 하는 진리를.
그들은 노예들 하여 감히 있으려고 하지 않네
오른편에 두 세 사람과 함께.

제임스 로웰

사회를 진짜 타락시키는 자들은 타락한 자들이 아니라, 의로운 누룩을 감추어 두었던 사람들, 짠 맛을 잃은 소금, 불순의 뻔뻔함에 대해 그들이 생각하는 것을 보여 줄 도덕적 용기조차 없는 순진무구한 사람들, 다소 목소리 크게 비웃는 자 앞에서 아직 겁먹고 굴복하는 진지한 사람들, 종교적 감수성으로 온통 전체를 떨지마는 거짓된 부끄림 때문에 아직 고통 받으며, 다소 거친 세속적인 본성에 의해 주눅 들어 외적으로 실질상 묵종하게 되는 마음일는지 모릅니다.

존 톰

큰 시련 속에서 힘을

사람은 할 수 없는 일이라도 하나님은 하실 수 있다. - 눅 18:27

주님께서 나를 돕지 않으셨다면, 내 영혼은 거의 적막 속에 머물렀으리라. - 시 94:17

> 장애들과 시련들이
> 감옥 벽들 같아 보일 때에,
> 난 내 할 수 있는 작은 것들을 하지,
> 그리고 나머진 하나님께 맡기네.
>
> 프레더릭 페이버

정신은, 큰 시련들 속에서, 자신이 하나님께 자신의 욕망과 애착들, 흥미들을 조용히 양보할 때보다, 스스로에 대해 결코 더 큰 힘을 발휘하지는 않습니다. 잠잠히 있는 것이 행동하는 것보다 측량할 수 없을 정도로 더 높은 힘을 요구하는 계절들이 있습니다. 침착함은 때로 가장 높은 힘의 결과입니다. 그것은 열정의 폭풍 같은 요소들을 진정시키고, 욕망의 맹렬함을 완화시키며, 절망의 짐을 던져버리며, 가장 소중한 소망들이 시들 때 모든 불평스런 생각을 신압하며, 상저받은 영을 위험한 몽상과 낭비되는 슬픔으로부터 일상적 의무들을 조용히 이행토록 전환시키는 힘을 요구하지 않는다고 그대는 생각하십니까? 사람이 자신의 재산과 평생 노력한 과실들을 빼앗긴 후, 불만과 우울한 전조들을 가라앉히고, 신의 섭리가 배정한 임무들로 차분히 참을성 있게 복귀할 때, 발휘되어지는 힘이 없습니까?

월리엄 채닝

8월 10일
가장 큰 슬픔이라도

아버지께서 주신 잔을 내가 마시지 아니 하겠느냐? - 요 18:11

그대들에게 가져다진 것은 무엇이나, 기분 좋게 가져가십시오. - 위경, 집회서 2:4

모든 슬픔을, 모든 고통을,
영원하신 하나님 아버지의 마음이
옛날에 내게 정해주셨거나,
아님 날 위해 아직 저장해두신 것이니,
내 인생 계속 흐를 때, 난 받을 거예요
조용히, 즐겁게, 하나님 당신을 위해서요.
더는 믿음 없는 불평들 만들지 않을 거예요.

파울 게르하르트

하나님께서 그대에게 생기도록 일찍이 허용하신 가장 작은 또한 가장 큰 슬픔들까지도 하나님의 말할 수 없는 사랑의 깊이들로부터 유래합니다. 그리고 이런 커다란 사랑은, 하나님께서 그대에게 이미 주셨거나, 혹은 그대가 단지 이 빛 안에서 볼 수만 있다면 그대에게 주실 수도 있다는 사실 말고도, 어떤 가장 높고 가장 좋은 선물보다도 그대에게는 더 좋은 것일 겁니다. 그래서 그대의 새끼손가락이 단지 아프다면, 그대가 춥다면, 그대가 배고프고 목마르다면, 다른 이들이 말이나 행동으로 그대를 성가시게 한다면, 아니 그대를 괴롭히거나 아프게 하는 어떤 일이 그대에게 일어난다 해도, 그것은 그대를 고귀하고 복된 상태에 적응시키는 데 모두 도움이 될 것입니다.

요하네스 타울러

8월 11일
시련들을 연단으로

당신들의 하나님이신 주께서 당신들이 하는 모든 일과 당신들이 손을 대는 모든 일에 복을 내려주실 것입니다. - 신 15:10

겸손한 섬김의 저의 자리를, 또한,
전 봅니다 당신의 보호하는 날개들 밑에서.
왜냐면 제가 해야만 하는 모든 일은
당신 안의 힘을 주는 안식으로 인해 이루어지기에.

애나 워링

자신을 위해 계획해냈던 일에 방해와 장애가 되는 모두를 연단으로서, 자신의 일에 대해 이기적이 되는 것을 막는 데 도움을 주려고 하나님이 보내신 시련들로서 바라보려고 애쓰는 동안 내가 가장 큰 도움을 보게 된다고 나는 생각합니다. 그때 어쩌면 자신의 참된 일 — 하나님을 위한 자신의 일 — 은 자신의 하루 속으로 던져졌던 다소 사소한 우연한 일을 하는 네 있음을 느낄 수가 있습니다. 그것은 생각하도록 부추겨지기 때문에 시간의 낭비는 아니며, 그것은 하루의 일 중 가장 중요한 부분, 하나님에게 가장 잘 바칠 수 있는 부분입니다. 이런 방해 후에는, 계획된 일을 급히 좇지 말고, 그것을 마칠 시간이 언젠가는 주어질 것임을 믿고, 그 일에 관해 조용한 마음을 유지하십시오.

애니 키어리

마음을 쏟아 부을 때

선생님, 내가 무엇을 해야 영생을 이어받겠습니까? - 눅 10:25
네 손이 할 일을 찾거든, 무엇이나 힘을 다해서 하라. - 전 9:10

"영생을 얻으려면 무엇을 내가 해야 하나요?"
"이행하라 올바로
단순한 의무들을, 매 하루가 그것들로 가득하오.
그래라, 그대의 힘으로."

프리드리히 실러(Johann Christoph Friedrich von Schiller)

사람은 자신의 마음을 자신의 일에 쏟아 부어, 최선을 다했을 때 편안하고 명랑합니다. 그러나 달리 말하거나 행해진 것들은 그에게 아무런 평화를 주게 되지 않을 것입니다.

랠프 에머슨

부지런히, 그대의 능력을 좇아, 사랑의 행동들을 하십시오. 하나님을 위해 친절히 행동하려면, 아무것도 너무 작게, 너무 낮게 생각하지 마십시오. 약점들, 상냥치 못한 기질들, 모순들을 참으십시오. 또한 그대가 할 수 있다면, 아픈 이들을 심방하십시오. 가난한 이들을 구제하십시오. 사랑을 위해서 그대 자신과 그대의 방법들을 버리십시오. 그들 안에서 그대가 사랑하며, 그들 안에서 그대가 섬기는 하나님께서는, 그대의 사랑을 인정하고, 당신 자신의 사랑을 그대 안으로 쏟아 부어주실 것입니다.

에드워드 퓨지

평화가 있는 곳

너희는 참고 견디는 가운데 너희의 목숨을 얻어라. - 눅 21:19

> 뭐 어때요 그대의 길이 어둡고, 땅이
> 끝없는 걱정으로 고민한들, 기쁨이
> 그대에게 아무 달콤한 노랠 부르지 않을 때까지.
> 늘 그대 인생을 위에 감추고, 그리고 늘요
> 믿으세요 하나님이 사랑이심을. 이루세요
> 어떤 운명을 하나님이 가져다주시든지.
>
> 앨버트 에번스(Albert Eubule Evans)

　영혼은 참지 못할 때 자신에 대한 지배력을 잃습니다. 반면, 불평의 소리 없이 순종할 때, 평화 속에 자신을 소유하고, 하나님을 소유합니다. 참지 못함은 우리가 갖지 않은 것을 바라거나, 아니면 우리가 가진 것을 바라지 않는 것입니다. 우리가 악에 묵종할 때, 악은 더 이상 악이 아닙니다. 왜 저항에 의해 그것으로 실제적인 불행을 만듭니까? 평화는 외적인 것들에 있지 않고, 영혼 내부에 있습니다. 우리는 만일 우리의 의지가 여전히 굳건하고 순종적이면, 가장 쓰라린 고통 가운데서도 영혼을 보존할 수도 있습니다. 이런 인생에서의 평화는, 마음에 안 드는 것들을 참는 것에서의 면제에서가 아니라, 그런 것들까지도 묵종하는 데서 생겨납니다.

　　　　　　　　　　　　　　　　　　　프랑수아 페늘롱

　대부분의 시련들의 주요 고통은 실제의 고통 자체라기보다는, 오히려 그것에 맞서는 우리 자신의 저항의 영입니다.

　　　　　　　　　　　　　　　　　　　　　　장 그루

아름다운 인생을

내가 눈을 들어 산을 보니, 거기서 도움이 오네. - 시 121:1

내 은혜가 네게 족하다. - 고후. 12:9

> 난 모든 곤경에서 의지하지요 하나님을,
> 허나 결코 헛된 의지 아니에요.
> 난 느껴요 당신의 접촉을, **영원한 사랑**을,
> 그러면 모든 게 다시 좋아지지요.
> 당신에 대한 생각은 더 강하지요 훨씬
> 죄와 고통과 슬픔이 강한 것보다는.

새뮤얼 롱펠로

어떻게 그대는 그대의 길에 내내 있어 그대가 피할 수 없는, 성가신 것들, 짜증나게 하는 것들, 다수의 작은 걱정과 불안들 가운데서, 달콤하게 살아갈 수 있습니까? 그대는 현재 그대의 환경을 바꿀 수는 없습니다. 어떤 종류의 인생을 그대가 살아야만 하든지, 그것은 정확히 지금 그대가 움직이고 있는 경험들 가운데서 살아져야만 합니다. 여기서 그대는 승리를 얻거나 아니면 패배를 겪어야만 합니다. 어떤 불안이나 불평도 그대의 운명을 바꿀 수는 없습니다. 다른 사람들은 그들을 둘러싸고 있는 다른 환경들이 있을지 몰라도, 여기에는 그대의 것이 있습니다. 그대는 그대가 바꿀 수 없는 것들을 받아들일 결심을 하는 편이 낫습니다. 그대는 그대의 현재 환경 한가운데서 아름다운 인생을 살 수 있습니다.

제임스 밀러(James Russell Miller)

환경과 관계없이 내적 행복의 상태를 실현토록 노력하십시오.

제임스 그리브스

8월 15일
유쾌한 주제

하나님께서는 우리에게 두려움의 영을 주신 것이 아니라, 능력과 사랑과 건전한 마음의 영을 주셨습니다. - 딤후 1:7

> 우리는 두려움과, 죄, 죽음을 앞지르지요.
> 당신과 함께 구하지요 위의 것들을.
> 우리 내심의 영혼들은 당신의 영을 호흡하지요,
> 능력의, 침착의, 사랑의 (영을).
>
> 《성령의 찬가들》에서

나는 보다 유쾌한 주제로 이야기를 끝맺어야만 합니다, 나의 매우 사랑스럽고 복된 자매여. 나는 능력의, 사랑의 영과, 건전한 정신의 보다 완전한 실례를, 이기심을 거의 폐할 정도의 열렬한 사랑을, 내 아내의 드레스의 옷핀과 리본에 관해, 아동용 인형 모자를 만드는 일에 관해 마음을 쓰며, 그러나 그녀 자신에 대해서는, 오직 모든 선량함에서 자신이 성숙되는 것으로 간주되지 않으면, 전적으로 마음을 쓰시 않고서, 또한 사랑스럽고, 우아하며, 아름답고, 마음이 고상한 모든 것을, 하나님의 작품들에서든 사람의 것들에서든, 가장 열심히 즐기며, 또한 비록 결코 그녀의 작은 집을 떠나지도 태도를 바꾸지도 않았지만, 약속이 아주 충만하도록 땅을 물려받으며, 그리고 사망의 어두운 골짜기를 지나도록 내내, 모든 두려움이나 조바심으로부터, 혹은 그리스도 영의 영광스런 공로의 아름다움을 망칠 수도 있을 모든 손상된 이성의 구름으로부터 보호받으며, 그녀가 결코 그 자신에 대해서는 말하지 않겠다는 그녀의 어릴 적에 만들어진 결심을 고수했던 20년 동안의 날마다의 수난을, 결코 보지 못했습니다.

도머스 아널드(Thomas Arnold)

심는 대로 거둘 것

사람은 무엇을 심든지, 심는 대로 거둘 것입니다. - 갈 6:7

위의 인생은, 이게 과거일 때는,
아래 인생의 익은 과실이 되지요.

사랑을 심어, 그 순수한 결실을 맛보세요.
평화를 심어, 그 빛나는 수확물을 거두세요.
햇살들을 바위와 광야에 심으세요.
그리고 빛의 수확 축하의 노래를 찾으세요.

호레이셔스 보너

장차 완전의 모습으로 흘러나오게 될 영혼의 성질들, 애착들, 성향들은 이 지상적 인생의 전 과정에 걸쳐 우리 내부에서 훈련되고 양육되어져야만 합니다. 언제 우리가 이 평범한 진리를, 성도들의 미래의 완전은 영혼의 하나의 상태나 성질로부터 이전 것과는 별개의, 다른 것으로 옮겨놓기가 아니라, 영적 인생의 동일한 원리의 수행, 말하자면 결실의 꽃으로, 이 원리는 이 지상에서의 그들의 전 생애를 통해, 고른 힘으로 성장해오면서 완전의 시작들과 약속에서 스스로를 싹 내고, 완전한 거룩함에 대한 꾸준한 열망들로 인해 위에 도달해 온 것임을, 명심하게 될까요?

헨리 매닝

영원의 풍요로움으로

오 내게로 돌이키시어 내게 자비를 베풀어주소서. 주의 종에게 힘을 주시고 주의 여종의 아들을 구원하소서. - 시 86:16

> 당신은 나의 왕이시지요
> 나의 왕께서는 이제부터 홀로이십니다.
> 하여 당신의 종인 전, 주님, 모두 당신의 것입니다.
> 주소서 제게 당신의 힘을, 오! 당신의 거처가 있게 하소서
> 당신을 열망하는 이 초라한 가슴에, 내 주님이시어!

게르하르트 테르슈티겐

하나님께서는 아침부터 밤까지 우리의 행함과 행치 않음의 시작이요 끝이며, 이유이자 동기며, 척도이자 잣대가 될 수 있음이 우리 마음의 하나의 주된, 결코 멈추지 않는 소망일 때, 그때는 모든 곳에서, 말하든 침묵하든, 내적으로 혹은 외적으로 사용되든, 우리는 영원하신 성령께로 똑같이 바쳐져, 우리의 인생을 하나님 안에서와 하나님으로부터 가지며, 그리고 영혼의 위로, 지지, 안전의 힘이 되시는 저 기도의 영에 의해 하나님에게 결합이 되어, 하나님의 도움으로 시간의 덧없음을 지나 영원의 풍요로운 것들 속으로 이동합니다. 아무런 근심이나 걱정을 갖지 말고, 전적으로 하나님의 충실한 도구들, 곧 모든 곳에서와 모든 일에서 하나님의 흠모하며, 기뻐하며, 감사하는 종들이 될 수 있는 방법을 갖도록 합시다.

윌리엄 로

8월 18일
하늘의 하늘을

사랑하는 여러분, 만일 우리 마음이 우리를 책망할 것이 없으면, 우리는 하나님을 향해 담대함을 가지고 있습니다. - 요일 3:21

오 주님, 얼마나 행복한지요
당신의 사랑 안에서 제가 쉬는 때에.
피로하여 제가 올라갈 때에
당신의 부드러운 가슴까지라도.
슬픔의 밤은 끝이 나고요 거기에서,
당신의 광선은 태양보다 더 빛나지요.
그럼 당신의 용서와 당신의 배려에서
하늘의 하늘이 얻어지지요.

볼프강 데슬러(Wolfgang Christoph Dessler)

어떤 것도 현재하는 것들의 파동들과 난기류 가운데 있는 마음을, 그것들 위에서 그것들을 다스리는 한결같은 선하신 손길을, 또한 그것들 너머에서 그 손길에 의해 그것들을 그리로 가져가게 될 향기롭고 아름다운 결말을, 그것들 위에서 돌보는 눈길과 그것들 너머에서 돌보는 눈길만큼, 그렇게 많이 확립하지는 못합니다. 그대가 자신감을 굳게 갖고자 하면, 순수한 거룩한 처신을 연구하시고 하나님 안에서 대담함과 즐거움을 가지십시오. 그대는 작은 죄가 그대의 믿음을 흔들 것이며, 그대의 평화를 가장 큰 고통들보다도 더 교란시킬 것임을 알게 될 것입니다. 그렇습니다. 그런 고통들 속에서, 하나님 안에서의 그대의 확신과 즐거움은, 만일 죄가 차단된다면, 성장해 아주 풍부해질 것입니다. 안에 들어오는 죄가 그만큼 많이 차단되면, 그만큼의 많은 평화가 밖으로 나갈 것입니다.

로버트 레이턴

8월 19일
한 걸음이면 족하지요

오 주님 제게 당신의 길을 가르쳐주시고, 저를 평탄한 길로 인도하소서. - 시 27:11

인도하소서, 친절한 **빛**이시여, 에워싼 어둠 가운데서,
인도하소서 당신께서 저를 계속.
밤은 어둡고. 그리고 전 멀리 있습니다 집에서,
인도하소서 당신께서 저를 계속.
지키소서 당신은 제 발걸음을. 전 보기를 청하지 않아요
멀리 떨어진 광경을. 한 걸음이면 제게는 족해요.   존 뉴먼

하나님만이 거룩하십니다. 그리고 그분 홀로 거룩함의 길들에서 당신의 자녀들을 어떻게 인도할지를 아십니다. 그분은 그대 영혼의 모든 국면을, 그대 마음의 모든 생각을, 그대 성격의 모든 비밀을, 그것의 곤경과 장해물들을 아십니다. 또한 그분은 어떻게 그대를 당신 뜻에 맞게 주조할지, 어떻게 그대를 앞으로 인도해 완전한 만족에 이르게 할지를 알고 계십니다. 그리고 그분은 각각의 사건, 각각의 시험, 각각의 유혹이 그대에게 어떻게 발할시를 성확히 알고 셔서, 만사를 거기에 맞춰 처리하십니다. 이 믿음의 결과들은 그대의 전체 인생에 영향을 줄 것입니다. 그대는 하나님이 뜻하시는 것 외에는 아무것도 구하지 않고, 아무것도 거절치 않고, 아무것도 바라지 않고, 또한 그대 자신을 위해 사건들을 일으키려고 애쓰지 않으며, 하나님이 보내신 모든 것을 기쁘게 취하고, 그대 앞에 마련된 '한 걸음'을 그대에게는 충분한 것으로 믿으면서, 더욱 더 거리낌 없이 그대 자신을 하나님께 넘겨주려고 애써야 할 것입니다. 그대는 비록 주변에 구름들이 있고 그대의 길이 어두운 듯해도, 하나님이 만사를 지휘하고 계심을, 또한 방해물로 보이는 것은, 그분께서 그걸 뜻하시기 때문에, 결국은 축복이 될 것임을 만족해야 할 것입니다.   장 그루

마음의 소박한 움직임

주님을 모셔라. 용기를 내거라. 그러면 주께서 마음을 강하게 하시리라. 내가 말하노니, 주님을 모셔라. - 시 27:14

주님은 약한 이들에게 힘을 주시며, 기운 없는 이들에게 힘을 늘려주십니다. - 사 40:29

> 주를 의지하여, 만들도록 하세요 경건한 유순함으로
> 그분 뜻을 당신의 뜻으로,
> 또한 주에게서 오는 힘으로 당신의 완전한 연약함은
> 이루게 될 거에요 인생 과제를.
>
> 존 휘티어

만일 우리가 때로 낙담해 용기를 잃는다면, 신뢰하는 생각이, 하나님을 향한 마음의 소박한 움직임이 우리의 힘을 갱신시켜 줄 것입니다. 하나님이 우리에게 무엇을 요구하든, 그분께서는 우리에게 그 순간에 우리가 필요로 하는 힘과 용기를 주실 것입니다.

프랑수아 페늘롱

우리는 인생의 모든 환경들, 심지어 가장 행복한 환경에서도, 어떤 굳건함을 요구하는데, 어쩌면 이를 입증하고 시험하기 위해 모순들이 찾아오는지도 모릅니다. 만일 우리가 이것들을 활용하려고 결심만 할 수 있다면, 바로 그 노력은 평온을 영혼에 다시 가져다주며, 그러면 영혼은 의무에 순응해 그 힘을 발휘했음을 늘 기뻐합니다.

빌헬름 훔볼트

8월 21일
공감의 습관을

믿음이 강한 우리는 그때 믿음이 약한 사람들의 약점을 참아주어야 하며, 우리 자신을 기쁘게 해서는 안 됩니다. - 롬 15:1

주께서는 내게 학자의 혀를 주셔서, 나로 피곤한 자에게 때 맞는 말을 어떻게 해야 할지를 알게 하셨습니다. - 사 50:4

> 만일 약간 더 약한 사람 있다면,
> 내게 그를 계속 도울 힘을 주소서.
> 만일 더 눈먼 영혼이 있다면,
> 저로 그를 당신께 더 가까이 안내케 하소서.
>
> 존 휘티어

하나님께 그대의 공감 능력들을 늘려줄 것을, 큰일들에서뿐 아니라 작은 일들에서, 공감의 더 많은 민첩함과 깊이를 그대에게 베풀어줄 것을 청하십시오. 친절한 행위를 행할 호기들은 단지 생각의 부족으로 인해 종종 사라집니다. 친절한 몇 줄의 글이 어떤 환자의 온종일에 햇빛을 가져올 수도 있습니다. 많이 갇혀 있어 그대보다 더 적은 즐거움을 지닌 어떤 사람에게, 그대가 인생의 필수품으로 여기도록 배웠던 약간의 작은 위로나 즐거움 — 유쾌한 드라이브, 신간 서적, 시골에서 올라온 꽃들 등등 — 을 그녀와 함께 나눔으로써, 그대가 줄 수도 있을 즐거움을 생각해보십시오. 그대 자신을 다른 사람의 입장에 두어보도록 노력해보십시오. "만일 내가 혹사당하거나, 아프거나, 외롭다면, 난 정말 무얼 원하지?" 하고 물어보십시오. 공감의 습관을 길러보십시오.

조지 윌킨슨(George Howard Wilkinson)

거룩한 산 제물

형제 여러분, 그러므로 나는 하나님의 자비를 힘입어 여러분에게 권합니다. 여러분의 몸을 하나님께서 받으실 거룩한 산 제물로 드리십시오. 이는 여러분이 드릴 합당한 예배입니다. - 롬 12:1

> 주께서는 당신의 거룩한 사당인, 제 육신으로,
> 오로지 당신 뜻에 내맡기도록 하시오니,
> 이곳을 영원히 비치게 하소서 당신의 빛으로,
> 이 집을 항상 당신의 임재로 채우도록 하소서.
> 오 **인생의 근원**이여, 살며, 거주하며, 움직이소서
> 제 안에서, 제 평생이 사랑이 될 때까지!

요한 랑게

　　로마서 12장 1절에서 언급되는 산제사가 우리의 "몸"인 것을 알아차리는 것이, 우리 가운데 우리가 다른 사람들이 갖고 있는 정신적 내지는 영적 능력을 갖고 있지 않다고 느끼는 사람들에게 위로가 되지 않을까요? 물론 그것은 정신적인 능력을 포함하지마는, 그러나 그것은 또한 자비로운 공감의 눈짓, 친절한 용기의 말, 다른 이를 위한 준비된 심부름, 우리 손들의 작업, 우리가 종종 부러워하고 싶은 정신적 능력을 위한 호기보다는 한날에 더 자주 오는 그 모든 것들을 위한 호기들은 포함하지 않습니까? 우리는 우리 가진 것을 기꺼이 바칠 수 있으면 합니다.

필자 불명

작은 것에 만족을

네가 이제 큰일을 찾고 있느냐? 그만 찾아라. - 렘 45:5

난 갖고 싶지 않아요 불안한 뜻을
그게 허둥대니 이리저리로,
어떤 해야 할 큰일을,
아님 알아야 할 비밀한 것을 찾느라고.
난 어린 애로 다루어지고,
그리고 안내되고 싶어 내 가는 곳으로.

애나 워링

오! 작은 것이 되라, 작은 것이 되라. 그러면 그대는 작은 것에 만족할 것입니다. 그리고 만일 그대가 때때로 방해나 은밀한 가책을 느끼면, 거기에는 하나님 아버지의 사랑이 있습니다. 그대 자신이 의도하고, 달리고, 바라는 일에서 너무 머리를 굴리거나 너무 열중하지 마십시오. 그러면 그대는 그것을 그렇게 느낄 수도 있습니다. 그리고 점차로 그대의 인도자를 일도록 하십시오. 그가 인생의 길에서 한 걸음 한 걸음 그대를 인도하며, 그대에게 뒤따르는 법을 가르쳐줄 것입니다. 잠잠하여, 빛과 힘을 기다리십시오.

아이작 페닝턴

기분 좋고 복된 작은 모습에 빠져보십시오. 그러면 거기서 그대는 은총만으로 삽니다. 하나님 안에 있는 거룩하심과 선하심을, 비록 그대는 자신 안에서는 그것을 찾지 못하더라도, 즐겁게 명상하십시오. 하나님이 전부가 될 때 아무 보잘것없는 존재가 된다는 것은 얼마나 아름답습니까!

게르하르트 테르슈티겐

8월 24일
가시덤불 안 돼요

가시덤불에 떨어진 것은, 말씀을 들었으나 지내는 중이 세상의 걱정과 재물과 향락에 기운이 막혀, 열매를 맺는 데 이르지 못한 사람들이다. - 눅 8:14

내 부름의 함정에서 나를 보호하시고,
위로 숨기소서 내 소박한 마음을,
질식시키는 걱정의 가시덤불들 위로,
속세 사랑의 금빛 미끼들을.

찰스 웨슬리

마음에서 허락되고 하나님 뜻에 어긋나는 모든 것, 그것으로 늘 아주 사소한 듯 보이게 하거나, 늘 아주 깊이 숨겨져 있게 하십시오. 그러면 그것으로 인해 우리는 적들 앞에서 무너지게 될 것입니다. 다른 사람들을 향해 소중히 간직된 모든 쓴 뿌리, 모든 자아 추구의 일, 탐닉당한 모든 거친 판단들, 주님의 음성에 복종하는 일에서의 모든 태만, 모든 의심스런 습관들이나 환경들, 이것들 중 그 어떤 하나라도 우리의 영적 인생을 효과적으로 절름발이로 만들거나 마비시킬 것입니다. 제가 믿기로는, 우리의 복된 **안내자**인 내주하시는 성령께서는 양심의 지속적인 작은 가책들과 고통들에 의해 늘 은밀히 우리에게 이것들을 밝히시고 계시며, 그래서 우리는 변명 없도록 남겨집니다.

해나 스미스 편집

8월 25일
새롭게 솟는 빛

여러분은 말씀하시는 분(하나님)을 거역하지 않도록 조심하십시오. - 히 12:25

죄와 시끄러움의 세상에서
그리고 급히 난 물러나지요.
작은 내면의 목소리를
난 겸손한 경건으로 기다리지요.
침묵하지요 난 지금과 늘,
감히 움직이지 않지요 주님 앞에서.
내 기다리는 영혼에게 드러내주소서
주님의 사랑의 비밀을.

찰스 웨슬리

그러므로 그대 마음의 가장 작은 본능이나 소원이 그대를 하나님에게로, 그리고 인생의 새로운 모습으로 부를 때, 그것에 말할 시간과 말미를 주십시오. 그리고 그대가 말씀하시는 하나님을 거역하지 않도록 조심하십시오. 물러가 침묵하고, 수동적이 되며, 그대 내면에 있는 이 새롭게 솟은 빛에 겸손히 신경을 쓰십시오.

윌리엄 로

그분이 더 높은 능력들과 더 깊은 감정들의 더 우수한 의식을, 본질상 잘못된 어떤 행동에서가 아니라, 인생의 길거리들에 있는 서두름, 시끄러움, 소란 때문에, 잃었다는 것은 별로 놀랍지도 않습니다. 왜냐면 그것들이 인생의 집에 너무 깊이 침투해, 멀리 떨어진 양심의 방에서 말없이 외로이 지켜보시는 이를 어리벙벙하게 하고 멍하게 만들었기 때문입니다. 그분은 생각하거나 느낄 시간이 없었습니다.

조지 맥도널드

8월 26일
속삭임을 듣는 때

오, 육체를 지닌 모든 사람은 주님 앞에서 잠잠하라. - 슥 2:13

땅은, 그 모든 정경들과 더불어, 물러가라.
소란과 헛된 행위는 사라지게 하라.
정신의 비밀한 침묵 속에서,
내 하늘, 그리고 거기계신 내 하나님을, 난 보네.

아이작 와츠

우리가 영적으로 하나님께 신경을 쓸 수 있는 것은 오로지 의지가 경건한 감동을 지닌 경우입니다. 걱정들의 시끄러운 불안이 지속되는 한, 새로운 자연에 대한 부드럽고 거룩한 소원들은 압도당해 활발하지가 못합니다.

제임스 그리브스

우리 영혼에는 완전한 침묵이 늘 거의 없습니다. 하나님은 거의 쉴 새 없이 우리에게 조용하게 속삭이고 계십니다. 세상의 소리들이 영혼 안에서 죽어 나가거나, 낮게 가라앉을 때마다, 그때에 우리는 하나님의 이 속삭임들을 듣습니다. 그분께서는 늘 우리에게 속삭이고 계시지만, 그러나 우리는 인생이 계속 돌진하면서 일으키는 시끄러움, 서두름, 주의 산만 때문에, 반드시 듣는 것은 아닙니다.

프레더릭 페이버

믿음의 기도는 거룩하고 영원한 진리를 진지하게, 달콤하게, 조용히 바라보는 것입니다. 영혼은 고요히 쉬며, 하나님을 인지하고 사랑하며, 가슴에 떠오르는 온갖 상상들을 거부하고, 신의 임재에 정신을 진정시키며, 그것을 오직 하나님에게만 고정시킵니다.

미겔 드 몰리노스

8월 27일
끝까지 견디는 사람

선한 일을 여러분 가운데서 시작하신 분(하나님)께서 그 일을 완성하실 것임을 우리는 확신합니다.
- 빌 1:6

끝까지 견디는 사람은 구원을 얻을 것이다. - 마 10:22

> 침범할 수 없는 평화로 채우소서.
> 제 안정된 마음을 공고히 하시고 지키소서.
> 주 안에서 내 모든 방황들이 그치게 하소서.
> 주님에게서 더 이상 제가 떠나지 않게 하소서.
> 주님의 지극한 선하심이 확인을 위해 불려지고,
> 영원한 사랑으로 사랑 받게 되기를!
>
> 찰스 웨슬리

만일 어떤 진지한 기독인이 자신의 전 의지로 내주하시는 신의 임재에 그 자신을 던진다면, 그는 영원히 안전하게 지켜지게 될 것입니다. 우리로 참고 견딜 수 없게 하는 그것이 무엇입니까? 힘의 부족입니까! 결코 아닙니다. 우리에게는 성령의 힘이 있습니다. 어느 때 우리가 하나님의 뜻을 따라 일찍이 어떤 일에 진지하게 임했으나, 힘의 부족 때문에 실패한 적이 있습니까? 사실은 힘이 의지를 꺾은 것이 아니라, 의지가 먼저 꺾인 것이었습니다. 만일 우리가 우리 의지의 전적인 사랑으로 신의 의지를 껴안을 수만 있다면, 그리고 그것에 달라붙어 그것을 굳게 지킨다면, 우리는 "인생의 물의 바다" 위에서처럼 죽 견뎌야만 합니다. 우리는 단지 우리 의지의 어떤 방들만을 신적 의지의 영향에게 개방할 뿐입니다. 우리는 그 영향 안으로 온통 흡수당하는 것을 두려워합니다. 그럼에도 불구하고, 만일 우리가 평화를 갖고자한다면, 우리는 전적으로 하나님에게 합병되어야만 합니다.
헨리 매닝

비열하고 무익한 불평

주님의 이름을 아는 사람들은 주님을 믿습니다. 주님 당신께서는 당신을 찾는 이들을 버리시지 않기 때문입니다. - 시 9:10

그래요, 주님께서는 좋은 것을 주십니다. - 시 85:12

> 주 안에 전 두고 있어요 제 신뢰를,
> 전 조용히 의지하지요 주를.
> 전 알지요 주가 선하심을, 전 알지요 주가 공정하심을
> 그리고 최상이라 여기지요 주의 선택을.
>
> 헨리 라이트

어떤 새 위치에서의 의무가 실제로 더 많을 수 있는 영혼들은, 정확히는 옛 위치에서 아무런 변명들을 무단으로 차용하지 않지마는, 새 위치가 특전들로 가득하고, 이익의 기회들이 많으며, 신적 호소들이 빈번한지를 중히 여기기까지 하는 사람들로서, 그들은 더 많이 그것들을 주의하지 않았다고 해서 자신들의 야비하고 무정한 기질을 꾸짖습니다. 불평의 솜씨 대신에 불평의 도구들을 나무라는, 그리고 신의 섭리를 비판함으로써 겨우 자아와의 만족을 유지하는, 그런 불평은 비열하고 무익합니다. 만일 우리가 자극되지 않는다면, 우리는 얼마나 점잖겠습니까. 만일 우리가 바쁘지 않다면, 우리는 얼마나 경건하겠습니까. 그리고 아픈 이들은, 만약 건강했다면, 참았을 것입니다. 또한 미천한 이들은, 만약 돋보이기만 하면, 대단한 일들을 했을 것입니다.

제임스 마티노

그대의 이웃은 누구?

제가 아우를 지키는 사람입니까? - 창 4:9

난 내 이기적인 길을 계속 갔고,

그리고 내 형제로 길가에 다쳤어도 버려두었고,

그리고 야망을 의무라 불렀으며, 그리고 서둘렀어요

오 주님, 난 분명 후회하지요.

세라 윌리엄스

인생 길가를 따라 불운에 빠졌었던 수난자들이 얼마나 많은지! "우연하게" 우리는 그 길을 갑니다. 우연, 우연한 사고, 섭리가 그들을 우리 길에 던졌었고, 우리는 그 제사장처럼 멀리서 그들을 보거나, 아니면 그 레위 사람처럼 갑자기 그들과 마주칩니다. 우리의 일, 우리의 즐거움이 그 광경에 의해 방해를 받고, 지체에 의해 걱정이 생겨집니다. 우리의 감정들은 어떤 것이며, 그들에 대한 우리의 행동들은 어떤 것입니까? "누가 그의 이웃입니까?" 이웃은 그가 어디에 있건, 누구이건, 무엇이건, 수난자입니다. 어디서 그대가 고통의 울음소리를 듣선, 어디서 그대가 인생의 우연들과 변화들에 의해 (즉, 신의 섭리에 의해) 어떤 이가 그대의 길에 방해가 되는 것을 보든, 그대가 도울 수 있는 — 그는 비록 이방인이거나 적일지라도 — 그는 그대의 이웃입니다.

아서 스탠리

8월 30일
다른 모든 것에 앞서

여러분은 부르심을 받았으니 그 부르심에 합당하게 겸손과 온유로, 오래 참음으로써 사랑 안에서 서로를 용납하며 살아가십시오. - 엡 4:1, 2

도우소서 우리를, 오 주님, 느긋한 사랑으로 품도록
서로의 잘못들을, 인내하도록 진정한 온유로써.
도우소서 우리를 서로의 기쁨과 슬픔을 같이 나누도록,
허나 우리로 연약한 중에 당신께로만 향하게 하소서.

작자 불명

그대는 하나님께 매일 아침 그대에게, 다른 모든 것에 앞서, 하나님께서 당신 자녀들이 갖기를 원하실 저 참된 온유의 영을 주도록 청하는 것을 특별히 중시해야만 합니다. 그대는 이 미덕에서, 특히 그대가 주로 이에 신세 지고 있는 사람들과의 교제에서, 자신을 훈련시킬 굳은 결심을 또한 해야만 합니다. 그대는 이 문제에서 자신을 정복하며, 하루 동안에 수백 번씩 그것을 상기하고, 그대의 노력들을 하나님께 맡기는 것을 그대의 주요 목표로 만들어야만 합니다. 내게는 그대의 영혼을 완전히 하나님의 뜻에 복종시키기 위해서는 이 이상이 더 필요치 않은 듯합니다. 이후에는 그대는 스스로 매일매일 더 유순해져, 전적으로 하나님의 선하심을 신뢰하게 될 것입니다. 내가 가장 사랑하는 자녀여, 만일 그대가 이것을 할 수 있다면, 그대는 매우 행복할 것입니다. 왜냐면 하나님께서 그대 마음에 머물러 계시며, 또한 하나님이 다스리는 곳에서는 모두가 평화이기 때문입니다. 그러나 만일 그대가 실패하고, 옛 잘못들 중 얼마간을 저지른다면, 낙심하지 말고 마치 그대가 넘어지지 않았던 듯이, 다시 일어나 계속 가십시오.

성 프란치스코 살레시오

가서 묻으시오

이제 그러므로 슬픔을 간직하고, 상당한 용기로써 그대에게 일어난 일을 견디도록 하십시오. - 위경, 에스드라스하 10:15

> 가서, 묻으시오 그대의 슬픔을,
> 세상은 자기 몫이 있으니.
> 가서, 묻으시오 그것을 깊이,
> 가서, 숨기시오 그것을 신중히.
> 가서, 묻으시오 그대의 슬픔을,
> 다른 이들로 행복케 하시오.
> 가서, 주시오 그들에게 햇빛을,
> 그리고 말하시오 하나님께 안식을.
>
> 작자 불명

　베일에 싸인 무서운 우리의 손님(환난)은, 만일 우리가 그를 받아들일 것 같으면, 우리를 위해 꿋꿋함, 인내, 자제, 지혜, 동정, 믿음의 선물을 가져다줍니다. 만일 우리가 그것을 거절하면, 그 때는 우리는 우리 수중에서 다른 선물, 비겁, 연약함, 격리, 절망을 보게 됩니다. 만일 그대의 환난이 그 안에 다른 유익의 가능성이 없는 것 같으면, 애오라지 성인답게 마음을 고정하고 그것을 견디십시오. 그 무게가 조금도 다른 어깨들에 오지 않도록 하십시오. 누가 그것을 볼 수조차 없도록 그걸 옮기려고 애쓰십시오. 비록 그대의 마음이 안에서 슬프더라도, 명랑함이 그대로부터 다른 사람들에게로 나가도록 하십시오. 그들을 친절한 태도, 인정 있는 말들, 도움 되는 행동들로 만나십시오.

조지 메리엄

구원자를 보세요

하나님의 뜻을 따라 고난을 받는 사람은 선한 일을 하면서 자신의 영혼을 신실하신 창조주께 하듯 하나님께 맡기십시오. - 벧전 4:19

주님은 매우 자비로우시며, 부드러운 자비심을 가지셨습니다. - 약 5:11

전 의지하지요 주님의 동정을
연약함과 고통 속에서.
전 청하지 않을 거예요 더 큰 편안함을,
제가 당신을 덜 사랑하지 않을까 해서.
오, 제게는 복된 일이지요
당신의 부드러운 애정을 필요로 함은.

애나 워링

오, 그대의 고통이나 슬픔을 아무리 그것이 크다 하더라도 보지 마시고, 그것들로부터, 그것들에서 떨어져, 그것들 너머로, 구원자를 바라보십시오! 그리고 그분의 힘은 그것들 위에 있으며, 또한 그분의 충실하고 지혜로우며 자비로운 성령께서는 그것들에 의해 그대에게 선을 행하실 수가 있습니다. 주께서 날마다 그대를 바른 길로 인도하셔서, 무슨 일이 그대에게 일어나든, 그대의 정신이 계속 하나님 위에서 멈춰지게 하시고, 하나님의 자비 안에 있는 하나님의 사랑과 소망에 대한 믿음이, 그대가 가장 얕은 썰물가에 있을 때, 그대의 머리를 그 물결들 위로 유지시킬 수 있게 하소서.

아이작 페닝턴

평화를 아십니까?

평화를 만드는 사람들은 복이 있다. 그들이 하나님의 자녀라 불리어질 것이기 때문이다. - 마 5:9

주소서 우리에게 주의 평화를, 당신 얼굴에서 밑으로 떨어지는,
목마른 대지에 내리는 시원한 감미로운 밤이슬들처럼.
주소서 우리에게 주의 평화를, 당신의 순수한 길들로 불러들이는,
우리의 지치고 방황하는 발길들을, 빗나간 길들로부터.

일라이자 스커더

오 하나님, 당신은 영원한 **평화**이시며, 당신의 선택된 보상은 평화의 선물이며, 그리고 당신은 우리에게 평화를 만드는 사람들은 당신의 자녀들이라 가르쳤으니, 당신의 감미로운 평화를 조화롭지 않은 모든 것이 완전히 사라지며, 평화를 향해 나가는 모든 것이 우리에게 영원히 감미롭게 되도록, 우리의 영혼들 안으로 부어주소서. 《겔라시우스 예전서》 주후 492년

그대는 평화를 만드는 이들에게 주어지는 지 축복의 의미를 진지하게 생각해 본 적이 있습니까? 사람들은 하늘의 평화를 갖기를 늘 기대하고 있지마는, 그러나 알고 있듯이 거기서 그들이 얻는 모든 평화는 모두 기성품일 것입니다. 그들이 축복받을 수 있는 이유인 평화를 만드는 일은 무엇이든 여기 땅 위여야만 하며, 또한 그것은 고통의 바다에 맞서 무기를 빼앗는 것이 아니라, 고해 가운데에 (전설의 물총새 같이) 둥지를 짓는 것입니다. 아주 어렵다고 생각하십니까? 어쩌면 그럴 수 있으나, 우리 중 어떤 이가 노력하는 것을 저는 보지 못합니다. 우리는 많은 것들이 부족함을 불평합니다. 우리는 투표를 원합니다. 우리는 자유를 원합니다. 우리는 오락을 원합니다. 우리는 돈을 원합니다. 그러나 우리 중 어느 사람이 그가 평화를 원하는 것을 느끼거나 혹은 알고 있습니까? 존 러스킨

9월 3일
십자가들 안에 은총이

모든 사람의 눈이 주님을 섬기니. 주께서는 그들에게 때를 따라 먹거리(고기)를 주십니다. - 시 145:15

내가 두려움이 있는 때는, 주를 의지하리다. - 시 56:3

늦도록, 울고 있는 제게, 이런 속삭임이 떨어졌어요.
"사랑하는 애야, 조금도 울 필요가 없어요!
왜 이리저리 다니며 슬퍼하고 그리고 절망하지?
왜 지금 너의 **미래**의 눈들 때문에 울며, 그리고 젊어지지
내일의 걱정의 짐을 오늘 헛되이?"

헨리 서턴 편집

현재 순간의 십자가들은 언제나 그것들 나름의 특별한 은총과 그 결과로 생기는 위로를 가져옵니다. 하나님의 손길이 우리 위에 놓일 때, 우리는 그것들 안에 있는 하나님의 손길을 봅니다. 그러나 불안한 조짐의 십자가들이 하나님의 섭리로부터 보여집니다. 우리는 그것들을 견딜 은혜 없이 그것들을 봅니다. 우리는 정말이지 은혜를 내쫓는 믿음 없는 영을 통해서 그것들을 봅니다. 그래서 그것들 안에 있는 모든 것은 써서 견딜 수가 없습니다. 그리고 모든 게 어둡고 무력한 듯합니다. 우리로 자아를 내던지도록 하십시오. 더 이상 사욕은 안 됩니다. 그러면 그때 하나님의 뜻이 매 순간 모든 일에서 펼쳐지며, 하나님께서 우리 주위에서 혹은 우리 안에서, 우리의 연단을 위해 하시게 될 모든 것을 위해서, 또한 우리를 위로해주실 것입니다.

프랑수아 페늘롱

복 있는 사람

그(복 있는 사람)는 주님의 율법을 기뻐합니다. 그는 물 있는 강가에 심겨진 나무 같아, 제 철에 열매를 맺고, 또한 그 잎사귀가 마르지 않을 것이며, 하는 일은 모두 잘 될 것입니다. - 시 1:2~ 3

> 부는 바람은 결코 죽일 수가 없어요
> 하나님이 심으신 나무를.
> 그건 동으로 불고요, 그건 서로 불지요.
> 연약한 잎들은 거의 쉬지 못하지요.
> 허나 부는 바람은 모두 최상이지요.
> 하나님이 심으신 나무는
> 더 깊은 뿌릴 때리고, 한층 더 높이 자라,
> 더 넓은 가지 펼치지요. 하나님의 호의가
> 그 부족한 것 모두를 채우시기 때문이에요.
>
> 릴리 바(Lillie E. Barr)

우리가 우리 자신들을 만족시키게 될 그런 인생의 상황과 환경의 조건에서기 아니면 거룩해질 수 없다고 생각하는 것은 치명적인 잘못입니다. 우리의 시간과 장소들, 우리의 출입, 우리의 낭비된 우리의 많은 유산을 전적으로 주께 맡기는 것이 거룩함의 첫째가는 원리들 중 하나입니다. 여기에, 오 주님, 당신께서 우리를 두셨으니, 우리가 여기에서 당신을 찬양할 것입니다.

토머스 업햄

우리가 인생과 의무에 만족하게 될 수 있는 것은 환경의 변화에 의해서가 아니라, 우리의 영들을 하나님께서 우리를 배치하셨던 환경에 적응시킴에 의해서입니다.

프레더릭 로버트슨

9월 5일
침착함을 회복하세요

오 주여, 내가 압제를 받고 있으니, 나를 보증해주소서. - 사 38:14

어찌할 바를 몰라, 제가 말하오니,
주여, 그걸 바르게 하소서!
밤은 당신께는 대낮 같으오니,
어둠은 빛이지요.
전 무서워요 건드리는 것이
아주 많은 걸 포함하는 일들을.
제 떨리는 손은 흔들릴 수도 있어요,
제 기술 없는 손은 부서질 수도 있어요.
당신 손은 아무 실수할 수 없지요.

애나 워너

그대 가정에서의 많은 걱정거리들은, 그대가 그 모두를 상냥함, 인내, 친절로 짊어지려고 노력한다면, 그대를 교화해주기 쉽습니다. 늘 이를 앞에 두고, 하나님의 자비로운 눈길이 이 모든 사소한 걱정과 고민들 가운데서도 그대 위에 있음을 꾸준히 상기하시고, 그대가 그것들을 하나님께서 바라시는 대로 다루는지를 지켜보십시오. 이 모든 기회들을 하나님께 바치고, 만일 이따금 그대가 내쫓기고, 초조하게 되면, 낙심하지 마시고, 서둘러 그대의 잃어버린 침착함을 회복하십시오.

성 프란치스코 살레시오

진정한 십자가

누구든지 나를 따라오려거든, 자기를 부인하고, 날마다 자기 십자가를 지고, 나를 따르라. - 눅 9:23

거기 그대 십자가 있어, 그 밑에서 허릴 굽혀라 얌전하게.
그게 잘 맞고 있네 지금 그대의 키에.
그걸 업신여기며 눈길을 돌린 채 지나치는 이들아,
그게 얼마 안 가서 그대들을 부수리라.

존 키블

전에 한 번 그의 친한 여자 친구가, 가족 중 다른 이들이 싫어한다는 이유로, 한 친척 무덤에 십자가를 세울 수 없는 것을 다소 속상해하고 있었습니다. 그는 "모르세요? 당신은 자신의 길을 포기함으로써, 실질적으로 무덤에 십자가를 세우고 있게 될 것임을? 당신은 그걸 실제로 갖게 될 것입니다. 그 하나는 그저 돌 십자가이지만, 또 다른 하나는 진정한 영적 십자가이지요"라고 그녀에게 말해주었습니다.

《제임스 힌턴의 생애(Life of James Hinton)》에서

나는 그대들에게 차례차례로 어디에서 내가 매일 십자가를 지는지를 자문토록 하고 싶습니다.

에드워드 퓨지

매일 아침, 그대만의 특별한 십자가를 그대의 하늘 아버지의 손에서 받도록 하십시오.

로렌초 스쿠폴리

흠이 없는 경건

하나님 아버지 앞에서 깨끗하고 흠이 없는 경건은 이것이니, 고난을 겪고 있는 고아와 과부들을 돌보며, 자신을 지켜 세속에 물들지 않게 하는 것입니다. - 약 1:27

> 편안과 목적 없는 고요로가 아니고
> 저 내면의 응답은 향하여 가지요.
> 사랑과 의무의 행위들에게로
> 우리 존재의 목적으로서요.
>
> 존 휘티어

　얼마나 실제적인 의무가 공상과 마음을 풍부하게 하며, 또한 행동이 애정들을 맑고 깊게 하는지는 놀랍습니다. 정말이지, 어느 누구도 정도를 행할 때까지는 그것의 진정한 관념을, 또한 그가 자주 대가를 치루며 그것을 행했을 때까지는 그것에 대한 어떤 진정한 존경을, 그리고 언제나 민활하게 그것을 행할 때까지는 그 안에 있는 이루 말할 수 없는 어떤 평화를 가질 수가 없습니다. 어느 누가 최고의 애정들이 그에게는 일시적인 손님들이며, 하늘의 영은 그의 마음에게는 낯선 자라고 불평합니까? 오, 그로 하여금 어떤 억지스런 생각의 날개로 멀리 그것들을 찾아 나서지 말고, 오히려 가정에 머물러, 자신의 집을 양심의 바른 질서 안에 세우게 하십시오. 그러면 저절로 가장 거룩한 손님들이 들어올 것입니다.

제임스 마티노

영의 치유와 충전

기도를 항상 힘쓰고, 감사함으로 기도에 깨어 있으십시오. – 골 4:2

여러분은 깨어 있어, 믿음에 굳게 서서, 남자답게 물러나, 강건하십시오. – 고전 16:13

우린 아주 약하게 무릎 꿇고, 우린 아주 힘차게 일어서지요.

왜 우린 그럼 스스로 이런 잘못을 저질러야만 하나요,

아니면 다른 잘못들을, 우리라 해서 꼭 강하지 않고,

우리가 항상 근심에 제압당하고 있으며,

우리가 늘 연약하거나 냉정하며,

걱정하거나 불안해야만 하는 (잘못들을), 우리에게 기도가 있고,

그리고 기쁨과 힘과 용기가 하나님에게 있을 때에?

리처드 트렌치

우리 몫의 의무를 하나님과의 독실한 교제의 습관 없이 우리의 성(별)화에 공헌토록 하는 것은 불가능합니다. 이 습관은 모든 우리 인생의 샘이며 또한 그것의 힘입니다. 우리의 정신들의 기질을 인제나 온갖 시험 아래서, 세상과의 모든 갈등이 끝난 후, 새로 충전하고, 새로 회복하며, 새롭게 하는 것은 기도요, 묵상이요, 하나님과의 교제입니다. 보이지 않는 세계와의 이런 접촉에 의해서 우리는 계속적인 힘의 접근들을 경험합니다. 우리의 하루가 그렇듯이, 우리의 힘이 그렇습니다. 영의 이런 치유와 충전이 없다면, 의무들은 자라서 짐들이 되고, 인생의 사건들은 우리의 기질을 짜증나게 하고, 사역들은 우리의 정신의 격조를 깎아내리고, 그리고 우리는 까다롭고, 성급하고, 참을성 없게 됩니다.

헨리 매닝

9월 9일
거룩함의 가치를

이는 믿음 있는 말이니, 나는 네가 이것들을 꾸준히 확증해 하나님을 믿는 사람들이 신중해 좋은 일들을 계속하기를 원합니다. - 딛 3:8

믿음의 가장 비천한 행위라도 더 많은 은혜를 지녀.
마음들과 뜻들이 무게 달아 지는 곳에서는,
가장 밝은 황홀들, 가장 정선된 기도들에 비하여,
왜냐면 그것들은 한창 때에 꽃 피다 시들기 때문이지.

존 뉴먼

자기 부정이라는 하나의 은밀한 행위, 의무에의 성향이라는 하나의 희생은, 속절없는 사람들이 탐닉하는 모든 그저 좋은 생각, 따듯한 감정, 열정적인 기도들만큼의 가치가 있습니다.

존 뉴먼

우리가 인생의 모든 의무들에서 거룩함 없이 하나님과의 교제 속에 산다는 것은 불가능합니다. 이 의무들은 서로에 대해 작용도 또한 반작용도 합니다. 우리에 대한 다른 사람들의 부름과 요구들에 대해 부지런히 충실하게 순종하지 않으면, 우리의 종교적 전문성은 그냥 죽습니다. 양심이 적절한 의무들을 가리킬 때 양심에 불순종하는 것은 온전한 기질을 성나게 하며, 또한 헌신의 첫 시작들을 꺼버립니다. 우리는 싸움, 불화, 그리고 성난 말들로부터 하나님에게로 갈 수는 없습니다. 이기적 태도, 오만한 의지, 다른 사람들의 고통과 슬픔들에 대한 공감 부족, 자비로운 일들에 대한 등한시, 의심들, 우리 운명이 함께 하도록 던져진 사람들에 대한 거친 비난들은 우리 자신의 마음들을 비참할 정도로 어둡게 하며, 하나님의 얼굴을 우리에게서 숨깁니다.

헨리 매닝

9월 10일
거기에 도달되더라도

주님, 내 발뿐만 아니라, 내 손과 내 머리까지도. – 요 13:9

제 손들을 잡아주시고, 그것들로 움직이게 하소서
당신의 사랑의 추진력으로부터.

제 발을 붙들어주시고, 그것들로
빠르고 "아름답게" 하소서 당신을 위해서.

제 지력을 취하시고, 그리고 사용하여 주소서
모든 능력을 당신께서 원하시는 대로.

프랜시스 하버갈

만일 어떤 사람이, 그의 손이 사람에게 있듯이, 하나님에게로 있기 위해 거기에 도달한다면, 그로 하여금 거기에 만족하고, 더는 구하지 않도록 하십시오. 다시 말하면, 그로 하여금 하나님과 하나님의 계명들에, 언제나 모든 일들에서, 아주 철저히 복종하도록 온 힘을 다해 애쓰며 씨름하게 하십시오. 그러면 그의 안에는, 영적이든 자연적이든, 하나님을 대적하는 것이 전혀 없을 것이며, 또한 그의 전 영혼과 육체는 그 모든 지체들과 더불어, 그것에 대해 하나님께서 영과 육을 창조하셨던 그것을 위해 준비하며 기꺼이, 또한 그의 손이 사람에게 있듯이, 그렇게 준비하며 서 있게 될 것이며, 그리고 그것은 아주 전적으로 그의 능력 안에 있어, 눈을 깜빡하는 사이 그는 그가 뜻하는 곳으로 그것을 움직이거나 거꾸로 돌립니다. 그리고 우리에게 있어 우리가 그것을 달리 알게 될 때는, 우리는 모든 부지런함을 다해 우리의 상태를 고쳐야만 합니다.

《독일 신학 선집(Theologia Germanica)》, 1350년경

그대 자신의 자아

당신(하나님 아버지)의 나라가 임하소서. - 마 6:10

확립된 평화의 왕국,
그건 더 이상 제거될 수 없지.
신 공경의 완전한 능력들,
사랑의 전능한 힘.

찰스 웨슬리

나의 제자여, 그대가 비록 내게 바친 것을 다른 사람들이 이미 행하였거나, 하지 않고 버려둔 것을 기준으로 해서 평가해내지 않을지라도, 그러나 그에 대해 내가 **그대 자신의 자아**라고 불렀던 그 순수한 헌신의 최고 높이가 무엇인지를, 그대의 지상적 인생의 마지막 순간에까지라도 찾아내는 것이 그대의 것이 되게 하십시오. 만일 그대가 이에 미치지 못해, 매번 기도에서 "당신의 이름이 거룩히 여김을 받으시며, 당신의 나라가 임하옵소서." 하는 말들을 털어놓으면, 분명 그대는 아주 겁먹고 자신을 책망하는 것임을 상기하십시오. 왜냐면 그대가 그대 자신의 마음과 영의 좁은 한계 안에서, 승격하려고 최대한도로까지 애쓰지 않도록 청하는 것은 비웃을 일이 아니기 때문입니까?

《신성한 주인(The Divine Master)》에서, 1850년경

만일 그대가 하나님의 나라를 바라지 않는다면, 그 나라를 위해 기도하지 마십시오. 그러나 그대가 바란다면, 그 나라를 위해 기도하는 이상의 것을 해야만 합니다. 그리고 그대는 그 나라를 위해 일해야만 합니다.

존 러스킨

9월 12일
한결같은 마음을

그녀(예루살렘 도성)는 목소리를 따르지 않고, 고침을 받지도 않고, 주님을 믿지도 않고, 하나님에게로 가까이 다가가지도 않는구나. - 습 3:2

오! 우리로 허용하지 않게 하소서 이런 생각을.
더위를, 우리 이마 위에 흙먼지를.
논쟁의 징후들을, 우린 지닐 수도 있다는 (생각을요).
허나 이래서 우린 더 아름답게 보이게 될 거예요
우리의 **전능하신 주인**의 눈에는,
만일 꽃을 잃는 것을 두려워한다면,
혹은 영혼의 가장 가벼운 깃털 세우기를 (두려워한다면),
우리가 그 싸움에서 도망해야만 하는 것보다는.

리처드 트렌치

만일 하나님이 우리에게서 어떤 것을 요구하신다면, 우리는 순종하는데 있어 어떤 잘못을 서서르기 쉽나는 구실로 뒤로 물러설 권리는 없습니다. 선혀 안 하느니보다는 불완전하게라도 순종하는 것이 더 낫습니다. 어쩌면 그대를 의존하는 누군가를 나무라야만 할지 모르나, 그대는 맹렬해질까 두려워 침묵합니다. 아니면 그대는 어떤 사람들의 교제를, 그들이 당신을 거슬리고 성마르게 하기 때문에 피합니다. 만일 그대가 극기를 실행할 모든 기회들을 피한다면, 그대는 어떻게 극기를 이룰 수 있겠습니까? 이런 자기 선택은 그대가 빠질까 두려워하는 잘못들보다 더 큰 잘못이 아닙니까? 정도를 행하고, 의무가 그대를 부르는 곳은 어디든지 가며, 그리고 하나님께서 하나님을 기쁘게 해드리려는 우리의 진지한 소원에도 불구하고 우리의 연약함을 기습하는 잘못들을 용서해주실 것을 굳게 믿는, 한결같은 마음을 목표로 삼으십시오.

장 그루

9월 13일
결코 늦지가 않아요

사람은 주께서 구원해주시기를 바라고 조용히 기다리는 것이 좋습니다. - 애 3:26
참으로 내 영혼이 하나님을 섬기오니, 하나님으로부터 구원이 옵니다. - 시 62:1

아니 그렇게 서둘지 마라, 내 마음아.
하나님을 믿고, 기다려라.
비록 그분이 오래 머뭇거리셔도,
그는 결코 너무 늦게 오시지 않아.

작자 불명

그대가 아는 모든 결함들로 이루어지게 되는 진정한 효용은 그것들을 정당화하거나 비난하는 것이 아니라, 하나님 앞에 그것들을 내놓고, 그대의 뜻을 하나님 뜻에 맞추고, 평화 속에 머무는 것입니다. 왜냐하면 평화는 우리가 어느 상태에 있든지 신의 질서이기 때문입니다.

프랑수아 페늘롱

그대는 결점들을 뿌리째 뽑는 것이 미덕들을 얻음으로써 그것들을 억누르는 것보다 덜 쉽다는 것을 알게 될 것입니다. 그대의 결점들을 생각하지 마십시오. 하물며 다른 이들의 결점들을 생각하지 마십시오. 그대 근처에 오는 모든 이들 안에서 좋고 강한 것을 찾으십시오. 그것을 존중하십시오. 그것을 기뻐하십시오. 그리고 할 수 있는 대로 그것을 모방하려고 애쓰십시오. 그러면 때가 올 때 그대의 결점들이 낙엽들처럼 떨어질 것입니다.

존 러스킨

기도에 대한 응답

나를 부르라. 그러면 내가 너에게 응답하겠고, 네가 모르는 크고 거대한 일들을 보여주겠다. - 렘 33:3

또 나는 네가 구하지 않은 것을 네게 또한 주었다. - 왕상 3:13

주에게까지는 어떤 기도의 음성도 오를 수 없네,

허나 빛처럼 빠르게 주의 사랑은 응답하네.

정말이지, 우리 요구하는 것에 늘은 아니지마는,

허나, 오 매우 친절해서! 우리가 매우 필요한 것에는.

해리엇 킴벌

만일 그대가 견딜 수 없을 것 같은 어떤 시험이 있다면, 기도하십시오. 그것이 완화되거나 변하도록 기도하십시오. 거기에는 아무런 해가 없습니다. 우리는 본질상 그릇된 것이 아닌 모든 것을 위해, 만약 이기적으로 기도하지 않으면, 완전히 자유롭게 기도할 수 있습니다. 병으로 의무를 행할 수 없게 된 사람은 그가 자신의 일을 할 수 있도록 건강을 위해 기도할 수 있습니다. 혹은 내적인 장해들로 둘러싸인 사람은, 그가 진리와 정도를 너 잘 섬길 수 있도록, 언설을 위해 기도할 수 있습니다. 혹은, 만일 우리가 엄습하는 죄를 지니고 있다면, 하나님과 사람을 섬기기 위해, 죄로부터 구원되어 우리 자신들이 오도하고 파괴하는 사탄들이 되지 않도록 기도할 수 있습니다. 그러나 기도에 대한 응답은 바울에게 그러했듯이, 가시의 제거가 아니라, 그 대신에 그 가시의 의미와 가치에 대한 점증하는 통찰력일 수 있습니다. 우리 영혼에 내주하는 하나님의 음성은 우리에게, 우리가 그분을 우러러 볼 때는, 그분의 능력이 우리가 그 가시를 견딜 수 있을 만큼 충분하다는 것을 보여줄 수 있습니다.

제임스 클라크

9월 15일
그리스도의 잔

너희는 내가 마시는 잔을 마시며, 내가 받는 세례를 받을 수 있느냐? - 막 10:38

무엇이든 옳아요 내 하나님이 정하시는 것들은.
비록 내가 마셔야만 할지라도 그 잔을
내 약한 마음에는 쓴 것 같은 (잔을),
나는 두려워하지도 위축되지도 않을 거예요.

사무엘 로디가스트(Samuel Rodigast)

순교의 최악의 부분은 괴로워하는 마지막 순간이 아닙니다. 그것은 소진되어 가는, 날마다의 확고부동함입니다. 한 시간의 고문에 맞서 저항하기로 결심할 수 있는 사람들은 오래 지속된 사소한 일들의 지루함과 고민 아래서 이미 약해져 있습니다. 그런데 어떤 깊고 소통할 수 없는 슬픔의 무게가, 얼음처럼 차갑게, 가슴을 누르고 있는 기독인들이 많습니다. 그 무게를 유쾌하고 용감하게 견디는 것이 순교자가 되는 것입니다. 많은 기독인이 인생 최고의 소망들에서 추방되고 상처를 입습니다. 이런 사람 하나가 조용히 "아버지여, 내 뜻대로가 아니라, 아버지의 뜻대로"라고 말하는 것이 순교자가 되는 것입니다. 많은 기독인이 인생의 의무들에 진저리를 느끼며, 자신의 영이 그것들을 저버리고 있음을 느낍니다. 매일 아침 확고한 결심을 갖고 일어나, 이 의무들에서 즐거움을 찾으며, 그것들을 잘 수행하고, 하나님께서 우리에게 행하도록 맡겼던 일을 끝마치는 것, 그것은 그리스도의 잔을 마시는 것입니다. 가장 비천한 일이라도 그 안에는 가장 높은 하늘을 위한 연단의 재료들이 있습니다.

프레더릭 로버트슨

266

9월 16일
사랑하기 때문에

당신 앞에 있는 모든 세계는 저울의 작은 낱알 같으며, 또한 땅 위에 내리는 한 방울의 아침이슬과도 같기 때문입니다. 그러나 주께서는 모두에게 자비심을 갖고 계십니다. 주께서는 있는 모든 것들을 사랑하시기 때문입니다. - 외경, 지혜서 11:22~24

오! 거룩한 원천이고, 모든 것들의 **생명**이요,
존재의 샘의 무서운 바다이신,
주님의 깊이는 모든 가슴을 오싹케 할 거예요,
그것들이 주님 안의 최고의 사랑을 못 보았을 때는.

존 스털링

그는 내 손바닥에 있는 한 작은 물건을, 내 생각에는 개암 한 알 만한 양을 보여주었는데, 그것은 공만큼 둥글었습니다. 나는 내 이해의 눈으로 그걸 바라보며, "이게 무얼까?" 생각했고, 그리고 보통 이렇게 대답을 들었습니다. "그거 만들어진 거야." 난 그게 얼마나 오래갈지 궁금했습니다. 내 생각으로는 그게 갑자기 삭은 모습은커녕 무(無)로 볼락할 것 같았습니다. 그래서 난 내 이해로 대답을 들었습니다. "그것은 지속되었고, 또 지속될 거야. 하나님이 그것을 사랑하니까. 그리고 모든 것은 분명 하나님의 사랑에 의해 존재하지." 이 작은 것에서 나는 세 가지 특성을 보았습니다. 그 첫째는 하나님께서 그걸 만드셨다는 것이며, 둘째는 하나님께서 그걸 사랑하신다는 것이고, 셋째는 하나님께서 그걸 지키신다는 것입니다. 왜냐면 이것이 우리 모두가 마음과 영혼이 편치 않을 원인이며, 왜냐면 우리가 안에 아무 안식이 없는 이곳에서 아주 작은 이것 안에 있는 안식을 구하기 때문입니다. 그리고 우리는 아주 **전능**하시며, 아주 **지혜**로우시고, 아주 **선**하신, 우리의 하나님을 모릅니다. 왜냐면 하나님이 바로 안식이기 때문입니다.

로리치의 줄리언(Julian of Norwich), 1373년

부름 받아 섬기려거든

너희 가운데서 누구든지 대단하고자 하는 사람은 너희를 섬기는 사람이 되어야 하고. 너희 가운데서 으뜸이 되고자 하는 이는 모든 이의 종이 되어야 한다. 인자도 섬김을 받으러가 아니라, 섬기려고 왔으며, 자기의 생명을 많은 이들을 위한 대속 물로 주려고 왔다. - 막 10:43~45

어린이의 키스가
그대의 한숨 어린 입술에 있어, 그대를 기쁘게 만들 거예요.
그대가 대접하는 가난뱅이는, 그대를 부자로 만들 거예요.
그대가 도움을 주는 병자는, 그대를 튼튼하게 해줄 거예요.
그대는 스스로 대우를 받게 될 거예요 그대가 진력하는
온갖 봉사심에 의해.

엘리자베스 브라우닝

모든 사람으로 하여금 각자의 모든 생각과 걱정들을, 말하자면, 각자의 죄들을 또한 하나님의 뜻 위에 애틋하게 던지도록 하십시오. 더구나 만일 어떤 사람이 이 고상한 내적 일에 분주하다가도 하나님의 섭리 가운데 어떤 의무에 의해 부름을 받아 그 일을 그만두고 어떤 병자를 위해 수프를 만들거나, 혹은 이와 같은 어떤 다른 서비스를 한다면, 그는 기꺼이 크게 기뻐하며 그렇게 해야만 합니다. 만일 내가 이런 일을 버리고 나가서 설교나 다른 어떤 것을 해야만 한다면, 나는 하나님이 나와 함께 계시리라는 것뿐만이 아니라, 하나님이 내게 그 일이 내 이웃을 섬기는 데 있어 참 사랑으로 맡겨진 저 외부의 일에서, 나의 가장 고상한 명상의 한창 때에 내가 어쩌면 받아야만 했을 것보다, 한층 더 큰 은혜와 축복이 되게 해주실 것임을 믿고서, 유쾌하게 가야만 합니다.

요하네스 타울러

높은 용기를 집중하라

주님의 모든 길은 주님의 언약과 증거를 지키는 이들에게는 자비요 진리입니다. - 시 35:10

말씀하소서 주님, 당신의 종은 듣고 있으니까요.
말씀하소서 저의 걱정하는 영혼에게 평화를,
그리고 저로 느낄 수 있게 하소서 제 모든 길들이
당신의 지혜로운 통제 아래 있음을.

주님은 백합꽃을 돌보시며,
또한 참새의 떨어짐을 마음에 두시는 분이오니,
주님의 사랑하는 자녀를 부드럽게 인도하실 것임을.
왜냐면 주님이 모두를 만드셨으며 사랑하시니.

작자 불명

우리가 우리 내면의 빛을 밝게 하며, 얼마간 참된 삶을 영위하고, 하늘 왕국을 우리의 세성 생애 가운데로 도입하는 것은, 수고가 너 가벼운 더 비옥한 지역들을 — 힘든 말썽거리들과 성가신 사람들로부터 자유로운 더 행복한 환경들을 — 찾음으로써가 아니라, 원칙과 목표에서 분명한, 독실한 영혼의 높은 용기를 우리에게 주어진 것에 집중시키는 것에 의해서입니다. 만일 우리가 하나님의 뜻을 하나님께서 우리를 배치시킨 곳에서 수행해낼 수 없다면, 왜 하나님이 우리를 그곳에 배치했겠습니까?

존 톰

선택할 수 있을 뿐

우리를 위해 그대의 하나님이신 주께 기도를 해주십시오. ······ 그대의 하나님이신 주께서 우리가 가야 하는 길과 우리가 할 일을 우리에게 보여주시도록 해주십시오. - 렘 42:2, 3

내가 보지 못하는 것을, 가르쳐주소서 하나님께서 나에게. - 욥 34:32

오, (하나님) 아버지, 들으소서!
그 길이 어두어도, 그러나 전 기꺼이 알아볼 거예요
어떤 발걸음들을 해야 할지, 어떤 길로 향해야 할지를.
오! 그것을 분명히 해주소서.

《크리스천 인텔리전서》에서

우리들은 우리 자신이나 다른 이를 위해 행복을 선택할 수 없습니다. 우리들은 그것이 어디에 있을지를 말할 수 없습니다. 우리들은 우리 안에 있는 신의 음성에 복종하기 위해, ― 우리의 인생을 성화시키는 모든 동기들에 충실하기 위해, 우리가 현재 순간을 탐닉할지 아니면 그것을 포기할지를 선택할 수 있을 뿐입니다. 나는 이 믿음이 어렵다는 것을 압니다. 그것은 반복해서 내게서 미끄러지듯 빠져나갔습니다. 그러나 나는 만일 내가 그것이 영구히 빠져나가도록 버려두면, 내게는 지금 인생의 어둠을 관통하는 빛이 없다고 느꼈습니다.

조지 엘리엇

내 마음에는 시간을 보낼 만한 관심사가 있었으니, 어떤 것도 내가 참 목자의 음성에 가장 꾸준히 주의하는 것을 방해하지 못하리라는 것이었습니다.

존 울먼

9월 20일
상식적인 법칙

주께서 그들을 주의 은밀한 곳에 숨기셔서 사람의 교만에서 벗어나게 하소서. 주께서 그들을 장막에 은밀히 감추시어 말다툼에서 벗어나게 하소서. - 시 31:20

기도하는 영께서는 숨을 쉬시며,
지켜보시는 능력을 나눠주시어,
밑의 (세상의) 모든 곤란들로부터
저의 근심 찬 마음을 떠나게 하소서.
저의 연약한 정신을 지지하여 주소서,
세속적인 걱정들로 눌려있으니.
나타나셔서, 제게 다시 돌아오도록 명하소서
저의 영원한 안식으로.

찰스 웨슬리

우리가 믿음과 사랑 속에서 하나님과 함께 하자마자, 우리는 기도합니다.

프랑수아 페늘롱

만일 그대가 하나님을 두려워해 그대가 조용히 말없이, 서두르거나 동요하지 않고, 수행할 수 있는 것보다 더 많은 어떤 종류의 일을 결코 맡지 않기로 일단 결심할 수 있고, 또한 그대가 자신이 점점 예민해지고 호흡이 가쁜 사람처럼 느끼는 순간, 멈추고서 숨을 고르려한다면, 그대는 이 단순한 상식적인 법칙이 어떤 기도들이나 눈물로서는 좀처럼 이룰 수 없을 것을 그대를 대신해 하고 있음을 알게 될 것입니다.

엘리자베스 프렌티스(Elizabeth Prentiss)

9월 21일
그 영원하신 팔

오 하나님, 당신의 인자하심이 얼마나 뛰어나신지요! 하여 사람들의 자녀들이 당신의 날개 그늘 아래로 피하나이다. - 시 36:7

영원하신 하나님이 너희의 피난처가 되고, 그 영원하신 팔이 그 밑에 있도다. - 신 33:27

우린 있어요 당신의 둘러 싼 팔 안에,
오 하나님! 당신의 무한하심 안에.
고요 속에 머물게 될 거예요 우리의 영혼들은,
사방에 사랑으로 둘러싸여져서는.

작자 불명

"그 영원하신 팔." 나는 안식이 달콤할 때마다 그 말을 생각합니다. 전능으로서, 온 땅과 온 땅의 힘은 모든 피로한 피조물 밑에서 그것에게 얼마나 안식을 주고 있는지. 우리를 붙들고서, 언제나! 하나님에 대한 어떠한 생각도 그보다 더 가깝지 않습니다. 인내의 어떤 인간적인 부드러움도, 피로에 무관심한 채, 그 팔에 어린아이를 모으고 어린아이를 품는 일보다 더 크지 않습니다. 그리고 하나님은 큰 땅과 거기에 있는 모든 것을 이 보이지 않는 당신의 사랑의 힘으로 채우시는데, 이 힘은 결코 스스로를 망각하거나 고갈되지 않습니다. 그래서 어디에서나 우리들은 그의 가슴에 누워 위로를 받을 수가 있습니다.

애덜라인 휘트니(Adeline D. T. Whitney)

신의 사랑의 음성

그 말씀이 당신들에게 아주 가까워서, 당신들의 입에, 당신들의 마음에 있어, 당신들은 그것을 행할 수 있습니다. - 신 30:14

> 그러나, 무엇보다, 승리가 매우 분명해
> 그에게는, 그는 실제로 믿음을 구하며 노력하네
> 완전한 복종을 양보하려고 법에
> 양심의 (법에), 존경되고 복종 받는 양심에,
> 이는 영혼 안에 있는 신의 가장 친밀한 임재요,
> 세상 가운데 있는 신의 가장 완전한 형상이기에.
>
> 윌리엄 워즈워스

우리가 **양심**이라 부르는 것은 우리의 존재 깊이에 있는, 우리의 의지와의 합일을 바라는 신의 사랑의 음성이며, 그리고 그것은 감정들을 안으로 끌어들임으로써, 그것들을 "기쁨"의 조화로운 만족과 충만 속으로 들어오도록 청하는 데, 이것에는 "한 영에 의해 하나님에게로" 결합되는 일이 따릅니다.

제임스 그리브스

나는 기쁩니다. 하나님께서는 그대에게 내적 삶을 위한 취향과 기호를 주셨습니다. 이 귀하고 고상한 삶으로 부름 받은 것은 하나님의 크신 과분한 은혜이며, 우리는 커다란 신의로 거기에 응답해야만 합니다. 하나님께서는 우리를 당신의 사랑의 교제에로 초대하시어, 우리의 영으로 당신 자신의 주거와 성전이 되도록 준비시키고 싶어 하십니다.

게르하르트 테르슈티겐

9월 23일
의무는 분명하지만

오 주님, 제게 당신의 길들을 보여주시고. 제게 당신의 길들을 가르치소서. - 시 25:4

우리가 볼 수 없을 때 우리의 길을,
우리로 믿고 조용히 순종케 하소서.
우리에게 앞으로 가라 명하시는 분께서,
틀림없이 보여줄 수 있다오 그 길을.
비록 바다가 깊고 넓다 해도,
비록 항해가 거절된 듯해도,
두려워 않고 우리로 나아가게 하소서 조용히,
주께서 인도해주시니.

작자 불명

때로 하나님에게 청함 받는 것은, 하나님의 뜻과 길이라기보다는, 우리의 길에 대한 하나님의 승인입니다.

세라 스마일리(Sarah F. Smiley) 편집

우리의 감정들이나 성향들에 대해 어떤 특별한 변명이 있기 전에는, 우리가 의무에서 얻는 것은, 한 번 얼핏 보는 것처럼, 아무것도 없습니다. 의무는 처음에는 결코 불분명하지 않습니다. 그것이 희미한 것 같은 것은 우리가 사물들이 현재와는 다르기를 바라는 혼란과 궤변들에 연루되는 이후일 뿐입니다. 의무를 고려한다는 것은 종종 그것을 단지 설명해내는 것에 불과합니다. 신중함은 종종 정직하지 못한 것에 불과합니다. 하나님의 안내는, 우리가 진실할 때 명료합니다.

프레더릭 로버트슨

이 고요한 시간을

깨어나 보면, 나는 여전히 주님과 함께 있습니다. - 시 139:18

> 타오르는 듯한 사랑으로 멸하게 하소서
> 희미하게 주어진 차가운 복종을.
> 우리 마음을 일깨워 힘과 기쁨 되게 하소서
> 붉게 물들어오는 동편 하늘과 함께.

크리스티안 로젠로트(Chistian Knorr von Rosenroth)

처음 깨는 때의 의식으로, 그는 자신 앞의 하루를 진지하고 남자답게 관찰하려고 마음을 정할 수 있습니다. 그는 자신의 어려움이 어떤 선상들에서 올 것 같은지에 관해, 짜증나 있거나, 혹은 도도해 있거나, 혹은 계약들에 예민해 있거나, 혹은 자신에 열중해 있든지, 혹은 그 어려움이 무엇이 되든지, 아주 잘 알아야만 합니다. 그리고 지금 이 고요한 시간에, 그는 자신의 적을 충분히 잘 훑어보고, 그 적을 이기기로 결심할 수 있습니다. 그 시간은 또한 생각들의 범위를 아주 자기 너미로 — 자신의 도덕적 몸부림들까지도 넘어 — 가져가기에 좋은 때, 거기 고요함 속에서 다른 인생들의 영역으로 들어가기에 좋은 때입니다. 그의 아내, 그녀는 도움을 위해, 공감을 위해, 남편이 만족할 수 있는 어떤 필요한 것들을 갖고 있는지? 그의 아이들, 어떻게 그가 그들에게 하루를 더 달콤하게 만들어줄 수 있을지? 지금 고생하고 있는 이 지인, 그리고 어제는 그대가 서두르는 중에 거의 알아차리지 못했으나, 지금 그대에게 떠오르는, 어제 그대에게 한마디 말을 던졌던, 내가 예전에 짐작했었던 것보다 약간은 더 우수한 특징을, 더 깊은 배고픔을 내면에 들어내 보이는, 이 친구, 지금 그대는 이러한 것들을 숙고할 수 있습니다.

조지 메리엄

아직 우리 것인 동안

너희들은 너희들이 손 댄 모든 것을, 너희와 너희의 가족들아, 너희의 하나님이신 주께서 너희들을 축복하셨던 곳에서, 기뻐할 것이다. - 신 12:7

감미롭다 가정의 미소, 서로 간의 눈길
그땐 마음들은 서로를 확신하지.
감미롭다 가정 피난처를 꽉 채우는 온갖 기쁨들,
그곳은 온갖 순수 감정들의 서식지이지.

존 키블

없어서 헐거워졌거나, 아니면 일상적 교제의 소모, 사소한 불일치들, 고백되지 않은 오해들로 인해 마음속까지 태워져, 마침내 다소간 족쇄의 성격을 지니게 된, 어떤 유대가 있습니까? 우리 집 식탁에는, 비록 아직은 일상의 빵으로 계속적인 잔치를 만들기는 하지만, 그 감미로움을 충분히 맛보지 못했던 컵이 있습니까? 우리로 이 보물들을, 그것들이 아직 우리 것인 동안, 하나님께 감사함으로 총계하도록 하십시다.

엘리자베스 찰스

우리들은 날마다 혹은 주마다 적은 시간을 우리에게 속한 사람들 — 아내, 자녀, 친구들 — 의 덕목들을 총계하는 일에 바치고, 그런 후 그것들을 아름다운 수집물 속에서 명상해야만 합니다. 그리고 우리들은 사랑하는 사람이 우리에게서 더 좋은 세계로 떠나간 후, 너무 늦게 헛되이 용서하고 사랑하지 않도록, 지금 그렇게 해야만 합니다.

요한 리히터(Johann Paul Friedrich Richter)

9월 26일
빛과 어둠은 똑같이

그래요, 비록 내가 죽음의 그늘 골짜기로 걸어 지나가도, 나는 아무런 해를 두려워하지 않습니다. 주께서 나와 함께 계시며, 주의 막대기와 주의 지팡이가 나를 위로하기 때문입니다. - 시 23:4

오 (주의) 뜻, 그건 선만을 의도하네,
주가 그 길을 인도하소서, 주가 가장 잘 안내하지요.
말없는 아이인, 난 계속 뒤따르네,
믿음 있어 주의 가슴에 기대지요.
그리고 우울하여 주를 보지 못한다면 내가,
주님의 알려지지 않은 사랑에 난 기대지요.
내 안에서는 만들어지지요 주의 복된 의지가,
만일 내가 자신의 일을 아무것도 뜻하지 않으면.

게르하르트 테르슈티겐

독실한 영혼이, 만일 만사를 위로 오르거나, 혹은 하나님의 손 안으로 떨어져, 믿음, 신뢰, 하나님에 대한 복종을 훈련하는 기회로 만든다면, 그 영혼은 모든 상태에서 늘 안전합니다. 경건한 영혼은 오직 하나님만을 눈여겨보며 오로지 하나님의 것이 되는 것만을 꾀하기에, 그 진보에 어떤 중단도 놓이게 될 수가 없습니다. 빛과 어둠은 똑같이 그 영혼을 돕습니다. 빛 가운데서 그 영혼은 하나님을 우러러보며, 어둠 가운데서 그 영혼은 하나님을 붙잡습니다. 그래서 분명 그둘은 그 영혼에게 꼭 같이 도움이 됩니다.

윌리엄 로

9월 27일

우리를 비추소서

내가 어둠에 앉아 있어도, 주님은 내게 빛이 되실 것 입니다. - 미 7:8

누가 우리에게 선을 보일까? 이렇게 말하는 사람이 많을지 모릅니다. 주여, 당신은 당신 안색의 광채를 들어 올려 우리를 비추소서. - 시 4:6

> 얼마나 자주, 한 줄기 영광의 빛이 곧바로
> 보내어져 가장 깊고, 가장 어두운 밤을 뚫고,
> 우리의 영혼을 채웠는지 하늘의 빛으로,
> 거룩한 평화와 달콤한 만족으로.
>
> 작자 불명

그대가 당황해 무엇이 옳은지 무엇이 참인지 모른다고 가정해보십시오. 그대는, 그대가 활동하는지 안 하는지를, 그대가 당황하고 있는지를, 그대가 행복한지를, 고려하는 것을 그만둘 수 있습니까? 그대는 어둠 속에 있는 것을, 그리고 어둠에 싸여 있는 것을, 바로 그것이 **하나님의 무한하신 존재**가 그대에게는 있는 그대로의 사실이기 때문에, 아주 완전히 사랑하며 기뻐할 수는 없습니까? 그대가 이 시험을 또한 그대 자신의 마음속으로 가져오면, 그대가 은혜를 입고 있기 때문이 아니라, 그것이 하나님의 뜻이어서 또한 그대의 뜻이 되기 때문에, 모를 수는 없습니까? 그대는 참으로 사랑하는 사람은 **무한하신 존재**와 함께 있는 자로, 불편하거나 불행할 수 없음을 알지 못합니까? 그분이 존재하는 모든 것 중에서 가장 의도하고, 바라고, 붙들고 있는 것은 분명 지금 존재하는 것입니다. 하나님을 아는 것은 완전히 자기를 희생하는 것입니다.

제임스 힐턴

바랄 수 있는 전부

나의 어린 자녀들아, 우리가 말과 혀로만 사랑하지 말고, 행함과 진실함으로 하자. – 요일 3:18

그러나 너희는 말씀을 행하는 자가 되고, 오직 듣기만 해 자기 자신을 속이는 자가 되지 마십시오. – 약 1:22

> 세 배로 복 받았으니 그들의 인생이 충실한 기도인 자,
> 그들의 사랑이 더 높은 사랑 속에서 지속하는 자.
> 어떤 영혼들이 그렇게 순수하게 자신들을 소유하나,
> 아니면 그들의 것과 같은 복된 모습 있는가?
>
> 알프리드 테니슨(Lord Alfred Tennyson)

모든 창조물로 그대의 사랑을 갖도록 하십시오. 사랑은 자신의 온유와 인내, 겸손의 열매들과 함께, 우리가 우리 자신들과 우리의 동포들에게 바랄 수 있는 전부입니다. 이것은 하나님에게 결합되어, 시간과 영원 동안, 하나님 안에서 사는 것이기 때문입니다. 모든 피조물에게, 우리가 할 수 있고 또한 그것이 우리에게서 받아들일 수 있는 정도에서, 선을 선달하고 싶은 것은 신적인 기질입니다. 왜냐면 이렇게 하나님께서는 모든 창조에 대해 변함없이 그런 기질을 품고 계시기 때문입니다.

윌리엄 로

무엇이 지금의 인생에서 이웃을 우리 자신처럼 사랑한 데 대한 우리의 보상이 될까요? 장차 우리가 천사들이 될 때, 우리가 이웃을 우리 자신보다 더 사랑할 수 있게 되리라는 것, 그것입니다.

에마누엘 스베덴보리

기쁨이 그 자리를

마음이 청결한 이는 복이 있습니다. 그들이 하나님을 볼 것이기 때문입니다. - 마 5:8

모든 사람들과의 화평과 거룩함을 좇으십시오, 이것들이 없으면 아무도 주를 보지 못할 것입니다. - 히 12:14

> 주님은 당신 자신을 들어내시니 언제고
> 마음이 청결한 이들에게로,
> 오, 우리들을 낮의 자녀들로 만드시고
> 알게 하소서 주님을 있는 그대로.
> 주님은 빛과 생명과 사랑이기 때문이지요.
> 그리고 밑에 있는 주님의 구원된 자들
> 위에 있는 주님의 성도들처럼 주님을 보고요,
> 그리고 그들이 아는 대로 알게 하소서 주님을.
>
> 제임스 몽고메리(James Montgomery)

의심, 우울, 성급함은 이미 내쫓겨졌습니다. 기쁨이 그 자리를, 하늘의 소망과 청결한 마음의 조화, 자제와 진지한 생각들과, 만족한 정신의 승리가 그 자리를 대신했습니다. 어떻게 모든 사람을 향한 자비가, 그저 순진함과 평화의 상냥한 모습에 지나지 않을 때, 뒤따르지 못할 수 있습니까? 이와 같이 **하나님의 영**은 어린이들이 갖고 있는 마음의 단순성과 따사함을, 아니, 오히려 하나님의 천군들의, 하나님의 신비스러운 활동 안에서 함께 결합되고 있는 높고 낮은 천군들의, 완전들을 우리 안에 창조하십니다. 왜냐면 절대적인 신뢰, 열렬한 사랑, 한결같은 청결이란, 작은 아이들과 흠모하는 세라핌(최고 천사)의 정신 외에 무엇이겠습니까!

존 뉴먼

앞에 놓여 있는 것을

주님, 누가 주의 장막에 살며, 누가 주의 거룩한 산에 머물겠습니까? 정직하게 행하며, 공의를 일삼으며, 그 마음에 진실을 말하는 자(입니다). - 시 15:1, 2

얼마나 행복한가 태어나거나 가르침을 받아도,
다른 이의 뜻을 섬기지 않는 자.
그의 갑옷은 자신의 정직한 생각이고,
그리고 단순한 진리가 자신의 최대의 기술인 자.

헨리 워턴(Henry Wotton)

만일 그대가 그대 앞에 놓여 있는 것에, 다른 어떤 것들로 그대를 산란하게 하지 않고, 진지하고, 활기차게, 조용히, 바른 이성을 좇되, 그러나 그대의 신성한 부분을 마치 그대가 그것을 즉시 되돌려주어야만 하는 듯이 순수하게 유지하면서, 종사한다면, 만일 그대가 아무것도 기대하지 않고, 아무것도 두려워하지 않으며, 그러나 자연에 따른 현재의 활동과 자신이 발설하는 모든 말과 소리 안에 있는 영웅적인 신리에 만족하면서, 이것을 고수한다면, 그대는 행복하게 살 것입니다. 그리고 이를 막을 수 있는 사람은 아무도 없습니다.

마르쿠스 안토니누스

이상은 그대 자신 안에

이 땅의 너희 모든 백성아 강해지라. 주가 말씀하셨다. 그러니 일하여라: 나는 너희들과 함께 있기 때문이다. 만군의 주가 말씀하셨다. - 학 2:4

그렇지만 세상은 주의 밭, 주의 정원이네요;
땅에서는 주께서 늘 집에 계시네.
주가 당신의 거룩하게 하는 눈을 돌릴 때 이리로,
내 좁은 작업실은 거대하며 높아 보이고,
그 지저분한 천장은 무지개 둥근 천장 같네,—
늘 이렇게 저의 크게 흔들리는 현관문에 서 계세요,
그러면 고생이 더 이상 고생이 아니 될 거예요.

루시 라콤

자체의 의무, 자체의 이상이 없는 상황은 아직은 사람에 의해 결코 점유된 적이 없었습니다. 그렇습니다, 여기, 그대가 지금도 서 있는 이 불쌍하고 비참하며 난처하고 비열한 **현실**에는, 어디든 그대의 **이상**은 없습니다. 거기서부터 이상을 풀어내십시오. 그리고 일하면서, 믿으며, 살며, 자유로우십시오. 어리석습니다! **이상**은 그대 자신 안에 있으며, 장애 또한 그대 자신 안에 있습니다. 그리고 그대의 사정이란 그대가 이로부터 꼭 같은 **이상**을 구체화할 수 있는 재료일 뿐입니다. 중요한 것은 이런 재료가 이 종류에 속하는지 저 종류에 속하는지, 그래서 그대가 그것에 부여하는 형태가 영웅적인지 시적인지 하는 것입니다. 오, **현실**에 감금되어 수척해지고, 그대가 다스리고 창조할 왕국을 위해 신들을 향해 슬피 우는 그대여, 진리의 이것을 아십시오: 그대가 구하는 것은, 이미 그대와 함께 있으며, "여기 아니면 아무 데도 없음"을, 그대가 단지 알 수만 있다면!

토머스 칼라일

10월 2일
영적 에너지의 비축

내 입이 죄를 범하지 않게 되기를 결심합니다. - 시 17:3

말이 많으면 허물이 많으나, 입술을 제어하는 자는 지혜롭다. - 잠 10:19

> 말들을 줄이고 생각들을 조절하세요.
> 그대 너머에서 그것들은 부풀어지고 모아지지요;
> 그것들은 그대의 영혼 안에서 압축되어,
> 강력한 목적으로 변화될 거예요.
>
> 존 뉴먼

사람들은 이야기만으로도 얼마나 많이 영적 에너지를 소모시키는지를 거의 의심치 않습니다. 행동에서 소비되어야만 하는 그것이 말에서 소비되어집니다. 따라서 이야기 사랑을 삼가는 사람은 영적 힘이라는 자금을 비축합니다.

프레더릭 로버트슨

다른 이들과의 교제가 주로 하찮은 신변잡기, 낫지 않은 일화들, 이웃 사람들의 성격과 연애사건들에 관한 억측들, 예전 대화들의 되풀이, 혹은 현재의 사소한 사회 추문에 대한 논의로 구성된다면, 그대의 생각은 당연히 통제가 되고, 그대의 욕구는 적당히 규제가 된다고, 아니면 그대의 처분들은 당연히 기독교 원리에 복종된다고 은근히 자부하지 마십시오. 만일 그대가 이 모든 요점들에 대하여 경솔히 과장하고, 그 대화가 이러한 자료들로 구성되는 사람들의 진술에 따르기 쉬운 저 정확한 진실에 대하여 유감스럽게도 부주의하게 되면, 하물며 더 말할 것도 없습니다.

헨리 웨어 2세

10월 3일
심판하지 마십시오

너희가 심판을 받지 않으려거든 남을 심판하지 말라. - 마 7:1

어찌하여 너는 형제의 눈 속에 있는 티는 보면서, 네 눈 속에 있는 들보는 깨닫지 못하느냐? - 눅 6:41

> 심판하지 마세요. 그의 머리의 움직임들,
> 그리고 그의 가슴의 (그것들)을 그대는 볼 수 없으니.
> 그대의 흐릿한 두 눈에 얼룩으로 보이는 것은,
> 하나님의 순수한 빛에서는 단지
> 흉터일 뿐. 어떤 잘 이긴 전장에서 가져와 진 것일 뿐,
> 거기서 그댄 단지 실신하고 낫을 뿐일 거지.

애들레이드 프록터

그의 변치 않는 우울과 찡그린 얼굴을 그대가 설명할 수 없는, 그의 변함없는 우울한 기색이 외견상 이유가 없어서 그대를 화나게 하는, 용모를 그대가 보면, 어딘가에 고민이, 감추어져 있기 때문에 그 만큼 덜 깊게 파고들지 않는 고민이, 있음을 확신하십시오.

샬롯 브론테(Charlotte Brontë)

우리가 어느 사람의 이력을 냉정하게 논의하고, 그의 과오들을 비웃으며, 그의 경솔함을 비난하고, 그의 의견들을 "복음적이며 협소하다"거나, "자유주의적이며 범신론적"이다거나, 혹은 "국교도적이며 거만하다"라고 딱지를 붙이는 동안, 그 사람은 고독한 중에 그의 희생이 힘든 희생이고, 힘과 인내가 그로 어려운 말을 입 밖에 내지 못하게 하며 어려운 행동을 하지 못하게 하고 있기 때문에, 어쩌면 뜨거운 눈물을 흘리고 있을지 모릅니다.

조지 엘리엇

10월 4일
현재의 일들을 위해

굳세고 크게 용감하라. 두려워 말라. 너는 놀라지도 말라. 주 너의 하나님이 네가 어디를 가든 함께
계시기 때문이다. - 수 1:9

주의 잘못이 없는 **성령**에 인도되기에,
우린 광야에서 길 잃지 않게 되리라.
우린 충분한 지시가 필요치 않게 되며,
또한 우리의 정해진 길 놓치지 않게 되리라.
두려움에서처럼 위험에서 멀기 때문이네,
사랑이, 전능하신 사랑이 가까이 있는 동안은.

찰스 웨슬리

조심성 있는 여행자처럼 그때 그대의 길을 조심하십시오. 그리고 저 아득한
산이나 강을 바라보며, "어떻게 대관절 내가 저것들을 넘지?"라고 말하고 있지
말고, 지금 그대 앞에 있는 현재의 작은 거리를 고수하고, 그것에 속한 작은 순
간에 그것을 이루도록 하십시오. 그 산과 그 강은 오직 꼭 같은 실로 지나쳐질
수가 있으며, 그대가 그것들에 도달하면, 그대는 그것들에 속한 빛과 힘에 도달
할 것입니다.

메리 켈티

미래의 일들로 그대를 교란케 마십시오, 왜냐면 그대가, 만일 꼭 필요할 것
같으면, 현재의 일들을 위해 지금 활용하는 꼭 같은 이유를 가지고서, 그대는 그
일들에게로 갈 것이기 때문입니다.

마르쿠스 안토니누스

10월 5일
진실히 지켜보시니

두려운 마음을 지닌 자들에게 말하노니, 강하고 두려워 말라. - 사 35:4

왜 그대는 오늘을 슬픔으로 채워야만 하나요
내일에 대해서요
내 마음이여?
한 분께서 모두를 주의해서 아주 진실히 지켜보시니,
의심치 마십시오.
하나님이 그대에게 그대의 역할을 주리니.

파울 플레밍

우리가 미래에 대한 끊임없는 불안으로 스스로 만드는 십자가들은 하나님으로부터 오는 십자가들이 아닙니다. 우리는 우리의 거짓 지혜로 하나님에 대한 신앙 결핍을 보이며, 하나님의 예정들을 앞지르고 싶어 하며, 그 분의 섭리를 우리 자신의 선견지명으로 보충하려고 애씁니다. 미래는 아직 우리의 것이 아닙니다. 어쩌면 그것은 결코 그리 되지 않을 것입니다. 만일 그것이 온다면, 그것은 우리가 보았던 것과는 아주 다르게 올지 모릅니다. 그렇다면 하나님이 우리에게서 숨기시고, 그분의 깊은 의도들의 비장품들 속에 예비로 따로 간직해두신 것에 대해서는, 우리의 눈을 감도록 하십시다. 보지 않고 예배하십시다. 침묵하십시다. 평화 속에 머무르십시다.

프랑수아 페늘롱

10월 6일
은혜인지 몰라

내가 산 자의 땅에서 주의 선하심을 볼 것을 믿지 않았다면, 나는 맥이 빠졌었습니다. - 시 27:13

내가 정녕 네게 은혜를 베풀리라. - 창 32:12

그대는 무엇이 그대에게 좋은지를 몰라도,

그러나 하나님은 분명 아시네.

그로 하여금 그대의 강한 의지가 되게 하고,

그리고 그대를 쉬게 하소서 그렇게.

크리스천 젤러트

한편으로는 우리에게 할당된 일이 없다거나, 혹은 다른 편으로 우리가 할 일이 우리에게는 옳은 일이 아니라고 생각하는 것을 매우 조심하도록 하십시오. 만일 우리가 어떤 일상적 의무에 관하여, 마음속으로, 하나님에게 "이것은 제 자리가 아닙니다. 저는 더 귀한 것을 택하겠습니다. 저는 더 고상한 것을 할 수 있습니다"라고 말할 수 있기만 하면, 우리는 반항뿐만 아니라 신성모독을 범한 것입니다. 그것은 "제 마음이 주의 명령들을 배반하고 있습니다"라고 말하며 "주의 명령들은 지혜롭지 않으며, 주의 전능하신 안내는 능숙하지 못하고, 주의 전지한 눈은 주의 피조물의 능력들을 잘못 아셨으며, 주의 무한하신 사랑은 주의 자녀의 복지와는 관계가 없습니다"라고 말하는 것과 같습니다.

엘리자베스 찰스

모든 것을 감사하게

그리고 너희가 아들들이기 때문에, 하나님께서 그의 아들의 영을 너희 마음 가운데 보내셨고, 아바 아버지라 부르게 하셨습니다. - 갈 4:6

오 주여, 내 죄를 용서 하소서,
그리고 황송하게도 안에 부어주소서
조용하고, 순종하는 마음을, 인내하는 정신을.
제가 투덜거리지 않도록,
비록 제 운명이 심한 것 같더라도요.
감사가 없는 마음은 알 수 없기 때문이에요. 아무런 복을.

마틴 루틸리우스(Martin Rutilius), 1604

신의 뜻에 대한 복종은 신으로부터 오는 모든 것에 대한 유쾌한 승인이요, 감사에 찬 수용을 의미합니다. 복종하는 것은 참을 수 있을 정도로 충분치 않으나, 우리들은 신의 섭리의 명령에 의하여 우리에게 일어나는 모든 것을 감사하게 받아들으며 충분히 인정해야만 합니다. 왜냐면 우리가 참아야만 하는 이유는 없지만, 우리가 감사해야만 하는 이유에 버금가는 강하고 좋은 것이 있기 때문입니다. 그러므로 그대가 불편한 생각이 들게 되거나 혹은 신의 섭리가 당신에게 미친 결과인 모든 것에 대하여 투덜대는 것을 보게 될 때마다. 그대는 그대 자신을 하나님의 지혜나 선하심을 부인하고 있는 것으로 간주해야만 합니다.

윌리엄 로

조용한 영으로부터

너희는 급히 나가지 않게 되리라, 주께서 너희 앞에 가실 것이며 이스라엘의 하나님께서 너희의 후위가 되실 것이기 때문이다. - 사 52:12 (개역본)

믿는 자는 서두르지 않게 되리라. - 사 28:16

성령이여, 거룩한 평화여!
고요하게 해다오, 나의 이 불안한 마음을.
말씀하소서, 이 동요하는 바다를 잔잔토록.
(바다는) 주님의 평온 속에 안정되기 때문에.

새뮤얼 롱펠로

그대가 행하도록 부름 받은 모든 일에서, 조용하고, 침착하며, 기도하는 마음 상태를 유지하도록 노력하십시오. 자기 회상은 대단히 중요합니다. "사람이 주의 구원을 조용히 기다리는 것이 좋습니다." 이른 바 영적 성급함에 빠져 있는, 아니 오히려 영적으로 보내심을 받았다는 증거를 갖지 아니하고 달리는 사람은, 서두르지만 아무 효과가 없습니다.

토마스 입헴

늘 일을 좇아 달리는 동안에는 큰 고민이나 걱정이 있습니다. 그것은 지적으로나 영적으로 좋지 않습니다.

애니 키어리

우리는 밖으로 흥분될 때마다, 행동을 그쳐야 하지만 그러나 우리는 내주하는 영으로부터 메시지를 받을 때마다, 조용히 그것을 실행해야만 합니다. 맑은 날은 사람을 행동하도록 부추길 수도 있으나, 우리는 외부 날씨가 어떤 것이든 간에, 모든 날에 조용한 영으로부터 행동하는 것이 더 좋습니다.

제임스 그리브스

10월 9일
오 행복한 집

나와 내 집에 관해서는 우리들은 주를 섬길 것입니다. - 수 24:15

오 행복한 집! 그리고 행복한 노역!
거기서는 모두 똑같이 한 **주인**을 갖고 있어,
거기서는 매일의 의무가, 주인의 능력으로 수행되어져,
결코 힘들거나 고되다 인식되지 않아.
거기서는 각자가, 온유하고 겸손한, 주인을 섬기네.
주인의 지정이 어떤 것이든,
마침내 공통의 임무들이 크고 성스러운 것 같네,
그것들이 주인에게처럼 마쳐질 때는.

카를 슈피타

달슨에서는, 세속적이건 지적이건, 어떤 것을 좇아 돌진하는 것이 불가능했습니다. 그곳은, 거기서 나오고 거기로 물러가는, 변함없는 활동의 집, 깊은 휴식의 중심이었습니다. 탁월한 감각이 다른 사람들의 실제적 흥미뿐만 아니라, 매일의 인생 의무들, 가장 미세한 예의와 친절에까지도 진지하게 적용이 되었습니다. 큰일이나 작은 일 모두, 그 일이 하나님의 뜻이었기 때문에 같은 정신, 같은 정도의 충성심으로, 행해지는 듯했습니다. 그리고 하나님의 뜻으로 추적되어질 수 없는 것은 전혀 손대어지지 않았습니다. 달슨에서는 하나님의 명령에 따라, 어떤 것도 너무 작아 돌보아질 수 없는 것으로, 어떤 것도 너무 커서 손대어질 수 없는 것으로 여겨지지 않았습니다. 그리고 이 때문에 그들은 날마다 그들의 정신적, 육체적 힘들을 주변 것들에게 썼으며, 또한 우리 주께서는 당신의 병사들 각자를 각자의 일을 위해 철저히 공급하시고, 각자의 앞에는 각자가 해야만 하는 임무를 두신다는 것을 알았습니다.

메리 시멀페닝크

모든 상황들 아래서도

이제 평화의 주님께서 친히 언제나 모든 방식으로 여러 분에게 평화 주시기를 빕니다. - 살후 3 : 16
주께서 그의 백성에게 힘을 주시고, 그의 백성을 평화로 복을 주실 것이다. - 시 29 : 11

> 마음 깊은 곳에 평화는 성스럽게 고요히 머무르고,
> 고통이 제 뜻대로 하는 듯하거나,
> 혹은 우리 절망할 때, — 오, 그 평화가 올라오기를 천천히,
> 고통보다 더 강하게, 그리고 조용해지기를 우리가.

새뮤얼 존슨

그러나 만일 사람이 하나님의 손길 아래 조용히 있어야만 하고 또 기꺼이 그렇게 한다면, 그는 모든 상황들 밑에서, 그것들이 하나님이나, 자기 자신, 혹은 피조물들로부터 오든 안 오든, 어느 것도 예외 없이, 조용히 있어야만 하고 또한 당연히 그래야만 합니다. 그리고 하나님께 유순하고 체념적이며 순종적인 사람은 저항이 아닌 양보의 정신으로, 모든 상황들에 대해 체념적이고 유순하며 순종적이어야만 하고 또한 당연히 그래야 합니다. 그러므로 그 상황들을 말없이 가져와, 그의 영혼의 숨겨진 기초들 위에 두며, 은밀히 내적으로 인내하도록 하십시오. 그러면 그 사람은 모든 기회들이나 십자가들을 기꺼이 지고, 무슨 일이 일어나든, 어떤 교정이나 구출이나 저항이나 복수도 요구하거나 바라지 않고, 늘 애틋하고 진지한 겸손 가운데서, "아버지, 그들을 용서하옵소서. 그들은 자신들이 무엇을 하는지 모르기 때문입니다!"라고 외칠 수가 있습니다.

《독일 신학 선집》(1350년 경)

10월 11일
불평이여 안녕

그런데 백성들이 불평했을 때, 그 불평이 주를 노엽게 했다. - 민 9:1

그대가 그대의 하나님께 감사했을 때
보내어진 모든 축복 때문에,
어떤 때가 그다음은 남을 것인지
불평 혹은 한탄을 위해서는?

리처드 트렌치

그로 하여금, 유쾌하며 감사에 찬 정신으로, 자신을 완전히 양보하여, 하나님
께서 그에게 지정해주실 것은 무엇이든지 받아, 그의 능력에 맞춰, 하나님의 은
혜로, 모든 하나님의 거룩하신 뜻을 최대로 이루어서, 그가 그것을 분별할 수 있
으며, 그리고 온전하고 겸손한 복종으로, 자신의 고통들을 불평하면 반드시 하
나님에게만 할 수 있고, 또한 그가 그의 모든 고통들을 하나님의 뜻에 맞춰 견딜
수 있을 만큼 강해지기를 기도할 수 있게 하십시오.

요하네스 타울러

하나님의 섭리 가운데서 고생하도록 부름을 받았기 때문에, 불평하거나 불평
할 권리가 있다고 생각하는 사람은, 그 자신 안에 쫓아낼 필요가 있는 무언가가
있습니다. 그의 뜻이 하나님의 뜻 안에서 사라진 영혼은, 결코 이를 행할 수 없
습니다. 슬픔이 있을지 몰라도, 불평은 결코 있지 않습니다.

캐서린 아도나(Catherine Adorna)

천국 즐거움을 따라

여러분의 가슴으로 주님께 노래하며 찬송하십시오. - 엡 5:19

너희 마음에서 주 하나님을 거룩하게 하라. - 벧전 3:15

이 시끄러운 귀를 멍하게 하는 인간들의 조수에는
걱정과 죄가 있어,
그들과 함께 멜로디들이 머무네
영원한 종소리의 (멜로디들이).
그들은 그들 마음에 있는 음악을 나르며
어두운 골목과 말다툼하는 시장을 누비네,
더 바쁜 발로써 그들의 매일의 일을 열심히 하네,
그들의 은밀한 영혼들이 거룩한 노랠 반복하기 때문이네.

존 키블

친절하고 자애로운 아버지에게 하듯이 하나님을 의지하면서, 하나님께서 그대와 그대의 모든 깃을 하나님의 천국 즐거움을 따라 처리할 수 있도록, 하나님의 뜻에 전적으로 복종하는 자세로 처신하도록 노력하십시오. 결코 그런 의도를 철회하지 마십시오. 그러면 비록 그대가 하나님께서 그대를 배치시켰던 처지의 사건들에 관하여 붙들려 있다 해도, 그대는 여전히 기도하고, 하나님의 임재 속에 있으며, 영원히 복종하는 행위들에 종사할 것입니다. "의인은 의롭게 되기를 그만두지 않는 한, 기도하는 것을 그만두지 않습니다." 언제나 잘 하는 사람은 언제나 기도합니다. 선한 욕망은 기도이며, 만일 그 욕망이 지속된다면 또한 기도도 지속됩니다.

미겔 드 몰리노스

10월 13일
끝은 있으니 꾸준히

우리는 너희 각 사람이 꼭 같은 부지런을 보여 끝까지 소망에 대해 충분한 확신에 이루기를 바랍니다. - 히 6:11

주님은 미쁘셔서, 너희를 굳건하게 하시고, 너희를 악에서 지키실 것이다. - 살후 3:3

> 비록 내 임무가 길지라도,
> 끝은 오나니.
> 날 도우시는 분은 분명 하나님이시고,
> 그 일은 하나님의 것이네. 그리고 하나님은
> 새로운 힘을 빌려주시리.
>
> 작자 미상

매력 있는 외부가 가장 적게 있는 그런 의무들에 대해 변함없이 마음을 정하십시오. 하나님의 거룩하신 뜻이 크거나 혹은 작은 문제들에서 이루어지게 될지는 중요하지 않습니다. 그대 자신과 그대 자신의 실패들에 대해 인내하십시오. 결코 서두르지 마시고, 자신에게 불가능한 것에 대한 동경에 굴복하지 마십시오. 내 사랑하는 자매여, 꾸준히 말없이 계속하십시오. 만일 우리의 사랑하는 주님이 그대에게 달리도록 작정하시면, 주님은 "그대의 마음을 강하게" 하실 것입니다.

성 프란치스코 살레시오

내게 매우 부담되는 일을 함으로써, 만일 더 쉬운 의무가 긴박한 것이 아니라면, 언제나 시작하십시오. 검사하고, 분류하고, 그리고 밤에 내일의 일을 결정하십시오. 또한 일들을 그 중요성의 순서로 배열하고, 거기에 따라 실행하십시오. 무엇보다 괴로움과 안달을 무서워하십시오. 결코 내게 유리하게 되도록 어떤 것을 말하거나, 혹은 에둘러 취소하지 마십시오.

안네 스웨친

10월 14일
불행한 기질들

내게 대하여 죄를 짓는 자는 자기의 영혼에 잘못하는 것이며, 나를 미워하는 사람들 모두는 죽음을 사랑합니다. - 잠 8:36

오, **최상의 사랑**이여, 주를 향해 난 외치지요!
내게 주소서 당신 자신을. 그렇지 않으면 난 죽어요!
날 죽음에서 구하소서. 지옥에서 해방시키소서!
죽음, 지옥은 단지 당신의 필요일 뿐이에요.
당신이 주신 불꽃에 의해 자극되어,
당신을 소유할 때, 난 구원받아요.
당신은 내 생명, 내 유일한 하늘이지요.
오, 난 내 가슴에서 당신을 느낄 거예요!

찰스 웨슬리

죄 자체는, 선함과 거룩함 자체로부터의 이탈이기에, 영혼에게는 지옥이요, 죽음이요, 고통입니다. 내 의미는 하나님으로부터의 이탈을 말하는데, 한 영혼의 행복과 복됨과 천국은 하나님과의 관련에 있습니다. 그러므로 그대가 비참하게 되는 것을 피하기를 원할 때는, 죄를 피하십시오.

새뮤얼 쇼(Samuel Shaw)

"만일 내 자신과 하나님 사이에 고의적인 죄의 그늘을 둔다면, 나는 평화로이 살 수가 없습니다."

조지 엘리엇

거룩치 않은 기질들은 늘 불행한 기질들입니다.

존 웨슬리

10월 15일
어둠은 빛처럼

나의 불법들이 나의 덜미를 붙잡아서, 나는 올려다 볼 수가 없습니다. 그래서 내 마음이 나를 저버렸습니다. 오 주님, 기쁘게 저를 구원해주소서. 오 주님, 서둘러 나를 도와주소서. - 시 40:12~13

죄가 여러분을 다스릴 수 없을 것입니다. - 롬 4:14

> 오 주님, 당신의 모두를 살피는 시력에는
> 어둠은 빛처럼 빛나지요!
> 살피시고, 확인하소서 제 맘을. 그게 열망하지요 주님을.
> 오오, 이 굴레들을 깨뜨려 해방시켜주소서.
>
> 게르하르트 테르슈티겐

    그렇습니다. 나를 피곤한 마음으로 잠자리로, 그리고 자포자기의 마음으로 아침 일터로 보냈던, 내 계획들을 실패토록 하여 지금 나를 겁쟁이로 만든, 나를 지금 기도에서 끊어내는, 하늘에게서 파란 모습을 그리고 땅에게서 봄철을 그리고 대기에게서 신선함을, 인간의 얼굴에게서 다정함을 빼앗는 이 죄 — 어쩌면 내 잠자리를 아주 오랫동안 날 위해 지옥에 마련했었을 이 말라 죽게 하는 죄 — 이것은 정복되어질 수 있습니다. 나는 진멸된다고 말하지 않지만, 그보다 더 좋다면, 정복되고, 사로잡히고, 친구로 변모되어집니다. 그래서 나는 마침내 말하게 될 것입니다. "내 유혹이 내 힘이 되었다! 내 강한 힘은 바로 그것과의 싸움 덕분이기 때문이다."

윌리엄 개닛

같은 하늘을 보면서도

저는 주께서 주의 종에게 보여주셨던 모든 자비들과 모든 진실을 조금이라도 받을 자격이 없습니다.
- 창 32:10

몇 사람은 투덜대네, 만일 그들의 하늘이 맑고,
그리고 보는 데에 전적으로 밝으면,
만일 어둠의 작은 점 하나가 나타나면
그들의 커다란 파란 하늘에.
그리고 몇 사람은 감사에 찬 사랑으로 가득하네,
만일 한 줄기 빛만이,
하나님의 선하신 자비의 한 광선이, 빛내면
그들의 밤의 어둠을.

리처드 트렌치

상례적인 수난자들은 정확히는 신의 관용을 거의 번번이 의심하지 않는, 그리고 그 믿음과 사랑이 가장 명온한 유쾌함에까지 오른 사람들입니다. 행복하려는 규범적 권리에 대한 관념에 전혀 사로잡혀 있지 않기 때문에, 그들의 축복들은 기대에 의해 마비되지 않으나, 천국 거주자들에게 비치는 첫날의 아침과 저녁의 햇빛처럼 신선하고 찬란하게 그들에게 옵니다. 행복한 사람들에게는 그들의 변치 않는 평화는 날 때부터 오고, 그 평범성에 의해서 무뎌지는 듯합니다. 그리고 그들의 슬픔들은, 그것들의 거룩한 기원에 의해 예리해져서, 하나님께로부터 오는 듯합니다. 또한 수난자에게는 그의 고통은 당연한 것으로, 아무런 설명을 요하지 않는 듯 보이며, 반면 그의 구원은 신의 간섭으로서 경건하게 환영을 받으며, 그리고 하늘의 바람으로서 마음을 애무하여 찬양의 멜로디들이 되게 합니다.

제임스 마티노

우리를 진보시키는 것

주께서 번제와 제사를, 주의 음성에 순종하는 것을 기뻐하심 같이, 기뻐하시겠습니까? 보라, 순종이 제사보다 나으니라. - 삼상 15:22

너희는 두려워 말고, 가만히 서서, 주께서 오늘 너희에게 보여 주실 구원을 보라. - 출 14:13

> 그 포개어진 손들은 한가한 듯하네.
> 주님의 말씀 듣고 포개어지면,
> 그건 거룩한 예배이지요, 제 말을 믿으세요.
> 주님에 대하여 복종하는 (예배).
>
> 애나 십턴

기독인의 행로에서 우리를 진보시키는 것은 다수의 힘든 의무들도 아니며, 절제와 논쟁도 아닙니다. 반대로, 하나님의 섭리가 우리를 인도하는 길에서 매일 유쾌하게 걷는 것, 아무것도 구하지 않는 것, 아무것에 의해서도 낙심치 않는 것, 우리 의무를 현재의 순간에서 보는 것, 그 밖의 모든 것을 무조건 하나님의 뜻과 권능에 맡기는 것은 우리의 의지들을 제한 없이 또한 선택 없이 양보하는 것입니다.

프랑수아 페늘롱

신을 공경함은 하나님께 영혼을, 그의 뜻이 당연히 영혼의 율법이 되며, 그의 사랑이 영혼의 생명이 되는 어떤 살아 있는 사람에게 하듯이, 바치는 것입니다. 그것은 하나님의 면전에서 생활하는 습관이지, 단순히 어떤 일들을 하는 것이 아닙니다.

제임스 브라운

복음의 완전을 향해

너희의 의가 서기관들과 바리새인들의 의보다 뛰어나지 않으면, 너희는 어떤 경우도 하늘나라에 들어가지 못 할 것이다. - 마 5:20

모든 고의적인 죄로부터의 자유,
기독인의 매일의 임무지.
오 이것들은 먼 밑의 은총들
어떤 갈망을 사랑은 구할는지!
그대의 의무들을 하나님께 내주지 말라.

프레더릭 페이버

그대는 어쩌면 모든 사람들은 복음의 완전에 미치지 못하니, 그러므로 그대는 자신의 실패들에 만족한다고 말할지 모릅니다. 그러나 이는 고의로 아무것도 말하지 않는 것입니다. 문제는 복음의 완전이 온전히 도달되어 질 수 있느냐가 아니라, 그대의 진지한 의도와 주의 깊은 부지런함으로 인해 그대가 가지게 될 수 있는 만큼이나 완전함에 가*까*이 가느냐의 여부에 있기 때문입니다. 그대가 있을 수 있는 것보다 훨씬 더 낮은 상태에 있지 않느냐의 여부는 그대가 모든 기독인의 미덕들로 그대 자신을 진보시킬 수 있도록 진지하게 의도하고 주의 깊게 노력했느냐의 여부입니다.

윌리엄 로

우리들은 복종의 가장 적은 정도가 얼마나 낮은 것인지, 어느 쪽이 사람을 천국으로 데려갈는지 정확히는 모릅니다; 그러나 우리들은 이것을, 더 높은 정도를 목표하지 않는 사람은 분명히 그곳에도 이르지도 못할 것이며, 또한 그곳을 넘어 가장 멀리 가는 사람은 매우 복 받게 될 것임을, 아주 확신합니다.

존 키블

10월 19일
각자는 자신의 사명이

너희의 속량자이며, 이스라엘의 거룩한 자이신 주께서 이렇게 말씀하셨다. 나는 너희를 유익하도록 가르치며, 너희가 마땅히 가야만 하는 길로 너희를 인도하는 주 너희의 하나님이시다. - 사 48:17

전 주의 도움을 구하며, 전 지도를 청하오니,
절 가르쳐 당신 마음에 드는 일을 하게 하소서.
전 수고를 견디며, 괴로움을 참을 수 있사오니,
오로지 당신의 인도만을 저로 보게 하소서.

작자 불명

사람이 치고 들어갈 수 있을 모든 길들 중에는, 모든 주어진 순간에, 모든 사람을 위한 최선의 길이 있을 수 있습니다. 지금 그리고 여기에, 모든 일들 중 그대가 하는 것이 가장 현명할 수도 있는, 또한 만일 그대만이 하도록 인도되거나 몰아대어질 수 있으면, 그대가 그때, 우리가 그것을 말로 표현하듯이, '사람답게' 하고 있을 일이 있습니다. 그대의 성공은 이 경우에 완전할 수 있으며, 그대의 지극한 행복은 극대가 될 수도 있습니다. 이 길은, 이 길을 찾고 그 안에서 걷는다면, 그대에게는 없어서는 안 될 유일한 일입니다.

토머스 칼라일

모든 사람은 각자 자신의 사명을 갖고 있습니다. 모든 공간이 각자에게 열려 있는 방향이 하나 있습니다. 각자는 말없이 자신을 이리로 초대하여 끝없이 발휘하게 하는 능력들이 있습니다. 각자는 강의 배와 같습니다. 그는 한 방향을 제외한 사방에 있는 장애물들을 헤치고 달립니다; 그 쪽에서는 모든 장애물들이 치워지고, 그는 깊어 가는 수로를 조용히 스치며 무한한 바다로 들어섭니다.

랠프 에머슨

10월 20일
악을 이기는 길

악에게 지지 말고, 선으로 악을 이기십시오. - 롬 12:21

오라, 이 용인된 시간 안에
주님의 천국을 안으로 가져오라.
우릴 주님의 영광스런 권능으로 채우며,
죄의 씨앗들을 뿌리째 뽑아내라.

찰스 웨슬리

만일 우리가 악을 이기기를 원한다면, 우리는 그것을 선으로 이겨야만 합니다. 우리 자신의 마음속의 악을 이기는 많은 길이 확실히 있지만, 그러나 가장 단순하고, 가장 쉽고, 가장 보편적인 길은, 어떤 선한 말이나 일에 능동적으로 종사함으로써 그것을 이기는 것입니다. 온갖 종류의 악에 대한, 영혼을 괴롭히는 악한 생각들에 대한, 양심을 산란케 하는 불필요한 혼란들에 대한 최선의 해독제는 우리가 지니고 있는 선을 계속 붙잡는 것입니다. 불순한 생각들은 순수한 말들, 기도들, 행동들에 맞서지 않을 것입니다. 작은 의심들은 커다란 확신들에게는 어쩔 수가 없을 것입니다. 그대의 감정들을 위의 것들에 고정시키십시오. 그러면 그때 그대는 점차 지상의 것들에 대한 걱정들, 유혹들, 고통들에 의해 고통을 덜 받게 될 것입니다.

아서 스탠리

내 앞에서 완전하라

나는 전능한 하나님이다. 내 앞에서 행하여, 너는 완전하라. - 창 17:1

오늘 주께 헌신하라. - 출 32:29

내 목숨을 가져가, 그것으로 바쳐지게
하소서, 주여, 당신에게.

내 순간들과 내 날들을 가져가소서.
그것들로 끝없는 찬양 속에 흐르게 하소서.

프랜시스 하버갈

나는 헌신적인 영혼 속에는 주를 충실히 따르는 일이 있었던 곳마다, 몇 가지 것들이 조만간 불가피하게 따랐었다는 것을 알아차렸습니다. 영의 온유함과 고요함은 조만간 일상생활의 특징들이 됩니다. 하나님의 뜻이 매일의 시간마다의 사건들로 오는 때 그 뜻을 순종적으로 받아들이는 것, 하나님의 손 안에서 하나님 뜻의 온갖 선한 즐거움을 행하거나 감당하는 유연성, 도발을 받고 있는 달콤함; 소란과 붐빔 한 가운데서의 고요함, 다른 사람들의 소원들에 양보하는 모습과, 경멸들과 모욕들에 대한 무감각, 걱정이나 불안의 부재, 근심과 두려움으로부터의 구원. 이것들 모두와 그리고 많은 유사한 은혜들은 필연적으로 하나님 안에서 그리스도와 함께 숨겨져 있는 저 내적 인생의 자연스러운 외부로의 발전으로 여겨집니다.

해나 스미스 편집

기다릴 수 있는 마음을

아버지, 만일 아버지의 뜻이면, 이 잔을 내게서 거두어 주십시오. 그럼에도 불구하고 제 뜻이 아니라, 아버지의 뜻이 이루어지게 하소서. - 눅 22:42

주께서 뜻하시는 꼭 그대로이지요 제가 뜻하려는 것은.
제게 오직 이것을 주소서, 만족할 수 있는 마음을.
그리고, 만일 제 소원이 저지되면, 조용히
기다릴 수 있는 (마음을). 애먹이는 것과 고통이 없어지고요,
그리고 주께서 뜻하셨던 달콤한 일이 분명하게 될 때까지요.

수전 쿨리지

그대의 뜻으로 하여금 하나님의 뜻과 하나가 되며, 하나님에 의해 처리되는 것을 기뻐하도록 하십시오. 하나님은 그대를 위해 모든 것들을 명하실 것입니다. 그대의 뜻이 모든 창조가 거기 매달려 있고, 모든 것들이 그 주변을 돌고 있는 하나님의 뜻과 하나가 될 때, 무엇이 그대의 뜻을 방해할 수 있겠습니까? 그대의 마음들을 악한 생각들에서 멀리 두십시오. 악한 선택들이 그 뜻을 하나님의 뜻에서 이간하듯이, 그렇게 악한 생각들이 영혼을 흐리게 하며, 하나님을 우리에게서 숨기기 때문입니다. 우리를 하나님과 반대편에 두는 것은 무엇이나 우리의 의지를 참을 수 없는 고통으로 만듭니다. 우리와 하나님이 서로 다른 것을 뜻하는 한, 우리는 계속해서 우리 자신들을 꿰찌르게 되어 영원한 상처를 남기게 되지만, 그러나 하나님의 뜻은 신성과 존엄 속에서 계속 움직이며 전진하여, 우리의 뜻을 박살내어 티끌이 되게 하십니다.

헨리 매닝

10월 23일
의무가 없는 슬픔

나를 가르쳐 주의 뜻을 행하게 하소서. 주는 나의 하나님이시며, 주의 영은 선하시기 때문입니다. 나를 인도하여 평탄한 길로 들게 하소서. - 시 143:10

> 우리의 인생의 싸움이 승리를 얻네,
> 그리고 천국은 시작이 되네,
> 우리가 "주의 뜻이 이루어지기를!" 말할 수 있을 때에.
> 허나, 주여, 마침내
> 당신의 깊으신 사랑 안에서 이 불안한 마음들이 잠잠해질 때까지,
> 우린 기도를 드려요, "우리에게 당신의 뜻 행하는 법을 가르치소서!"
>
> 루시 레이컴(Lucy Larcom)

"너는 네 자신의 뜻을 구하고 있다, 내 딸아. 너는 지켜야만 하는 법 말고 다른 어떤 유익을 구하고 있다. 허나 너는 어떻게 유익을 찾을 것인가? 그건 선택의 문제가 아니다; 그건 **보이지 않는 보좌**의 맨 아래에서 흘러나와, 복종의 길옆을 흐르는 강이다. 내가 다시 말하는데, 사람은 그의 의무들을 선택할 수 없다. 너는 너의 의무들을 포기하는 것을 선택하고, 의무들이 가져오는 슬픔을 갖지 않는 것을 선택할 수는 있을 것이다. 그러나 너는 앞으로 나갈 것이다, 그러면 너는 무얼 찾을 것인가, 내 딸아? 의무가 없는 슬픔 ― 쓰디 쓴 풀들을, 그런데 그것들에는 빵은 없단다."

조지 엘리엇

10월 24일
살아있는 승리자

주는 나의 힘, 나의 방패이십니다. 나의 마음이 주를 믿었기에, 나는 지금 도움을 얻습니다. 그러므로 내 마음이 크게 기뻐하여. 내 노래로 나는 주를 찬양하렵니다. - 시 28:7

주님의 행복한 자녀들이 잘 그만두기를
죄 짓기 쉬운, 불안한 소원들을,
그리고, 주님 자신의 넘치는 평화 속에,
주님의 날마다의 연단에 복종하기를.

애나 워링

성자됨의 수단으로서, 낙타털 천의 셔츠들, 매질들, 잿더미 위에서의 잠자는 것에 관한 이야기! 미국에서는 그것들을 필요로 하지 않습니다. 어떤 여성으로 하여금 그녀의 가정적 시련들을 그녀의 낙타털 천, 그녀의 잿더미들, 그녀의 매질들로서 한번 바라보고 그것들을 받아들이고, 그것들을 기뻐하고, 그것들 밑에서 미소하고, 그리고 조용하며, 침묵하며, 인내하며, 친절하도록 해보십시오, 그러면 수녀원은 그녀에게 더 이상 가르칠 수가 없습니다; 그녀는 승리를 거둔 성자입니다.

해리엇 스토

어쩌면 날마다, 해마다 — 기도하면서, 소망하면서, 달리면서, 믿으면서 — 온갖 방해들과 맞서 기독인을 지키는 것은, 그를 살아 있는 순교자로서 유지시키는 것은, 화형대에서 자신을 희생하는데 있어 한 시간 동안 그를 받쳐주는 에너지 보다, 신의 섭리라는 더 큰 에너지일지 모릅니다.

리처드 세실

믿음과 복종의 신비

나는 죽음도, 삶도, 뭇 천사들도, 권세들도, 현재의 일도, 장래의 일도, 높음도, 깊이도, 어떤 다른 피조물도, 우리를 우리 주 예수 그리스도 안에 있는 하나님의 사랑에서 떼어놓을 수 없으리라는 것을 확신하기 때문입니다. - 롬 8:38~39

난 몰라요, 미래가 무엇을 갖고 있는지를.
놀라운 일이나 뜻밖의 사건에 대하여,
홀로 확신할 뿐이지요.
삶과 죽음 밑에는 하나님의 자비가 있는 것을.

존 휘티어

좋은 믿음에 속하시오. 내 사랑하는 친구들이여. 어떤 것을 내다보지 마시오. 그리고 그대들이 밖으로나 안으로 경험토록 노출되어 있을 수 있는 것들 중 어떤 것도 두려워 마시오. 그러나 만유를 다스리시는 주를 믿으시오. 그러면 그대의 생명이 솟아나고, 성장하며, 그대를 새롭게 할 것이며, 또한 그대의 훈련들과 고통들에 의해서도 복종과 충실함을 매일 더욱 더 익히게 될 것이오. 그렇소. 주님은 그대들에게 믿음과 복종의 그 신비를, 그대를 위해 모든 것을 명하시며, 모든 것 안에서 그대들의 마음들을 명하시는 주님의 지혜와 권능, 사랑과 선하심을, 가르쳐주실 것입니다.

아이작 페닝턴

10월 26일
기도와 행동은 하나

너희 희망을 품고 있는 갇힌 자들아, 너희는 요새로 돌아오라. - 슥 9:12

오 행사할 권능; 오 좌절된 뜻!
오 기도와 행동! 너희들은 하나다.
노력하지 않을지도 모르나, 그러나 수행할 수도 있는 자
고요히 서 있는 더 힘든 임무를,
그리고 좋았으나 원했지 하나님과 함께 마쳐지길.

존 휘티어

하나님이 우리 인생을 둘러쌌다는 것이 특별한 시험의 요소를 더 할 수는 있으나, 때때로 그것은 우리의 길을 분명히 하고 자유로운 자들과 강한 자들을 혼란시키는 많은 유혹적인 가능성들을 차단합니다. 반면 그것은 영적 실재의 전신을, 그 위의 지복인 "만일 우리가 이것들을 안다면, 그것들을 행하는 경우 우리는 행복하다"는 것과 함께, 손도 안 대고 그대로 둡니다. 우리는 하나님께서 못을 넣으시는 것을 압니다. 그리고 그것을 그것이 요구하거나 허용하는 에너지들로, 덜도 아니고 더도 아니게, 충족시키는 것, 그것을 모든 유효한 시점에서 진지하며 영적으로 독창적인 정신의 빛과 행동으로, 비록 그것의 현장이 병실 하나보다 더 넓은 현장이 아니며, 또 그것의 행동이 인내하는 고통과, 부드럽고 유쾌한 말들과, 그것이 신뢰에 찬 눈빛의 감사에 찬 평온함에게 발할 수 있는 모든 빛으로 좁혀진다 하여도, 마치 하나님께서 우리의 영역을 잘못 판단하고, 우리를 잘못 배치하여, 우리가 어느 곳에서 가장 잘 그를 섬길 수 있는지를 몰랐던 듯이 짜증내지 않고, 채우는 것, 이것이 그런 형편속에서 우리가 해야만 하는 것입니다.

존 톰

10월 27일
모두가 적절해

그러므로 나는 그리스도를 위하여 병약함과, 치욕과, 궁핍과 박해와 고난을 기뻐합니다. 내가 약할 때, 그때에 나는 강하기 때문입니다. - 고후 12:10

하나님은 무얼 하시든 모두가 적절해
인내 속에 우리로 기다리게 하소서.
하나님은 친히 우리의 짐들을 지시네..
하나님 우릴 위하여 살피시며,
또한, 우리 하나님, 그분은 모든 우리의 피곤한 날들을 아시네.
와서, 하나님께 찬양을 드리세.

베냐민 슈몰크(Benjamin Schmolck)

모든 것에서 이렇게 보고 계신 하나님 외에는 다른 아무것도 우리로 하여금 우리를 괴롭히며 성가시게 하는 사람들을 사랑하며 인내하도록 만들지 못할 것입니다. 그들은 그때 우리들에게는 단지 우리를 향하신 하나님의 부드럽고 지혜로우신 목적들을 이루시기 위한 도구들에 지나지 않으며, 또한 우리는 우리 자신들이 그들이 우리에게 가져다준 축복들 때문에 마침내 내적으로 그들에게 감사하는 것을 보기까지 할 것입니다. 그 외에 다른 어떤 것도 모든 투덜거리거나 반항하는 생각들을 완전히 끝장내지는 못할 것입니다. 해나 스미스 편집

뜻의 복종은 내적이나 외적으로 그대를 괴롭히는 모든 것에 조용히 자신을 맡김으로써 이루어집니다. 왜냐면 영혼이 하나님의 영향들을 받을 준비를 하는 것은 오로지 이런 식이기 때문입니다. 깨끗한 종이와 같은 마음을 준비하십시오. 그러면 **하나님의 지혜**가 글자들을 그 위에 하나님 자신의 마음에 들도록 새길 것입니다. 미겔 드 몰리노스

10월 28일
하나님의 호기들

나는 내가 너희를 향하여 생각하는 생각들을, 악이 아니라, 평화의 생각들을, 알고 있어 너희에게 예상되어지는 결말을 주노라. – 렘 29:11

> 주님의 생각들은 선하고, 주님은 친절하시지,
> 우리가 그것을 생각하지 않는 때에도.
> 얼마나 많이 걱정하는, 믿음 없는 정신이
> 자신의 몫을 슬퍼하며 앉아 있는지,
> 그리고 애태우며, 그리고 밤낮으로 수척해 가는지,
> 하나님이 그것을 시야에서 놓치셨고,
> 그리고 그것의 모든 필요들을 잊으셨기 때문에.
>
> 파울 게르하르트

그대는 그대의 출생, 그대의 훈련, 그대의 사역들, 그대의 고생들을 결코 불평해서는 안 됩니다. 만약 그대만이 다른 몫과 영역이 그대에게 배정되게 됐더라면, 그대가 상당한 사람이 될 수 있을 것이라고 결코 공상해서는 안 됩니다. 하나님은 하나님 자신의 계획을 이해하시며, 그리고 그대가 무엇을 원하는지를 그대보다 상당히 더 잘 아십니다. 그대가 치명적인 한계들이나 장애들로서 매우 비난하는 바로 그것들은 어쩌면 그대가 매우 원하는 것일지도 모릅니다. 그대가 방해들, 장애들, 지장들이라고 부르는 것은 어쩌면 하나님의 호기들일지 모릅니다. 그대의 영혼을 내리든가, 아니면 오히려 그것을 올려, 하나님의 뜻을 받아들이고, 그대의 몫 안에서, 그대의 영역 안에서, 그대의 모호함의 구름 아래서, 그대의 유혹들에 맞서, 하나님의 일을 하십시오. 그러면 그때 그대는 그대의 형편이 결코 그대의 유익과 반대되지 않고 실제로는 그것과 일치하는 것을 알게 될 것입니다.

호레이스 부시넬(Horace Bushnell)

고난의 풀무에서

보라, 내가 너를 정련하였으나, 은으로가 아니다. 나는 너를 고난의 풀무에서 택하였다. - 사 48:10

인내하라, 고생하는 영혼아! 난 그대의 외침을 듣고 있네.
시련의 불꽃이 타오를지라도, 허나 난 가까이 있네.
나는 보네 은을, 그리고 난 세련되어질 거야.
내 이미지가 그 위에 빛나게 될 때까지.
무서워 마시오. 내 가까이 있다 해서, 그대의 도움 되는 것을.
모든 그대의 고통보다 더 크네요. 그대를 위한 내 사랑은.

H. W. C

하나님은 슬픔의 많은 접촉들에 의해서, 환경의 많은 색깔들에 의해서, 예술가가 그의 그림에 공을 들이는 것보다 우리에게 천 배나 더 많은 수고를 하여, 사람을 만일 우리만이 바른 영으로 하나님의 은사들과 몰약(향료)을 받으면, 그가 보시기에 가장 높고 가장 고상한 형상이 되게 하십니다. 그러나 컵이 치워지고, 이런 감정들이 짓눌려지거나 무시되어질 때는, 여느 때 고쳐질 수 있는 것보다 더 큰 상처가 우리 영혼에 가해집니다. 왜냐하면 어떤 마음도 얼마나 탁월한 사랑으로 하나님께서 우리에게 이 몰약을 주시는지를 생각할 수 없기 때문입니다. 그러나 우리가 우리 영혼의 유익을 위해 받아야만 하는 이것을, 우리가 자고 있는 듯이 조용한 무관심 속에서 우리 곁을 지나치도록 허용하면, 아무것도 거기에서 나오지 않습니다. 그러면 우리는 와서 불평합니다. "슬퍼요, 주님! 전 매우 메마르며, 제 속은 매우 어둡습니다!" 사랑하는 자녀여, 난 그대에게 말합니다. 고통을 향해 그대의 마음을 여십시오. 그러면 고통은 그대가 느낌과 독실함으로 가득한지 여부보다는 그대에게 더 많은 도움이 될 것입니다.

요하네스 타울러

10월 30일
성령으로 말미암아

우리 안에 거하시는 성령으로 말미암아 네게 맡겨진 선한 것을 지키라. - 딤후 1:14

오 위로자(성령)가 오신다면 얼마나 좋을고!
일시적 손님으로 방문하지 않고,
내 안에 당신의 변치 않는 가정을 세우소서.
그리고 내 가슴을 계속 점유하소서.
그리고 만드소서 내 영혼을 당신의 소중한 거처로,
내주하는 하나님의 성전으로!

찰스 웨슬리

　나는 그대에게 얼마나 많이 내가 그대를 사랑하는지를 말할 수 없습니다. 그러나 모든 것 중에서, 그대에 관해서 내가 마음에 가장 갖고 있는 것은 거룩한 삶에 있어서의 그대의 영혼의 참된 진보입니다. 천국은 그대 안에서 깨인 듯합니다. 그것은 부드러운 식물입니다. 그것은 하나님의 성령의 미지의 활동들에 전적으로 넘겨져 있기 때문에, 고요함과 온유함, 그리고 마음이 일치를 요구합니다. 왜냐면 성령은 세속적 삶의 수렁에서 벗어나 하나님 안에서의 열렬한 일치와 생명으로 들어가는 것 외에는 아무런 갈망이나 소망을 갖고 있지 않은 고요한 영혼 속에서 자신의 모든 활동들을 할 것이기 때문입니다. 나는 이를, 겉보기에는 순결한 듯하지만, 그대 안에 있는 거룩한 생명의 활동들을 나누고 약화시키는 많은 것들에 대하여 그대가 열심에 굴복할 것이라는 우려에서, 거론합니다.

윌리엄 로

동행을 위해서

또한 에녹은 하나님과 동행하였으나 그는 세상에 있지 않았다. 하나님이 그를 데려갔기 때문이다. -
창 5:24

> 오, 하나님과의 보다 가까운 동행을 위해서,
> 조용한 천국의 체제를.
> 길을 비춰줄 빛을
> 나를 그 어린 양에게로 인도하는 (길에서)!
>
> 윌리엄 쿠퍼

우리 중 어떤 이가 이 현대적 세월에서 하나님과 동행할 만큼 그렇게 사는 것이 가능하겠습니까? 우리가 상점에서, 사무실에서, 가정에서, 길에서 하나님과 동행할 수 있습니까? 사람들이 우리를 화나게 하고, 일이 우리를 지치게 하고, 애들이 안달하고, 부하들이 성가시게 하고, 우리의 잘 준비된 계획들이 박살나고, 부질없는 공상들이 단숨에 깨지는 거품들처럼 흩어질 때, 그때 우리가 하나님과 동행할 수 있습니까? 인생의 매일의 시련들과 경험들에서 우리를 실패하게 하는 종교는 그 안 어딘가에 결함을 지니고 있습니다. 그것은 돌진하는 조수 속에서 우리를 지탱시켜주며, 흠뻑 젖은 탈진한 상태의 우리를 반대편에 상륙시켜주는 널빤지 이상이 되어야만 합니다. 만일 그것이 위로부터 온다면, 그것은 늘 날마다 우리의 영혼들에 대해서는 새의 날개들과 같이 되어, 우리를 억누르려고 애쓰는 장애들로부터 또한 그 장애들 너머로 우리를 데려내 가야만 합니다. 만일 신의 사랑이 의식 있는 실재, 우리와 함께 내주하는 강한 힘이라면, 그것은 이 일을 할 것입니다.

《크리스천 유니언》

결코 외롭지 않아요

하늘과 땅에 있는 모든 족속에게 이름을 붙여주신 분 - 엡 3:15

한 가족으로, 우린 거하네 하나님 안에.
한 교회로, 위에서, 밑에서.
비록 지금은 개울에 의해 나누어졌지만,
죽음의 좁은 개울(에 의해서).

살아 계신 하나님의 한 군대로,
우린 몸을 굽히네, 그 분의 명령에.
하나님 군세의 일부가 큰물을 건넜고,
또 일부가 지금 건너고 있네.

찰스 웨슬리

우리로, 그렇다면, 이 인생에서 우리가 결코 외롭거나 버림받을 수 없음을 배우게 하십시오. 그들이 완전해졌기 때문에, 그들이 우리를 잊겠습니까? 그들이 이제 우리를 더욱 사랑할 능력을 갖고 있기 때문에 우리를 그만큼 덜 사랑하겠습니까? 만약 우리가 그들을 잊지 않으면, 그들이 하나님과 함께 우리를 기억하지 않겠습니까? 어떤 시련도, 그렇다면, 우리를 고립시킬 수 없으며, 어떤 슬픔도 우리를 **성도들의 교제**에서 끊어낼 수 없습니다. 무릎을 꿇으십시오. 그러면 그대는 그들과 함께 있습니다. 눈을 드십시오. 그러면 천국 세상이 모든 불안을 넘어 높이, 머리 위에 고요히 달려 있습니다. 오로지 얇은 베일만이 둘의 사이에서 떠다닐지 모르겠습니다. 우리가 사랑했던 모든 이들과, 우리를 사랑했고 우리가 여전히 적지 않게 사랑하는 모든 이들이, 그들이 우리를 한층 더 사랑하는 동안은, 그 안에서 우리가 살며 거주하는 하나님의 존재 안에 늘 있기 때문에, 언제나 가까이 있습니다.

헨리 매닝

구름 떼 같은 증인들

그러므로 우리가 아주 큰 구름 떼 같은 증인들로 주변이 둘러싸여 있음을 보니, 모든 무거운 것과 우리를 아주 쉽게 둘러싸는 죄를 버리고, 인내로써 우리 앞에 놓인 달음박질을 달리도록 합시다.
– 히 12:1

지옥의 권세들을 쳐부술 때에
우리의 약점과 부적합함을,
육체의 베일을 들어올릴 수 있으리.……

오, 어떤 즐거운 소망이 환호할는지,
오, 어떤 고요한 믿음이 우릴 안내할는지!
비록 가까운 위험이 크다 해도,
우리 곁 친구들이 더 크다오.

작자 불명

우리는 구름 떼 같은 증인들에 의해 주변이 둘러싸여 있으며, 그리고 그들의 심장은 모든 노력과 수고에 대한 공감으로 고동치고, 그리고 그들은 모든 성공에 기쁨으로 감격합니다. 얼마나 이런 생각이 모든 세속적인 감정과 무가치한 목적을 저지하며 나무라는지, 또한 신령치 못한 망각의 세상 한가운데서, 우리를 천국 평화의 분위기로 안치하는지! 그들은 이겨냈고, 일어났고, 지금은 영광을 얻고, 찬양받습니다. 그러나 그들은 여전히 우리에게 우리의 보좌인, 위로자로 남아 있으며, 그리고 모든 어둠의 시간에 그들의 음성이 우리에게 말을 겁니다. "그래서 우리는 슬펐고, 그래서 우리는 싸웠고, 그래서 우리는 실신했고, 그래서 우리는 의심했습니다. 그러나 우리는 이겨냈고, 우리는 얻었고, 우리는 보았고, 우리는 찾았습니다. 그러므로 우리의 승리에서 그대 자신의 확신을 보십시오."

해리엇 스토

11월 3일
진실의 중요성

그러므로 거짓말하는 것을 버리고, 각 사람은 이웃과 더불어 진실을 말하십시오. 우리는 서로 간에 지체들이기 때문입니다. - 엡 4:25

대화에서는 진지하라.
양심을 한창 때처럼 깨끗하게 유지하라.
생각하라 모두를 보시는 하나님이 어떻게 그대의 길을,
그리고 그대의 모든 은밀한 생각들을 사정하시는지를.

토머스 켄(Thomas Ken)

거짓말하기의 진수는, 말이 아닌 속임에 있습니다. 거짓말은 침묵에 의해, 얼버무림에 의해, 음절 상의 강세에 의해, 힐끗 어떤 문장에 특별한 의미를 붙이는 눈길에 의해 이루어질 수도 있습니다. 그리고 모든 이러한 종류의 거짓말들은 소박하게 말로 표현된 거짓말보다 더 나쁘고 비열합니다. 그래서 어떤 형태의 눈먼 양심도, 속임이 언사 대신 몸짓이나 침묵에 의한 것이었기 때문에 속였다고 자위하는 양심만큼이나 그렇게 멀리 가라앉지는 않습니다.

존 러스킨

사소한 것들에서 속임수들과 인위적 꾸밈들에 길들여진 사람은 중요한 문제들에서 진실하려고 애써도 헛일이 될 것입니다. 왜냐면 진실은 의지보다는 오히려 습관에 속하는 것이기 때문입니다. 그대의 인생 습관이 불성실했다면, 그대는 어떤 주어진 상황에서 어떤 갑작스런 한 번의 노력으로 진실해지려고 결심할 수가 없습니다.

프레더릭 로버트슨

11월 4일
새롭게 하소서

부드러운 대답은 분노를 내쫓지만, 가혹한 말들은 분노를 격동시킨다. - 잠 15:1
네가 화를 내는 것이 잘하는 것이냐? - 욘 4:4

새롭게 하소서, 주여, 당신의 형상을, 제 안에서,
제가 겸손하며 유순하도록.
이것들 말고는 어떤 매력도 주께는 귀하지 않지요.
주께서 알지 않도록 어떤 분노도,
제 조용한 마음 속 어떤 교만도,
허나 믿음과, 하늘로서 태어난 평화가 거기 있도록.

파울 게르하르트

모욕들은 받을 당시보다 기억에서 더 큰 상처를 받습니다. 작은 모욕은 오는 대로 갈 것이나, 큰 모욕은 내게는 점심이나 저녁을 먹을 때까지 있을 수 있으나, 어느 것도 전혀 나와 함께 묵게 되지는 않을 것입니다. 왜 다른 사람이 나를 괴롭혔다고 해서 내가 괴로워야만 합니까? 치료될 수 없는 지나간 것들에 대한 고통과, 막을 수 없는 미래의 것들에 대한 걱정은, 쉽게 상처를 줄 수는 있으나, 결코 내게 이익이 될 수는 없습니다. 나는 그러므로 두 경우 모두 내 자신을 하나님에게 위탁하고, 현재를 즐길 것입니다.

조지프 홀(Joseph Hall)

시공을 넘어서

하나님의 성전은 거룩합니다. 그리고 여러분은 그 성전입니다. - 고전 3:17

이제 당신의 강력한 영향력을 널리 쏟아주소서,
그들 아버지의 이미지를 지니고 있을 영혼들 위에.
우리를 영원히 흠모의 기도가 조용히 머무는
하나님의 거룩한 성전들로 만드소서.

카를 슈피타

이 영원이란 진주는 그대 안에 있는 하나님의 교회나 성전, 봉헌된 신성한 예배의 장소로, 거기서 그대는 홀로 영과 진리로 하나님을 예배할 수 있습니다. 일단 이 내적 예배에서 기초가 잘 다져지면, 그대는 시공을 넘어 하나님을 향해 살아가는 법을 배울 것입니다. 왜냐면 매일이 그대에게는 주일이 될 것이요, 그대가 가는 곳마다 사제와 교회와 제단을 함께 가질 것이기 때문입니다. 왜냐면 하나님께서 그대의 가슴에 대해 갖고 계셔야만 하는 모든 것을 갖고 계실 때, 그대가 그대 인에 있는 하나님의 빛과 영에 대한 복종으로 완진히 넘겨져, 오직 하나님의 뜻 안에서만 의도하고, 오직 하나님의 사랑 안에서만 사랑하고, 오직 하나님의 지혜안에서만 지혜롭게 될 때, 그때 분명 그대가 행하는 모든 것은 찬양의 노래와 같이 되며, 또한 그대 인생의 보통의 일은, 천사들이 하늘에서 하듯이, 지상에서 하나님의 뜻을 따르는 일이 되기 때문입니다.

윌리엄 로

소원하고 기뻐함으로

주는 자기를 경외하는 자들의 소원을 이루어주시며, 주는 그들의 부르짖음을 듣고, 그들을 구원하시리라. - 시 145:19

또한 주를 기뻐하라. 그러면 주가 네게 네 마음의 소원들을 들어 주시리라. - 시 37:4

비록 오늘이 그대의 모든 희망들을 이루어주지 않는다 해도
참을성을 가져라.
아마도 내일의 태양이
그대의 더 행복한 날들이 시작되어졌음을 볼지도 모르니.

파울 게르하르트

그의 큰 소원과 기쁨은 하나님입니다. 그리고 소원하고 기뻐함으로써, 그는 하나님을 갖습니다. "너는 주를 기뻐하라. 그러면 주가 네게 네 마음의 소원을 허락하시리라." 그러면 그때 분명히 그대는 모든 걸 갖게 될 것입니다. 모든 다른 것 그것을 주께 맡기십시오. 그러면 주가 그것을 이룩하시게 될 것입니다.

로버트 레이턴

하나님께 진정한 믿음으로, 마음으로부터 진지하게 호소하는 모든 이는, 분명히 들려져서 그들이 청하고 소원했던 것을 받게 될 것입니다. 비록 그들이 청하는 시간에, 분량으로가 아니고, 혹은 바로 그 물건이 아니더라도. 더욱이 그들은 자신들이 감히 청했던 것보다도 더 크고 더 영광스러운 것을 얻을 것입니다.

마르틴 루터

11월 7일
선한 목자의 음성

나는 하늘의 비전에 불복종하지 않았습니다. - 행 26:19

주 우리의 하나님을 우리가 섬길 것이며, 주의 목소리를 우리가 따를 것입니다. - 수 24:24

전 피하지 않을 거예요, 어떤 수고나 괴로움도.
전 갈 거예요 주께서 인도하는 곳으로,
저의 길이 평탄하든지 아님 거칠든지.
만일 오로지 매 시간이
당신을 기쁘게 하는 일에 소비되어진다면,
오, 사랑하는 주여, 그것으로 충분하지요!

게르하르트 테르슈티겐

이 모든 갈망과 의심들, 그리고 이 내면의 고통은, 주의 뜻에 반하는 것들로 부터 그대를 불러내려고 애쓰고 있는, 그대 가슴에 있는 **선한 목자**의 음성입니다. 오, 나로 하여금 주님의 부드러운 탄원들을 외면하지 않도록 그대에게 간청하게 하십시오.

해나 스미스 편집

사람에 대한 두려움은 함정을 가져옵니다. 우리의 의무에서 주저하고 시련의 때에 물러남으로써, 우리의 손은 점점 더 약해지고, 우리의 귀는 참 목자의 언어를 듣는 것에 점점 둔해집니다. 그래서 우리가 의인의 길을 볼 때, 그것은 마치 그들을 따르는 것이 우리를 위해 있는 것 같지 않은 듯합니다.

존 울먼

의무를 희생 제물로

보십시오, 오 하나님, 나는 당신의 뜻을 행하러 왔습니다. - 히 10:9

나를 가르쳐 주의 뜻을 행케 하소서, 주는 나의 하나님이시기 때문입니다. - 시 143:10

보라! 나는 기쁘게 와 실행하네
주인의 복된 뜻을.
외부의 일들에서 그 분을 좇네,
그리고 늘 섬기네 그의 즐거움을.
내 주의 명령들에 충실하기에,
난 늘 더 좋은 몫을 택하려하네.
섬기려 하네 조심스러운 마르다의 손으로,
그리고 사랑하는 마리아의 가슴으로.

찰스 웨슬리

영혼은 하나님께서 부과하시는 모든 것을 끈기 있고 감사하게 견디는 기질뿐 아니라, 하나님이 요구하시는 모든 것을 즉시 충실하게 행하려는 기질을 가질 때까지는, 그 의지에 있어 참으로 정복되거나 봉헌된 것으로, 또한 신의 뜻과의 일치에 들어선 것으로 간주되어 질 수가 없습니다.

토머스 업햄

우리가 인생에서의 우리의 상황과 관련된 모든 의무를 하나님에 대한 희생 제물로 바치는 법을 배웠을 때, 확정된 사역은 바로 확정된 기도의 습관이 됩니다.

토머스 어스킨(Thomas Erskine)

11월 9일
창조자의 눈

너는 말하지 말라, 나는 주께 내 자신을 숨기리라. 어떤 이가 위에서 나를 기억하리요? 나는 아주 많은 사람들 중에 기억되지 않으리라. 이렇게 무한히 많은 피조물들 중 내 영혼은 무엇을 위해 있습니까? - 위경, 집회서 16:17

아주 많은 이들 중, 하나님이 돌볼 수 있을까?
특별한 사랑이 모든 곳에 있을 수 있을까?
무수한 가정들에, 무수한 길들에,
그리고 모든 곳을 지키시는 하나님의 눈이?

난 물었고 내 영혼은 이를 곰곰 생각했지.
정히 바로 그 하나님의 장소에서
하나님께서 너를 두었고 지키셨던 곳,
하나님께서 다른 할 일이 없으신 곳에서!

애덜라인 휘트니

창조자는 당신이 만드셨던 피조물들을 틀림없이 돌본다는 것을, 그리고 그것들에 대한 효과적인 유일한 실제적 돌봄은 틀림없이 그것들 각각을 당신의 사랑 속으로 집어넣는 돌봄이며, 또한 그것을 별개로 아는 것은 그것을 당신의 별개의 동정으로 둘러싸는 것임을 믿는 그러한 마음의 본능들을 자유로이 대담하게 활동시키십시오. 생명을 주신 분은 당신 시야에서 놓치는 생명이 하나도 없습니다. 그리고 죄를 짓는다고 해서 당신께서 그것을 물리치시는 생명이 하나도 없습니다. 생명을 건드리는 것은 무엇이든지 당신을 슬픔이나 기쁨으로 건드리는 것이라 할 정도로 당신에게 가깝지 않은 생명이 하나도 없습니다.

필립스 브룩스

시험하는 질문들

하나님 안에서 우리는 살고, 행동하며, 우리의 존재를 갖고 있습니다. - 행 17:28

내가 주의 영을 떠나 어디로 가겠습니까? 아니 내가 주님의 얼굴을 피하여 어디로 도망치겠습니까?
- 시 139:7

> 그래요! 주님의 생명 안에서 우리의 작은 생명들 끝나고,
> 주님의 깊이 안으로 우리의 떨리는 영들은 떨어지네.
> 주님 안에 감싸이고, 모이고, 포함되어 있기에,
> 바다가 자신의 파도를 품듯이 주는 우리 모두를 품고 있네.

일라이자 스커더

우리의 하나님은 어디에 계신가? 그대는 하나님은 모든 곳에 계시다고 말합니다. 그렇다면 내게 그대가 하나님을 만났다는 모든 장소를 보여주십시오. 그대는 하나님이 영원하시다고 선언합니다. 그렇다면 내게 하나님께서 그대와 함께 계셨던 모든 순간을 말해주십시오. 그대는 하나님께서 시험에 든 자들을 기꺼이 구원하시며, 머리 숙인 자들을 들어 올리신다고 믿습니다. 그렇다면 어떤 열정적인 시간에 그대는 하나님의 고요한 은혜 속으로 가라앉았습니까? 어떤 슬픔 속에서 하나님의 '더 대단한' 기쁨에 열중했습니까? 이것들은 시험하는 질문들로서, 이 질문들에 의해 우리는 우리 또한 '미지의 하나님'께 우리의 제단을 세웠으며 그리고 눈 먼 자들의 예배를 드리는지의 여부를, 혹은 우리가 하나님과 친밀히 사귀고, 우리가 그분 안에서 살며, 기동하며, 우리의 존재를 갖는지의 여부를, 익힐 수가 있을 것입니다.

제임스 마티노

무엇이 우리의 문제

주께 합당하게 행하여, 모든 것을 기쁘게 하고, 모든 선한 일에서 열매를 맺고, 하나님에 대한 지식이 늘어나며, 하나님의 영광스런 권능을 따라, 온갖 능력으로 강해져, 기쁨으로 모든 견딤과 오래 참음에 이르게 하십시오. - 골 1:10~11

우리인 듯한 것이 되려고,
실행하려고 우리가 생각하는 것을
의무에 의해 부과되어진 것으로서
믿음 안에서 행하려고, 또한 꿈꾸지 않으려고
하나님의 계획을 의심하는 것을
진리와 아름다움에 관해서.

작자 불명

온전한 **미래**를 만드는 것이 우리의 문제가 아니라, 이미 알려진 규칙들에 따라 단지 그중의 작은 부분을 충실하게 만드는 것이 우리의 문제입니다. 우리 각자가 자신의 입장에서 무엇을 헤야만 하는지를 분명히 확인하는 것이, 당연한 진심을 갖고 물을 수 있을 우리 각자에게는 아마도 가능할 것입니다. 자신으로 하여금 참마음으로 이를 묻고 또 계속해서 묻도록 하십시오. 일반적인 현안은, 늘 그래왔듯이, 우리의 지성보다는 **더 높은 지성적 존재**와 함께 그대로 잘 있을 것입니다. 이날 그대는 열 가지의 명령된 의무들을 알고 있으며, 그대가 행하는 하나를 위해 행해야만 하는 열 가지 것들을 그대의 정신 속에서 보고 있습니다! 그중 하나를 하십시오. 이것은 저절로 그대에게 행하여질 수 있고 또 행하여지게 될 열 가지의 다른 것들을 보여줄 것입니다.

토머스 칼라일

11월 12일
그 날의 선은 그 날로

나는 나를 보내신 하나님의 일을 때가 낮인 동안 해야만 한다. 밤이 오면 그때는 아무도 일할 수 없다. - 요 9:4

어찌하여 너희는 아직 너희 임무를 다하지 아니 하였느냐? - 출 5:14

> 그날의 지정된 임무와 의무들을
> 중단하는 자는
> 종종 충분히 노래하지 않네 그날의 즐거움을.
> (그때에) 흐르기를 거부하는 보다 우수한 영들을
> 저지하면서, 목적들이 가볍게 변경되어지는 때에.
>
> 윌리엄 워즈워스

일들을 적절한 때를 넘겨 미룸으로써, 한 의무가 다른 의무의 뒤꿈치를 밟아, 모든 의무들이 진저리나는 채무들로서,— 우리가 그 밑에서 속 태우며 우리의 평화를 잃는 멍에로서, 느껴집니다. 대부분의 경우, 이것의 결말은 우리가 그 일을 당연히 행해져야만 하는 것으로서 행할 시간이 없다는 것입니다. 그러므로 그 일은, 하나님 생각을 내내 아주 조금 하면서 잘 행하려는 소망보다는, 그저 그것을 해치우려는 더 큰 소망으로, 허겁지겁, 열심히, 행하여집니다.

프레더릭 페이버

매일의 선은, 악처럼 매일 충분합니다. 우리는 우리의 손이 행하는 것을 보게 되는 자비로운 행동을, 즉시, 그리고 힘껏, 해야만 합니다. 그렇지 않으면 그 일은 결코 행하여지지 않을 것입니다. 왜냐면 손이 다른 임무들을 보게 되고, 일들의 지연이 내내 일어나기 때문입니다. 그리고 하나님의 성령이 부추겼던 모든 완료되지 않은 선한 감정, 모든 성취되지 않은 목적은, 언젠가는 하나님 앞에서 우리를 믿음 없고 비겁하다고 고발하게 될 것입니다.

존 톰

324

11월 13일
은총을 얻는 자

오 주여, 주께서 벌하시며, 주의 율법으로 자신을 가르치는 사람은 복이 있습니다. - 시 94:12

참으로 이것은 고난이니, 내가 그것을 참아야만 합니다. - 렘 10:19

붙드시오 그대의 투덜거림들 중, 힐책하는 하늘을!
끈기 있는 자들은 하나님의 인자한 얼굴을 보지요.
무거운 짐들을 불평하지 않고 지는 자들,
하나님 아버지의 은총을 얻는 것은 바로 그들이지요.

작자 불명

그대가 환난에 처할 때 위로를 위해 여기저기로 달리지 말고, 그 환난을 견디십시오. 불쾌하게 조용하며, 편치 않게 침묵하며, 참을성 있게 불행하십시오.

제임스 그리브스

확실히, 나는 슬픔이 아닐 것 같은 슬픔을 갖고 싶지 않다고 생각했습니다. 나는 내 십자가를 경건한 영으로 금방 짊어질 수 있게 될 것이고, 그 십자가는 다 잘 될 것이라고 느낍니다.

제임스 힌턴

11월 14일
시험들과 친숙하면

너는 내 종이라. 나는 너를 지었으니, 너는 내 종이라. 오 이스라엘아, 너는 내게 대해 잊히지 않게 될 것이다. - 사 44:21

오, 주소서. 주의 종에게 잠잠하고,
당신의 뜻을 견딜 수 있는 인내를.
전적으로 힘을 밀고 나갈
해 되지 않을 용기를.
나로 결코 내 길에서 벗어나
방황치 않게 할 지혜를.
지금은 괴롭지만, 내가 쉬어야만 하는 때를
가장 잘 아는 사랑을.

존 닐

그대가 결코 이런 시험들에서 해방되지 않을 것이라 생각하면, 그대는 무엇을 하시려는지요? 그대는 하나님께 말하겠지요. "저는 당신 것입니다.— 만일 저의 시험들이 당신께 용인될 수 있다면, 제게 더욱더 많이 주십시오." 나는 이것이 그대가 말하려는 것이며, 그대가 더는 그것을 생각하지 않으려 할 것임을, 그대가 걱정하려 하지 않을 것임을 전적으로 확신합니다. 그런데, 꼭 같은 걸 이제 해보십시오. 그대의 시험들과, 마치 그대가 늘 함께 살아야만 하듯이, 친해보십시오. 그러면 그대가 그대 자신의 구원에 대해 마음 쓰기를 그칠 때, 하나님께서는 그대에게 마음을 쓸 것이며, 그대가 스스로를 돕기를 그칠 때, 하나님께서 그대를 도우실 것임을 그대는 볼 것입니다.

성 프란치스코 살레시오

부족하지 않을 것

두려워 말라, 내가 너와 함께할 것이다. 놀라지 말라, 내가 너의 하나님이라. 나는 너를 강하게 할 것
이며 너를 도울 것이라, 그래 나는 내 의로움의 오른 손으로 너를 떠받치리라. – 사 41:10

주여, 당신은 가까이 계셔 내 외로운 길을 성원하소서.

당신의 달콤한 평화로 채우소서, 내 아픈 가슴을.

내 근심들과 두려움들을 흩으시고 덜하게 하소서, 내 슬픔들을.

그리고 매일 내 것이 되게 하소서,

당신을 늘 사랑하고 기쁘게 하는 것이.

피에르 코르네유(Pierre Corneillie)

만일 진흙과 오물을 밖으로 던지는 바다와 같은 악한 자연이 그대에게 마구
화를 낸다면 어떻게 될까요? 그것의 물결들이 그대의 마음을 기쁘게 해줄 강이,
멋지게 조용히 흘러가는 강이 있습니다. 그러면 오로지 고요함과 조용함 속에
서, 하나님께로 물러가 하나님 섬기는 법을 익히십시오. 그분 안에서 그대는 평
화와 기쁨을, 이 세상의 잔인하고 성가신 영에서 비롯된 그대의 환난 한가운데
서, 느끼게 될 것입니다. 그러므로 기다리며 주님에 대한 그대의 일과 섬김을 매
일, 그대의 자리와 부서에서, 아십시오. 그러면 주께서 그대를 거기서 충실하게
하실 수도 있으며, 그리고 그대에게는 도움도, 지지도, 또한 위로도 부족하지 않
을 것입니다.

아이작 페닝턴

11월 16일
영은 작은 물웅덩이

주께서 그 정신이 당신께 머물러 있는 자를 완전한 평화 속에 지키실 것이다. 그가 주를 신뢰하기 때문이다. – 사 26:3

> 어떤 위로들이, 주여, 저들에게 주어지는지요.
> 당신 안에서 가정과 안식을 구하는 (저들에게)!
> 그들은 지상에서 열려 있는 천국을 보며,
> 당신의 평화 속에서 충분히 복을 받지요.
>
> 볼프강 데슬러

하나님은 고요한 **존재**이시며, 고요한 영원에 머무르십니다. 그래서 그대의 영은 고요하고 맑은 작은 물웅덩이가 되어야만 합니다. 그래야 그곳에 하나님의 잔잔한 빛이 반사되어질 수 있습니다. 그러므로 안팎에서 어지럽히며 산란케 하는 모든 것을 피하십시오. 전 세계의 어느 것도 그대의 평화를 잃게 할 자격이 없습니다. 심지어 그대가 저질렀던 잘못들까지도 단지 그대를 낮추게 할 뿐, 어지럽게 해서는 안 됩니다. 하나님은 기쁨, 평화, 행복으로 충만하십니다. 그렇다면 지속적으로 즐겁고 평화로운 영을 얻으려고 노력하십시오. 온갖 걱정스러운 근심, 분함, 투덜대는 일, 우울을 피하십시오. 그것들은 그대의 영혼을 어둡게 하며, 그대를 하나님의 우정에 부적합하게 만들기 때문입니다. 만일 그대가 이런 감정들이 발생하고 있음을 인지한다면, 점잖게 그것들에서 얼굴을 돌리십시오.

게르하르트 테르슈티겐

11월 17일
미리 맡기십시오

날마다 내가 주를 송축하며, 내가 영영히 주의 이름을 찬미하렵니다. - 시 145:2
너의 행사를 주께 맡겨라, 그러면 너의 생각들이 공고해질 것이다. - 잠 16:3

주여, 제가 당신께 새롭게 합니다, 제 맹세들을.
아침 이슬처럼 흩으소서, 저의 죄들을.
저의 생각과 의지의 첫 샘들을 지켜주소서.
그리고 제 영을 당신 자신으로 채우소서.

토머스 켄

아침마다 잠깐 동안 그날의 주요 사역들을, 다른 일들보다 더 크게 중요한 어느 하나의 일을, 그대 자신의 특별한 시련을, 그중 그날에 일어날 것 같은 행사들을 생각하고, 그리고 한 번의 짧고 강한 행동으로 그대 자신을 미리 합해서 하나님께 맡기십시오. 그리고 모든 그대의 생각들, 말들, 행동들을, 하나님에 의해 좌우되고, 안내되고, 수용되도록 하나님께 드리십시오. 몇 가지 그날의 큰 행사들을, 가장 큰 시련을 그대에게 기져디주는 그런 행사들을, 선택하시고, 그리고 다른 것들보다 그것에 관해서는 그대 자신을 하나님께 맡겨야만 합니다.

에드워드 퓨지

그대는, 조용한 이른 시간에서 감히 빠져나오기 전, 주께 분명히 '자신의 일들'을, 그대가 오늘 해야만 하는 특별한 일들과, 주께서 그 일의 과정에서 더하실 수도 있을 보이지 않는 일을 맡기지 않으렵니까?

프랜시스 하버갈

11월 18일
안으로 돌리세요

이로써 우리가 하나님 안에, 하나님이 우리 안에 거하는 것을 우리는 압니다. 하나님이 하나님의 영을 우리에게 주셨기 때문입니다. - 요일 4:13

안으로! 안으로 돌리세요,
그대의 영의 눈을. 그리고 배우세요,
그대의 방황하는 감각들을 점잖게 통제하는 법을.
그대의 가장 소중한 **친구** 그대의 영혼 안에 깊이 머무네요.
그리고 그대에게 그대 자신을 부탁하네요,
마음과, 정신과, 감각을, 주가 온전히 만들어 주시기를.
완전히 조화 있게.

게르하르트 테르슈티겐

그대의 영혼 가장 안쪽의 깊은 곳인 영 안에 늘 거주하고 있는, **빛**과 **사랑**의, **자비와 선하심**의, **영광과 존귀**의 한 하나님을 참을성 있게 기다리며, 겸손히 믿으며, 오로지 그를 의지하며, 오직 그에게만 구하십시오. 거기서 그대는 모든 창조의 모든 숨겨진 비밀인, 눈에 보이지 않는 **지지자**를 가지며, 그리고 그분의 복된 활동은 그대의 마음을 겸손히, 충실히, 다정히, 조용히, 참을성 있게 그분께로 내향케 함으로써 언제나 알려지게 될 것입니다. 왜냐면 그분은 그대 안에 자신의 숨겨진 천국을 갖고 계시며, 또한 이 천국은, 그대의 마음이 그대 안에 계신 그분의 영원하신, 항상 말을 하시는 **말씀**과, 항상 깨끗케 하시는 **성령**에게 전적으로 맡겨지자마자, 그대에게 스스로를 열 것이기 때문입니다. 그대 자신의 타고난 영과 기질의 모든 열심과 활동을 조심하십시오. 그대 나름의 어떤 급한 방식들로 달리지 마십시오. 그대 자신의 허영과 약점을 지각하면서 인내하십시오. 그리고 하나님께서 당신 자신의 일을, 자신의 방법으로, 하시도록 참을성 있게 기다리십시오.

윌리엄 로

11월 19일
혀를 다스림이 중요

너희 중 어떤 이가 경건한 듯하면서 혀를 다스리지 않고 자신의 마음을 속이면, 이 사람의 경건은 헛됩니다. - 약 1:26

내 길들을 조심하여, 내 혀로 죄짓지 아니하리라고, 나는 말하였다. - 시 39:1

죄의 말도 아니고, 또한 그릇됨의 행위도 아니고,
속절없이 헤매는 생각들도 아니에요.
허나 단순한 진리가 우리들의 혀에 있게 하고,
또한 우리의 가슴에는 사랑이 있게 하세요.

성 앰브로즈(St. Ambrose)

우리 모두로 하여금, 첫째, 침묵의 은혜를 이룰 것을, 둘째, 아무 효과 없는 모든 흠잡기를 죄로 생각하여 우리 자신들이 행복할 때, 이웃들을 방문하여 그들의 일상생활의 모든 고통스럽고 불쾌한 특징을 평함으로써 이웃들을 위한 분위기를 못 쓰게 만들지 않도록 작심할 것을, 셋째, **찬양**의 은혜와 미덕을 실천할 것을 결심토록 하십시오.

해리엇 스토

성격과 행동의 결함들을 꾸준히 보여주는 사람들에 의해 둘러싸여 있을 때, 만일 우리가 불평하는 참을성 없는 영에게 굴복하면, 우리는 다른 이들에게 도움을 주는 만족을 갖지 못하고 우리 자신의 평화를 망치게 될 것입니다.

토머스 업햄

달콤한 인내가 필요

너희가 인내를 필요로 함은, 하나님의 뜻을 행한 후에, 너희가 약속을 받기 위함이라. - 히 10:36

달콤한 **인내**여 오라.
낮은 속세의 원천에서가 아니라,
사건들이 그들의 진로를 갖게 될 때까지 기다리면서.
현재의 고통을 받아들이기 때문이 아니라
이후의 어떤 이익을 바라는 중에.
어둡고 침울한 고요 속에서가 아니라,
그러나 한 줄기 하늘의 향기로서,
내 지친 마음에게 감수토록 청하면서
하나님이 적당하다 보시는 것 모두를 감당할 것을.
달콤한 **인내**여, 오라!

전투 교회의 찬송가

인내는 자신의 제자들에게 정신의 만족과 기질의 차분함을 입혀주며, 모든 불평하며 투덜대는 성급한 소원들과 과도한 감정들을 막아줍니다. 여기서의 실망들은 아무 십자가들도 아니며, 모든 걱정스런 생각들은 그것들의 가시가 거세되어 있습니다. 인내의 저택들에는 조용함, 순종, 긴 고통이 거처하며, 모든 맹렬한 매우 거친 성향들은 이에 의하여 누그러집니다. 인내하는 자들의 눈들은 하나님 섭리의 내적 권능을 꼼짝 않고 기다리며, 또한 그들은 그것에 의하여 그들의 구원과 보존을 향하여 힘 있게 나아갈 수 있게 됩니다.

토머스 트라이언

생명의 유익이 있는 곳

사람이 빵으로만 살 것이 아니라, 하나님의 입에서 나오는 모든 말씀으로 살 것이다. - 마 4:4

사람의 생명은 그가 소유하고 있는 물건들의 풍부함에 있지 않다. - 눅 12:15

하나님이 하시는 일은 모두 더할 나위 없어,

그분이 주시든지, 가져가시든지!

그리고 우리가 그분의 손에서 받는 것은

충분해 우리가 사는 데는.

그분은 가져가고 또한 주시네, 아직 여전히 사랑하는 동안 우릴.

그러니 사랑하시오 그분의 뜻을.

베냐민 슈몰크

풀을 뜯을 산을 두셋 가진 저 짐승이 이슬이나 만나를 먹으며, 또한 매일 아침 하늘의 창고, 구름들, 그리고 섭리에서 떨어지는 것을 먹고 사는 작은 벌보다 더 낫습니까?

제러미 테일러

나 자신을 위해 나는 인간 생명의 유익은 한 사람이 소유하면 나머지 사람들이 잃는 물건들의 소유가 아니라, 오히려 모두가 꼭 같이 소유할 수 있는 물건들에, 그리고 한 사람의 재산이 그의 이웃의 재산을 증진시켜주는 곳에 있을 수 있다고 확신합니다.

베네딕트 스피노자

모든 몫은 그것을 차분히 감당하고 있는 사람에게는 행복합니다.

보에티우스

먼저 구해야 할 것

너희 아버지께서는 너희가 필요로 하는 모든 것들을 알고 계신다. - 마 6:8

너희는 먼저 하나님의 나라와 그분의 의를 구하라. 그리하면 이 모든 것들이 너희에게 더해질 것이다. - 마 6:33

> 주님의 나라가 오기를, 권능과 은혜와 함께,
> 모든 사람의 마음에게로.
> 주님의 평화와 기쁨, 그리고 의가
> 다스리기를 우리 모두의 가슴 속에서.
>
> 찰스 웨슬리

하나님께서는 그때에 우리들에게, 과거의 자비들에 의해, 현재의 은혜에 의해, 잘 안 될 것이라는 두려움들에 의해, 하나님의 선하심 안에 있는 소망들에 의해, 진지하게, 우리의 온 마음들을 다하여, 당신과 당신의 의를 구하라고 명하십니다. 그러면 이 모든 것들, 그대들이 영혼과 몸을 위해 필요로 하는 모든 것, 평화, 위로, 기쁨, 하나님의 위로들이 넘치는 일 등이 그대들에게 그 위에 또 더해지게 될 것입니다.

에드워드 퓨지

그대 안을 보십시오

내가 지혜의 길에서 너를 가르쳤으며, 내가 의로운 길들에서 너를 인도하였다. - 잠 4:11

우리들은 그 길이 어떤 것일지를 모르지요,
아직까지 우린 걸은 적 없으니.
허나 우린 우리 모든 것 당신께 맡길 수 있어요,
우리 아버지 우리 하나님에게.

윌리엄 아이언스(William Irons)

우리들은 하나님에 의해서 우리의 역할을 감당토록 부름 받을지도 모를 환경에 대해서는 아주 거의 통제하지 못하며, 우리의 영혼들의 기질에 대해서는 무한히 통제하지만, 그러나 시험의 외적 종류들에 대해서는 거의 통제를 못합니다. 가장 정력적인 의지까지도 우리의 영들이 그로 인해 위험해질 수 있고 시험 당할 수 있는 사건들을 명령할 수가 없습니다. 우리 손이 아주 미치지 않는 권세들 ─ 죽음, 우연한 사고, 운수, 다른 사람의 죄 ─ 은 한순간에 우리 인생의 모든 형편들을 바꿀 수도 있습니다. 내일의 태양과 힘께 생존은 우리 중 누구에게든지 새롭고 무서운 국면들을 가질 수도 있습니다.

존 톰

오, 내 친구여, 방해가 되고 있는 것을 내다보지 마십시오. 만일 그것이 사자처럼 무섭게 보이면 어떻게 될까요. 주께서는 먹이의 산들보다 더 강하지 않습니까? 그러나 안을, 생명의 법이 쓰여 있고, 주님의 뜻이 계시되어 있는 곳을 보십시오. 그러면 그대는 그대에 관한 주님의 뜻이 무엇인지를 알 수 있을 것입니다.

아이작 페닝턴

11월 24일
능력 있는 크리스천

큰 용기에 속하라, 그러면 주께서 너의 마음을 강하게 하시리라. 주 안에서 희망을 갖는 너희들 모두는. - 시 31:24

너희 마음이 고민되거나 두렵지 않도록 하라. - 요 14:27

> 하늘의 사랑 안에 머물러 있는 동안은,
> 내 마음 두려워하지 않게 되리 어떤 변화도.
> 그리고 안전하지요 이렇게 신뢰함은,
> 변하지 않으니까요 여기서는 어떤 것도.
>
> 애나 워링

진정한 크리스천은 그 자신의 의지를 제어할 능력이 있어, 고상하고 행복하게 살며, 깨끗한 천국을 자신의 정신의 평온함 안에서 영원히 누릴 수도 있을 것입니다. 이 세상의 바다가 그의 주변에서 매우 사납고 큰 폭풍 같을 때, 그는 자신의 뜻을 하나님의 뜻에 부드럽게 맞춤으로써, 항구 안의 닻을 보고 안전하게 달릴 수가 있습니다. 그는 자신의 주변을 보며, 차분하고 아랑곳하지 않는 정신으로 세상이 자신에게 미소하는지 혹은 눈살을 찌푸리는지를 볼 수가 있습니다. 또한 그는 이 세상에서 그가 동시에 마주치는 나쁘고 불친절한 관례에도 불구하고, 자신의 최소량의 만족에 대해서 조금도 겁내지 않을 것입니다. 자신의 뜻을 지배할 수 있게 된 그는 외부로부터의 어떤 폭력도 느끼지 않으며, 내부의 어떤 다툼들도 알지 못합니다. 그리고 하나님께서 이런 죽어야 할 운명에서 그를 부르실 때, 그는 자신 안에서 자신의 인생을 내려놓을 수 있는 능력을 보게 됩니다. 또한 그것은 그에게서 빼앗기기보다는, 오히려 그에 의해서 신에게 조용히 자유롭게 양도되어집니다.

존 스미스

11월 25일
그대는 보호되고 있음

그리고 주께서는 그대 앞에 가시는 분이며, 그는 그대와 함께 계시며 그대를 저버리지도, 버리지도 않으실 것이니 두려워도 말고 당황하지도 말라. - 신 31:8

> 잘 알거라, 내 영혼아, 그대가 두려워하는 것은 무엇이든
> 하나님의 손이 통제함을.
> 가장 조용한 음악으로 그대가 듣는 것은 무엇이든
> 하나님 주위에서 굴러가네.

존 휘티어

도덕적 정서의 교훈들은, 단 한번 뿐으로, 모든 인생에서 기쁨을 빼앗는 저 불안으로부터의 해방입니다. 그 감정은 위대한 평화를 가르칩니다. 그것 자체는 가장 높은 곳에서 옵니다. 모든 건강한 자연들 속에 있으며, 또한 가장 훌륭하며 가장 재능 있는 사람들 안에서 가장 강하기 때문에, 우리들이 사람들을 창조하신 이에 의해 심겨진 것으로 알고 있는 것은 바로 그것입니다. 저 순간의 의무를 행하며, 잘못을 행하는 짓을 심가는 것은 매 순간마다의, 또한 인생의 모든 형편에서의 계명입니다.

랠프 에머슨

가서 바다에서의 화재나, 혹은 그대의 친구 집에 있는 콜레라나, 혹은 그대 집 안에 있는 강도나, 아니면 의무의 길에 놓여있는 얼마만큼의 위험과 맞서 보십시오. 그리고 그대가 운명의 천사에 의해 보호되고 있음을 아십시오.

랠프 에머슨

11월 26일
가장 좋은 곳

보라, 내가 너와 함께 있어, 네가 가는 모든 곳에서 너를 지킬 것이다. - 창 28:15

조용하라, 영혼아.
왜 그대는 걱정과 슬픔을 빌려야만 하나,
왜 이름 없는 두려움과 비애에 앉아야만 하나,
온 종일을.
하나님은 그대의 길을 내일 구획하리라.
당신의 최선의 방식으로.

작자 불명

마담, 나는 당신을 여기서 보게 되기를 바랐었기에, 그 소망을 즐기고 있었습니다. 그러나 하나님께서는 당신을 다른 곳에 보내셨습니다. 가장 좋은 곳은 하나님께서 우리를 두시는 곳 모두이며, 그리고 어떤 다른 곳은 바람직하지 않을 것이며, 그곳은 우리의 공상을 즐겁게 하고 우리 자신이 고를 테니까 그 만큼 더 나쁠 것입니다. 멀리 있는 사건들을 생각하지 마십시오. 미래에 대한 이런 걱정은 당신에게 해롭습니다. 우리들은 하나님께 달려 있는 모든 것을 하나님께 맡기고, 우리 자신에게 달려 있는 모든 것에 충실하는 것만을 생각해야만 합니다. 하나님께서 당신에게 주셨던 것을 가지고 가실 때는, 하나님은 다른 수단을 통해서든 아니면 혼자서든 그것을 되돌리시는 법을 잘 알고 계십니다.

프랑수아 페늘롱

제가 무엇이기에

주께서 우리를 잊지 않으셨으니, 주께서 우리를 복 주실 것입니다. - 시 115:12

내 하나님 아버지! 제가 무엇인가요,
모든 당신의 자비들이 햇살처럼 감미롭게 떨어지다니
아주 끊임없이 저의 길 위에.
당신의 위대하신 사랑이 절 숨기시며,
제 발걸음들을 아주 부드럽게 인도해야만 하시니
모든 변하는 날 동안 내내.

작자 불명

얼마만 한 생명의 힘과 기운이, 얼마만 한 소망과 믿음이, 얼마만 한 즐겁고 쉼 없는 에너지가 늘 내 가까이에서 늘 관찰하시며, 내 실패들을 보시기 전 내 의도들을 보시며, 내 잘못들을 보시기 전 내 소원들을 아시며, 그리고 나를 성원해 더 큰 것들을 노력케 하시며, 게다가 더욱 가장 작은 것까지도 용인하시며, 나의 빈약한 예배를 칭하면서도 게다가 더욱 무엇보다 나의 더 빈약한 사랑에 만족하시는, '내 주님'이 되신 하나님을 섬기고자 하는 이 한 가지 생각 안에 담겨 있는지요. 우리가 무엇이든, 어디에 있든, 이것을 깨닫도록 애쓰십시다. 가장 비천한 이들, 가장 소박한 이들, 가장 약한 이들, 가장 방해가 되는 이들까지도, 가장 바쁘고 가장 강한 이들, 가장 재능 있고 부지런히 일하는 이들 못지않게, 하나님을 사랑할 수도 있습니다. 만일 우리의 마음이 하나님 앞에서 맑다면, 만일 하나님이 우리에게 우리의 으뜸가는 최상의 선택이고, 무엇보다 소중하며, 무엇보다 먼저 요구된다면, 그렇다면 그 밖의 모든 것은 별로 중요하지 않습니다. 우리와 관계되는 것을 하나님께서는 고요함 가운데 권능으로 완성하실 것입니다.

헨리 매닝

11월 28일
신의 무한하신 사랑

그래, 내가 영원한 사랑으로 너를 사랑했다. 그래서 사랑의 친절로 내가 너를 이끌었다. - 렘 31:3

난 기대지요, 하나님의 위대하신 사랑과
보이지 않는 무한자의 사랑에.
하늘이나 땅의 그 어떤 것도 두지 않고서 둘 사이에
이 하나님은 내 것, 그리고 난 그의 것입니다.
하나님 사랑은 지복에 대해 내가 필요한 전부입니다.

호레이서스 보너

만일 인간의 사랑이 부드럽고, 자기희생적이며, 헌신적이기만 하다면, 만일 그 사랑이 참고 견딜 수 있기만 하다면, 만일 그 사랑이 사랑받는 이들에게 기쁘게 감당될 수 있기만 하다면, 만일 그 사랑이 그 대상들의 위로나 즐거움을 위하여 아낌없는 포기로 기꺼이 스스로를 쏟아내기만 하다면, 그렇다면 하나님의 사랑은 무한히 더 부드럽고, 자기희생적이며, 헌신적이고, 기쁘게 참고 견디며 감당하고, 은사와 축복들 중 자신의 최고의 것을 자신의 사랑의 대상들에게 아낌없이 주십니다. 그대가 알고 있는 가장 부드러운 사랑을, 그대가 일찍이 느꼈던 가장 깊은 사랑을, 그대에게 일찍이 쏟아 부어졌던 가장 강한 사랑을 모두 한 데 모으고, 그리고 세상에 있는 모든 사랑하는 인간의 마음들의 모든 사랑을 그 위에 쌓아올리고, 그리고는 무한대로 그것을 배가시키십시오. 그러면 그대는 어쩌면 하나님의 사랑이 어떤 것인지에 대하여 다소 희미하게나마 얼핏 보기 시작할 수도 있을 것입니다.

해나 스미스 편집

11월 29일
실행하려는 노력을

내 아들들아, 이제는 게으르지 말라. 주께서 너희를 택하여 주 앞에 세우시고, 주를 섬기도록 하셨다. - 대하 29:11

밝게 하소서 내 함께 지나갈 때 내 전망을,
모든 것 희생한 열렬한 섬김을,
지칠 줄 모르는 사역에 의해 강해진 사랑을,
그리고 첫 번의, 가장 부드러운 부르심을 위해 준비된 (사랑을).

애나 워링

사소한 것들로 보이면서, 영혼을 크게 약화시키기 쉽고 미덕과 영광으로 가는 길에 그것의 진보를 방해하는 많은 것들이 있습니다. 우리의 판단이 완전히 입증할 수 없는 것들을 탐닉하는 습관은 자기만족의 모든 행위에 의해 점점 더 강해지며, 그리고 우리들은 영적 싸움에서 우리의 손을 크게 약화시킬 게 틀림없는 사치의 과잉을 향해 점차로 계속해서 이끌려가게 됩니다. 만일 우리가 모든 특별한 상황에서 올바른 것을, 비록 그것이 사소하다라도 실행하려고 노력하지 않으면 우리는 꼭 같은 태만이 보다 본질적인 문제에서 일어나는 것을 내버려두는 큰 위험에 처하게 될 것입니다.

마거릿 우즈(Margaret Woods)

의지는 의지의 출발들과 성향들을 복종 속에 가두어두어야만 하는, 빈번한 자기부정들에 의하여 유순하게 되어 질 수 있을 뿐입니다. 커다란 약점은 전혀 중요하지 않은 것 같은 방종들에 의해 종종 생겨납니다.

미겔 드 몰리노스

훈련이 필요

오 내 영혼아, 왜 너는 낙담하는가? 왜 너는 내 안에서 불안해하는가? 너는 하나님 안에서 희망을 가져라. 내가 오히려 하나님을 그의 안색의 도움을 인하여 찬양하게 될 것이기 때문이라. - 시 42:5

우리들은 사방에서 문제가 있으나, 고통받지는 않습니다. - 고후 4:8

> 오, 내 영혼, 어찌하여 너는 속을 태우느냐?
> 형편들로 평탄히 가게 하라 그것들이 뜻하는 대로.
> 비록 그것들이 복잡한 것 같지만 그대에게는,
> 그래도 그것들은 성취한다 하나님의 질서를.
>
> 아우구스트 프랑케(August Francke)

작은 시험들이 일으키는 속상함, 불안, 조바심은 전적으로 자제력에 관한 우리의 무지와 부족에서 생깁니다. 사실 우리가 방해받고 괴로울지라도, 이것들은 우리를 인내와 유순한 순종, 그리고 하나님의 충만하심만이 그 가운데서 보여질 수 있는 자기희생을 훈련하기 적합한 형편 속으로 밀어넣습니다.

드 렌티(De Renty)

매일 얼마간의 만족을 자제하십시오. 인생의 모든 불편들을 하나님의 사랑을 위하여 — 추위를, 배고픔을, 불안한 밤들을, 나쁜 건강을, 반갑지 않은 소식들을, 부하들의 잘못들을, 치욕을, 친구들의 배은망덕을, 적들의 악의를, 비방들을, 우리 자신의 실패들을, 영들의 의기소침을, 우리의 타락을 극복하는 데 있어서의 노력을 감당하면서 — 인내와 하나님의 뜻에의 복종으로 이 모든 것들을 감당하면서. 이 모두를 하나님에게 하듯이, 가장 큰 내밀함으로, 행하십시오.

토머스 윌슨

12월 1일
사랑의 영을 아시나요

사랑은 시기하지 않으며 …… 아무런 악을 생각하지 않습니다. – 고전 13:4~5

이웃을 업신여기는 자는 죄를 짓는 것이다. – 잠 14:21

> 그대는 연민을 갖고 형제의 몰락을 바라보세요.
> 그러나 엄한 노여움으로 그의 잘못에 맘을 두지 마세요.
> 하나님의 은총만이 그대를 붙들며, 모두를 붙들지요.
> 만일 그게 철회되면, 그대 또한 빗나가고 절뚝거릴 거예요.
>
> 제임스 에드메스턴(James Edmeston)

　사랑은 어떤 악의적인 요소들을 손에 쥐지 않습니다. 그 영은 사랑을 부추기어 노출되어져서는 안 되는 모든 것들을 자비 속에 숨기며, 믿어질 수 있는 선 모두를 믿게 하며, 좋으신 하나님께서 가능케 하신 모든 것들을 소망하게 하며, 그 소망이 유익하게 될 수 있도록 모든 것들을 인내하게 합니다.

존 톰

12월 2일
마음을 살피세요

그러므로 심판하는 그대가 누구든, 오 사람아, 그대는 변명할 수 없습니다. 그대가 다른 사람을 심판하는 곳에서, 그대는 자신을 정죄하기 때문이며 심판하는 그대가 꼭 같은 것들을 하기 때문입니다.
- 롬 2:1

그대 자신의 마음을 살피세요. 그댈 아프게 하는 것이
다른 사람들 속에, 그대 자신 안에 있는 지를.
모든 인간은 약하고, 모든 육체는 연약하니
그댄 그대가 찾는 진실한 사람이 되시기를.

존 휘티어

한 사람 안에 있는 성자의 인생은 다른 사람 안에 있는 보통의 정직보다 못할 수도 있습니다. 그 양심들을 하나님께서 움직이시고 계발하셨던 우리들에게서, 하나님은 우리를 노출된 계층들의 평균과 동일한 수준에 두기 전에, 순교자의 진실을, 기독인의 비세속적인 순진함을 찾을 수도 있습니다. 우리들은 어쩌면 우리의 인생들은 적어도 해가 없는 것으로 생각할지도 모릅니다. 우리들은 우리가 경시했던 하나님의 초대들과, 우리의 도움 없이 우리가 떠나고 있는 하나님 섭리의 목적들과, 우리가 거절하며 던져버리고 있는 우리 자신들을 위한 영광과, 시간에 대한 날마다의 충실함 때문에 과로하지 않고 어느 단 하루에 세울 수 있는 복된 일의 막대한 총량과 비교되어질 때, 하나님께서 우리의 인생들에 대해 무엇을 생각하실 지를 고려하지 않습니다.

존 톰

12월 3일
소망을 이루는 법

이제 소망의 하나님께서, 여러분이 성령의 능력으로 말미암아 소망이 풍부하도록, 믿는 동안 모든 기쁨과 평화로 여러분을 충만케 하십니다. - 롬 15:13

하늘을 향해 기다리는 눈을 들지요. 나는;
거기에 내 모든 소망들이 놓여 있어요:
땅과 넓은 하늘을 지으신 주께서는
나의 영원한 도움이지요.

아이작 와츠

속세의 걱정들, 즐거움들, 불안들, 노역들 가운데서, 만일 그대가 꽤 강한 소망을 높은 곳에 두고자 하면, 밑에 있는 것들에 아첨하지 마십시오. 만일 그대가 하나님 안에서 소망하고자 하면, 그대의 걱정들을 진심으로 하나님께 올리도록 하십시오. 그런 다음 그대 안에 있는 어떤 것이 하나님께 못마땅한가를 보십시오. 그대의 소망을 억누르는 것은 바로 이것입니다. 그것이 무너질 때까지 단단히, 반복해서, 하나님의 힘으로 치십시오. 그대의 소망이 그대를 구원하신 하나님께 대한 그대의 감사와 함께 즉시 날아오를 것입니다.

에드워드 퓨지

적의 올가미들이 그대에게 너무 알려지고 식별되어지며, 도움의 방법이 너무 분명하고 쉬워지게 되면, 그 결과 올가미들의 힘은 깨어지고, 올가미에 걸린 불쌍한 새는 새잡이의 그물들과 철조망들에서 노래를 하며 날아가 버릴 것입니다. 그러면 찬양들이 솟아나고, 그대의 마음속에 있는 위대한 사랑이 용서자인 구원자를 향하여 솟아오를 것입니다.

아이작 페닝턴

12월 4일

그대는 천국의 주민

믿음의 선한 싸움을 싸우라, 영생을 붙들라, 너 또한 그것에로 부름을 받고 있다. - 딤후 6:12

오, 더 이상 꿈꾸지 마시오, 조용한 인생을.
걱정은 걱정 없는 자들을 찾아내나니, 맹세함이 더 현명하지
그대의 온전한 맘을 믿음의 순수한 싸움에 받칠 것을.
그럼 평화는 올 것이나, 그댄 때나 방법을 모르지.

《사도의 서정시(Lyra Apostolica)》

　자신의 수고의 인생을 불평하는 그대는 누구입니까? 불평하지 마십시오. 내 지친 형제여, 올려다보십시오. 그대의 동료 일꾼이 거기, 하나님의 영원 가운데 있음을. 거기서 살아남아 있음을, 그들만이 살아남아 있음을. 거룩한 죽지 않는 자들의 무리, 인간 제국의 천국 경호대를 보십시오. 그대에게 천국은 비록 가혹하지만 불친절하지 않습니다. 천국은 친절합니다, 고상한 어머니처럼. 아들에게 아들의 방패를 주는 동안, "그걸 가지고서, 내 아들아, 아니 그것을 의지해서"라고 말하는 저 스파르타의 어머니처럼. 그대는 또한 명예롭게 고향으로, 그대의 머나먼 고향으로 명예롭게 돌아가게 될 것입니다. 그것을 의심하지 마십시오. 만일 그 싸움에서 그대가 그대의 방패를 지킨다면! 그대는 영구불변한 것들과 가장 깊은 죽음의 왕국들에서 거류 외국인이 아니라, 어느 곳에서나 주민입니다. 불평하지 마십시오.

토머스 칼라일

12월 5일
아무리 무거워도

모든 은혜의 하나님께서, 그리스도 예수로 말미암아 그의 영원한 영광으로 우리를 부르셨으니, 여러분이 잠시 고난을 받은 후, 여러분을 온전하게 하시며, 공고히 하시며, 강하게 하시고, 안정시키실 것입니다. - 벧전 5:10

주의하고, 조용히 하라. 두려워 말고, 겁먹지도 말라. - 사 7:4

어떻게 그대는 십자가를 질 것인가요?
아주 무시무시한 무게로 보이는 (십자가를).
조용히 하나님을 굳게 지키고 생각하시오.
영원한 세월들에 대하여.

프레더릭 페이버

하나님께서 그리스도의 향기로운 십자가에 대해 나쁜 보고를 올리는 사람들을 용서하옵소서. 오로지 어두운 측면만을 주의하여 보며, 우리로 실수하도록 만드는 것은 우리의 약하고 희미한 눈뿐입니다. 저 게 모양의 나무를 등에 지고 멋지게 가져다, 그것을 계속 능숙하게 단단히 낼 수 있는 사람들은 그 나무가 한 마리 새에게는 날개와 같은, 한 척의 배에게는 돛과 같은, 그런 짐이라는 것을 알게 될 것입니다.

새뮤얼 러더퍼드

모든 무거운 것은, 아무리 위압적이라 해도 복 됩니다. 왜냐면 하나님께서는 매우 선하셔서 그 자신의 손으로 우리 어깨 위에 그것을 단단히 매셨기 때문입니다.

프레더릭 페이버

12월 6일
네가 신뢰할 자

이 하나님은 영영히 우리 하나님이시니 그는 우리를 죽을 때까지도 인도하시리라. - 시 48:14

주께서는 네가 신뢰할 자가 될 것이기 때문이다. - 잠 3:26

> 조용하라, 내 영혼아! 그대의 하나님께서 떠맡고 계시오.
> 미래를 안내하는 것을, 그가 과거를 갖고 있기 때문이지:
> 그대의 소망, 그대의 신뢰를, 아무것도 흔들도록 하게 마시오,
> 지금 신비한 모든 것이 마침내 또렷해지게 될 것이니.
>
> 제인 보드위크

하나님은 수많은 불행에서, 우리가 그것을 몰랐을 때, 우리를 지키셨고 덮어주셨습니다. 우리의 안전 가운데서, 만약 하나님이 "밤에는 공포로부터, 낮에는 날아가는 화살로부터" 어둠 속에서 걷는 악의 권세들로부터, 우리 자신의 악한 의지의 올가미들로부터, 우리를 보호하지 않으셨다면, 우리는 매 시간마다 멸망했을 것입니다. 하나님은 우리를 우리 자신에 맞서서도 지키셨고, 우리 자신의 타락으로부터도 우리를 구하셨습니다. 우리로 우리의 모든 길들에 있는, 모든 사건들 안에 있는 하나님 손길의 흔적과 우연들을, 이 시끄러운 상태의 변화들을 읽도록 하십시다. 우리를 덮어 싸주시고 먹이시는, 우리로 들고 나게 하시는, 쇠약하게 하거나, 초장을 찾게 하거나, 잔잔한 물가에 눕게 하거나, 혹은 바싹 말라 사막 같은 길가를 걷게 하는, 분은 바로 하나님이십니다.

헨리 매닝

경건에 이르는 길

이제는 스스로를 하나님과 아는 사이가 되게 하고, 화평하라. - 욥 22:21

너의 모든 자녀들은 주님에 대하여 가르침을 받을 것이니, 너의 자녀들의 평강이 클 것이라. - 사 54:13

뭉쳐라, 나의 헤매는 생각들아 뭉쳐라.
부드럽고 달콤한 침묵 속에.
그리고 그대, 내 영혼아, 얌전히 앉거라,
그대의 위대하신 **주권자**의 발 아래에.

필립 도드리지

그래요! 영혼이 세상에서 물러나 하나님과만 있게 되는 저 거룩한 시간들은 복됩니다. 하나님의 음성은, 하나님 자신처럼, 모든 곳에 있습니다. 안과 밖에서, 하나님은 우리가 듣고자 하면 우리의 영혼에게 말을 거십니다. 오로지 세상의 시끄러운 소리나 혹은 우리 자신의 마음의 격동만이 그 음성에 대해 우리 내부의 귀를 먹게 합니다. 고요함 속에서 하나님과 사귀는 법을 배우십시오. 그러면 그대가 고요함 속에서 찾았던 하나님은, 그대가 집 밖에 나가면 그대와 함께 계실 것입니다.

에드워드 퓨지

하나님에 대한 경건과 두려운 존경심에 이르는 위대한 발걸음이자 똑바른 길은, 묵상하는 것이며, 그리고 침착하고 말없는 조용함으로 정신의 눈들을 내부로 돌리는 것입니다. 거기서 구하며, 순종적인 영과 함께 **지혜**의 성전 문들에서 기다리는 것입니다. 그런 후는 **신의** 음성과 **뛰어난 권능**이 사람의 자아의 빛과 중심에서 발생할 것입니다.

토머스 트라이언

12월 8일
내가 찾는 행복

우리 주 예수 그리스도의 하나님이신 하나님 아버지께서는 복되시니, 그는 모든 신령한 복으로 우리
를 복 주셨습니다. - 엡 1:3

> 그건 내가 찾는 행복이 아니에요.
> 그것의 이름을 난 감히 말하지도 못해요.
> 그건 사람이나 땅을 위해 만들어지지 않고
> 하늘만이 그걸 낳을 수 있지요.
>
> 달콤하고 순수한 중요한 것 하나 있어요.
> 삶과 죽음을 통과하고도 지속할 거예요.
> 한결같은 걸음걸이로 난 앞으로 돌진하지요.
> 그리고 저 **행복한 모습** 얻기를 갈망하지요.

루이자 홀(Louisa Hall)

이 현재의 인생에서의 행복의 요소들을 어느 누구도 명령할 수가 없습니다.
비록 그가 자신에게 명령할 수 있다 해도. 왜냐면 그 요소들은 많은 의지들의 행
동에, 많은 마음들의 순수성에 달려 있으며, 또한 하나님의 가장 높으신 법에 의
해 가장 거룩한 자들까지도 나머지 사람들의 죄들과 슬픔들을 늘 짊어져야만 하
기 때문입니다. 그러나 그 사람 자신의 영의 복된 모습을 환경은 아무런 통제를
할 필요가 없습니다. 하나님께서는 보존의 수단, 은혜와 성장의 수단에 대하여,
무한한 권능을, 모든 이들이 마음대로 할 수 있게, 이미 그 안에 주셨습니다.

존 톰

12월 9일
만날 만한 때에

이로 인하여 경건한 자는 만날 만한 때에 모두 주께 기도할 것이니 확실히 큰물의 홍수에서 홍수가 그에게 가까이 오지 못하리로다. - 시 32:6

> 그대의 고통에 의해 정복당하지 마시오.
> 허나 하나님을 꼭 붙드시오. 그대 넘어지지 않게 되리라.
> 홍수들이 그대를 덮쳐도 헛일이오.
> 그댄 그럼에도 그것들 모두 위로 솟게 되리라.
> 왜냐면 그대의 시련이 너무 힘들어 견딜 수 없을 것 같을 때,
> 보라! 하나님, 그대의 왕이 그대의 모든 기도를 허락했기 때문에
> 만족하시오 그대는.

파울 게르하르트

그대에게 생명을 좇는 호흡들을, 주를 향해 그대를 억압 하는 것을 반대하는 외침들을 허락하는 것은 주님의 자비입니다. 그리고 주께서 그대에게 좇아서 호흡히게 하셨던 자비로 그대의 영혼을 채우시게 될 때, 그대는 행복해질 것입니다. 속상해하지 마십시오. 왜냐면 만일 속상함이 많고, 거센 흔들림과 강한 비바람과 폭풍우가 있고, 평화는 없고, 볼 수 있는 뒷받침해줄 어떤 것도 남아 있지 않다면, 그래도 조용한 상태로 있어, 밑으로 가라앉으십시오. 마침내 이 모든 것들 가운데서 마음을 지지해 줄 은밀한 소망이 움직일 것이며, 마침내 위로가 어디에 있는지를, 또한 어떤 길을 주시해야만 하는지도, 어디서 길을 기대해야만 하는지도 모르는 지친 여행자에게, 어떤 구원을 어떻게 주어야만 하는지를 아시는 주께서 위로를 집행하실 것이기 때문입니다.

아이작 페닝턴

12월 10일
두려워 하지 마십시오

보십시오. 우리는 참고 견디는 자를 행복하다고 생각합니다. - 약 5:11

만일 여러분이 징벌하는 것을 참고 견디면, 하나님은 아들들을 대하듯이 그대들을 대하십니다. - 히 12:7

틀림없이 생기고 또한 생기리라 시련들.
허나 겸손한 믿음으로 볼 수 있다면
그것들 모두 위에 새겨진 사랑을.
이것은 내겐 행복이라오.

윌리엄 쿠퍼

하나님께서 그대에게 보냄이 적합하다고 보실 수 있을 저 시련들을 두려워하지 마십시오. 하나님께서는 참 알곡과 겨를 시련의 바람과 폭풍우를 가지고 가르십니다. 그러므로 하나님은 그대의 기쁨 중에서처럼, 그렇게 정말로, 그대의 슬픔들 중에 그대에게 오시는 것을 늘 상기하십시오. 하나님은 낮게 두시고, 그리고 위로 세우십니다. 그대는 만일 그대가 모든 것에서 하나님을 알게 되지 못하면 자신이 완전함에서 멀리 있음을 알게 될 것입니다.

미겔 드 몰리노스

하나님께서는 당신의 자녀들에게 달콤하고 조용한 인생을, 만일 그들이 그것을 개량하고 활용할 수 있다면, 벌써 공급하셨습니다. 그들 주변에 있는 모든 폭풍우들과 걱정거리들 속에 조용하고 확고한 신념을 공급하여, 아무리 상황들이 진행되더라도, 만족을 찾고 아무것도 걱정하지 않게 하셨습니다.

로버트 레이턴

12월 11일
참 소유와 축복

오, 주께서 정말로 내게 복을 주시기를, 그리고 주의 손이 나와 함께 있기를, 그리고 주께서 나를 죄악에서 지키시기를, 그리고 그것이 나를 슬프게 하지 않게 하옵소서. - 대상 4:10

너희는 주 너희 하나님을 섬기라, 그러면 주께서 너희의 빵과 너희의 물을 축복하시리라. - 출 23:25

내 소유하고 있는 것이나, 혹은 내 갈망하는 것은
아무 만족 가져오지 않아요. 크신 하나님이여, 내게,
만일 내 바라는 것이나 혹은 내 가진 것이
당신 안에서 소유되어지거나 축복되지 아니하면
내 즐기는 것, 오 그걸 내 것으로 만드소서.
그걸 갖고 있는 나를, 당신 것으로 만드시는 동안.

존 퀄스(John Quarles)

모든 순수한 감정, 소원, 후회, 또한 우리를 가정, 친척, 친구들에게 연결해주는 모든 유대를, 모든 우리의 일들과 목적들, 수고들과 함께 하나님에게 바치십시오. 합법적일 뿐만 아니라 신성한 이것들은 그때 감사와 봉헌이 문제가 됩니다. 추억들, 미래를 위한 계획들, 소원들, 의도들, 막 시작된, 혹은 반이 마쳐지거나 거의 마쳐지지 못한 일들, 또한 정서들, 공감들, 애정들,— 이 모든 것들이 마음과 뜻 속에 소란스럽고 위험하게 떼를 지어 모입니다. 그것들을 정복하는 유일한 길은, 그것들을 한 번은 하나님께 속한 우리의 것으로서, 권리 상으로는 언제나 하나님의 것으로서 하나님에게 바치는 것입니다.

헨리 매닝

12월 12일
완전한 헌신

오 나의 하나님, 내가 당신의 뜻을 행하기를 즐거워하니, 당신의 법이 내 마음에 있습니다. - 시 40:8

끈기 있는 승리의 정신이
인생과 모든 것들을 앞질러,
주의 부름에 순종하여 밖으로 솟는구려.
어떤 소원도 움직일 수 없는 마음을,
그러나 여전히 받들고, 믿고, 그리고 사랑하게 하소서
내게, 내 **생명**, 내 **전부**인, 내 **주님**이시여.

파울 게르하르트

우리를 성화시키는 하나님에 대한 진정한 헌신인 '경건'은 모든 하나님의 뜻을 하나님께서 우리를 배치하셨던, 그때에, 그 상황에서, 그 환경 아래서, 정확히 실행하는 데에 있습니다. 완전한 헌신성은 우리가 하나님의 뜻을 행해야만 하는 것 뿐 아니라, 우리가 그 뜻을 사랑으로 행해야만 하는 것을 요구합니다. 하나님은 우리로 당신을 기쁨으로 섬기게 하시려고 할 것입니다. 하나님이 우리에게 요구하시는 것은 분명 우리의 마음입니다.

프랑수아 페늘롱

헌신은 우리가 하나님께 받아들여질 수 있다고 알고 있는 것을 행하려는 보편적 성향과 준비성, 그 이상도 그이하도 아닙니다. 다윗이 "주께서 제 마음을 자유롭게 하셨을 때, 저는 주님의 율법의 길을 달려가겠습니다"라고 말했을 때, 그가 언급했던 것은 바로 저 '자유로운' 영입니다. 평범한 선에 속한 사람들은 하나님의 길에서 걷지만, 헌신적인 사람들은 그 길에서 달리며, 마침내는 거기에서 거의 날아갑니다. 참으로 헌신적이 되려면, 우리는 하나님의 뜻을 수행해야만 할 뿐 아니라, 그 뜻을 유쾌하게 수행해야만 합니다. 성 프란치스코 살레시오

12월 13일
헌신을 새롭게

그러니 우리를 가르쳐 우리의 날들을 계수하게 하시고, 우리의 마음을 지혜에 쏟도록 하소서. - 시 90:12

너희는 너희의 먹을 것이나 마실 것을 구하지 말고 의심하는 마음도 갖지 말라. - 눅 12:29

> 우리의 날들이 계수되니 우리로 나누어주게 하오,
> 우리의 걱정스런 마음들에게 불필요한 근심을.
> 우리의 날들을 계수해냄은 주님의 것이고
> 우리의 날들을 주 찬양에 바침은 우리 것일세.
>
> 장마리 모트귀용

　　매일 우리로 하나님의 예배에 대한 헌신을 새롭게 하게 하소서. 매일 우리로 하나님의 능력 안에서 하나님의 뜻을 가장 사소한 것 안에서도 행하며, 또한 하나님께 못마땅할 수 있는 모든 것을 외면하도록 새롭게 맹세토록 하소서. 하나님은 우리로 내일, 다음 주, 혹은 내년의 짐들을 짊어지도록 명하지 않으십니다. 매일 우리는 단순한 순종과 믿음으로 하나님께로 가서, 우리를 지켜주며 그날의 일을 통하여 우리를 보조해줄 도움을 청해야만 합니다. 그러면 내일, 그리고 내일, 오랜 내일들의 세월을 거치는 동안, 하나님이 우리보다 미래를 더 잘 돌볼 수 있음을 확신하여, 그 미래를 늘 하나님 손에 맡기는 것이, 오로지 해야 할 꼭 같은 일이 될 것입니다. 복된 신뢰! 그것은 이렇게 신뢰를 갖고 말할 수 있습니다. "이 시간은 그 현재의 의무와 더불어 내 것이며, 또한 바로 다음 시간은 하나님의 것이며, 그 시간이 오면, 하나님의 임재가 그 시간과 함께 오실 것입니다."

　　윌리엄 헌팅턴

12월 14일
복된 습관을 위해

그리고 이 규례를 따라 행하는 많은 사람들만큼이나, 하나님의 이스라엘 백성에게 평화와 자비가 있기를. - 갈 6:16

주여, 제 생명을 당신께 드렸어요,
그리고 모든 날과 시간은 당신 것이에요.
그것들로 당신께서 지정하신 것이 되게 하소서.
주여, 당신 뜻이 제 뜻보다 더 훌륭하지요.

애나 워너

당장 시작하십시오. 그대가 이 조용한 순간으로부터 감히 빠져 나오기 전, 그대의 왕에게 그대가 왕을 전적으로 섬기게 되도록 청하고, 이날의 모든 시간들을 아주 단순하게 왕의 처분에 맡기시고, 그리고 그대로 하여금 왕께서 지정하신 것을 아주 정확하게 행할 준비를 하고 또한 준비해 두도록 왕에게 청하십시오. 내일에 대해서는 결코 걱정하지 마십시오. 하루 한 번이면 충분합니다. 하루를 오늘 시도해보고, 하루가 그대가 내일이 오면 그저 너무나 감사할 뿐이어서 왕에게 그 하루를 또한 가져가도록 청할 수 없을 정도로 그렇게 달콤한, 기이하고도 거의 기묘한 평화의 날이 아닌지를 보십시오. 마침내 '모든 방식의 섬김을 위해 왕의 계명에 전적으로' 그리고 단순하게 처신하는 것이 복된 습관이 될 것입니다. '무엇이든' 은 꼭 능동적인 일은 아닙니다. 그것은 기다리는 것(반시간이든 혹은 반평생이든), 배우는 것, 감당하는 것, 가만히 앉아 있는 것일 수도 있습니다. 그러나 그것들 중 얼마간이 오늘을 위한 왕의 지정들이라면, 우리가 이것들을 위해 준비를 덜할 것입니까? 왕께서 우리를 위해 준비하고 계신 모든 것을 위하여 왕에게 우리를 준비시키도록 청하십시오.

프랜시스 하버갈

안식으로 돌아가라

오 내 영혼아 너의 안식으로 돌아가라. 주께서 너를 너그럽게 대해 주셨기 때문이로다. - 시 116:7

이미 믿는 우리들은 분명 안식에 들어갑니다. - 히 4:3

> 안식은 그만두는 것 아니에요,
> 바쁜 질주를.
> 안식은 맞추는 일이에요,
> 자기를 자기 활동 범위에.
>
> 그건 사랑하는 것과 섬기는 것이에요,
> 최고이자 최선인 것을!
> 그건 전진적이지, 빗나가지 않아요—.
> 그러면 그게 참된 안식이지요.

존 드와이트(John Dwight)

이런 강한 믿음의 결과로서 제노바이 캐서린의 내적 인생은 주목할 정도로 안식이나 평온으로 불려질 수 있을 특징이 있었는데, 이는 단지 참된 내부의 평화를 위한 또 다른 종류의 표현일 뿐입니다. 그러나 그것은 게으른 무위의 평온이 아니라 내적 순종의 평온이며, 아무것도 느끼지 않고 아무것도 하지 않는 평온이 아니라, 하나님의 지정과 하나님의 뜻의 때와 정도 안에서 느끼고 행동함으로써 존재하는 저 더 높고 거룩한 평온입니다. 의무를 수행하는 데 있어 하나님께 그녀 자신을 드리는 것과 모든 결과들을 걱정하지 않고 하나님의 손 안에 맡기는 것이 그녀의 행실에서의 원칙이었습니다.

토머스 업햄

12월 16일
죄에서 깨끗함을

주는 멀리 떨어져서도 제 생각을 아십니다. - 시 139:2

누가 자신의 잘못들을 알 수 있습니까? 주께서 은밀한 허물들에서 저를 깨끗케 하소서. - 시 19:12

내 새로운 슬픔들은 주께는 해묵은 것이네.
내 마지막 주님의 법에 대한 위반을,
비록 생각의 매우 비밀한 주름 속에 싸였어도,
주님의 두 눈은 동정하는 슬픔으로 보셨네.

해리엇 킴벌

위대하시고, 영원하시며, 영광에서 놀라우신, 주 우리의 하나님이시여, 당신은 전심으로 당신을 사랑하는 사람들에게 언약과 약속들을 지키시며, 모두의 **생명**이 되시며, 당신에게로 달아나는 사람들의 **도움**이 되시며, 당신을 향해 외치는 사람들의 **소망**이 되시오니, 청결한 마음과 깨끗한 영혼으로, 완전한 사랑과 조용한 소망으로, 우리가 자신 있게 또한 두려움 없이 감히 당신에게 기도할 수 있도록, 우리를 은밀하며 공공연한 우리의 죄들에서, 그리고 당신의 선하심에 대해 못마땅한 모든 생각에서 깨끗케 하여 주소서, — 우리의 몸들과 영혼들을, 우리의 마음들과 양심들을 깨끗케 하여 주소서. 아멘

성 바질의 《콥트 말 기도서》

모든 죄받을 습관의 지배력은 무서울 정도로 우리를 하나님의 임재에서 멀어지게 할 것입니다. 생각이나 의지에서의 내적 불복종이란 단 한 개의 동의 행위는 하나님과 우리 사이에 암운이 떨어지게 하여, 우리의 마음들을 침울하고 어둡게 내버려 두기에 충분합니다.

헨리 매닝

성령의 열매로

성령의 열매는 사랑, 기쁨, 평화, 오래 참음, 친절, 선함, 신실, 온유, 절제입니다. - 갈 5:22~23

너희가 많은 과실을 맺으면, 이에 내 아버지께서 영광을 받으신다. 정말 너희들은 내 제자가 될 것이다. - 요 15:8

> 오 **영원한 침묵** 밖으로부터의 **바람아!** 불어라,
> 우리 영의 메마른 땅에 사뿐히.
> 우리 하나님의 귀하신 충만을 베풀어주라,
> 풍성하도록 믿음, 사랑, 존경의 열매들이.
>
> 게르하르트 테르슈티겐

우리가 사랑에 반대되는 기질들을 느끼는지 아닌지, 우리가 늘 기뻐하는지, 아니면 슬픔의 짐을 져 허리가 굽어져 있는지, 우리가 기도하는 영을, 아니면 죽은 생명 없는 영을 갖고 있는지, 우리가 하나님을 찬양하며 모든 시련들 안에 물러나 있을 수 있는지, 아니면 시련들을 지고서 투덜댐과 짜증냄과 성급함을 느낄 수 있는지를 우리가 모른다는 것이 가능합니까? 우리를 약 올리는 일들에 분노를 느끼는지, 아니면 우리의 기질들이 다루기에 온순하고, 친절하며, 평온하고 쉽다고 느끼는지, 아니면 고집이 세고 제멋대로며 교만하다고 느끼는지, 우리가 노예 같은 두려움들을 갖고 있는지, 아니면 고통을 지닌 모든 무서움을 내쫓는 저 완전한 사랑을 소유하고 있는지를 아는 것은 쉽지 않습니까?

헤스터 로저스

12월 18일
살아 있는 의상

우리는 살아계신 하나님을 믿습니다. - 딤전 4:10

고요한 밤은
주님의 은밀한 심판의 심원한 깊이들을
조용히 노래하지요.
낮은, 그 황금빛 순회 중에
주님의 무한하신 연민을 노래합니다.

아이작 윌리엄스(라틴어 영역)

나는 덧없고 깨지기 쉬운 것들에 대한 감각을 더 이상 갖고 있지 않기 때문에, 우주가 변용된 양상을 지고 내 눈 앞에 나타납니다. 우주 공간을 막았을 뿐이었던 생명력 없는 무거운 덩어리가 사라졌으며, 그 대신 모든 생명의 최초의 원천에서, 오, **무한하신 분이여!** 당신의 생명에서 발하는 생명과 권능과 행동의 영원한 시내가, 힘찬 물결들의 쇄도하는 음악과 함께 앞으로 흘러나갑니다. 왜냐면 모든 생명은 당신의 생명이며, 오직 경건한 눈만이 참 **아름다움**의 영역까지 침투하기 때문입니다.

요한 피히테

자연이란 무엇입니까? 그대는 하나님의 '살아있는 의상'이 아닙니까? 오, 하늘이시여, 늘 그대를 통해 말씀하시는, 또한 그대 안에서 살며 사랑하시는, 내 안에서 살며 사랑하시는 분은 그렇다면 정말이지 그분이십니까? 노바 젬블라에서 난파된 이들에게로 오는 새벽보다 더 감미롭게, 또한 아! 길 잃고 당황하여 울며, 알 수 없는 소란을 피우는 어린아이에게 들리는 엄마의 목소리 같이, 그리고 너무도 화난 내 가슴에 와 닿는 하늘 음악의 부드러운 흐름들 같이, 그 **기쁜 소식**이 왔습니다. 우주는 활기 없고 악마 같은, 유령들이 있는 시체 안치소가 아니라 신성한 내 하나님 아버지의 집입니다.

토머스 칼라일

소망은 주님 안에

그러면 이제, 주여, 내가 무엇을 기다리겠습니까? 나 의 소망은 주님 안에 있습니다. - 시 39:7

오 주님, 우리에게 은혜를 베푸소서. 우리가 주를 기다렸습니다. - 사 33:2

> 주님은 결코 너무 늦게 오지는 아니하지.
>
> 주님은 무엇이 최선인지를 알지요.
>
> 자신에게 화를 내지 마세요, 쓸데없이.
>
> 주님이 오실 때까지, 쉬세요.
>
> B. T.

우리는 실수들을, 아니 이른바 실수라는 것들을 저지릅니다. 이러한 실수에 빠질 수 있었던 천성은 정확히 그 실수를 돌파하는 일을 필요로 하며, 그리고 이 일은 사랑하는 하나님의 선하심 안에서 주어집니다. 또한 이를 넘어 나는 더 많이 믿습니다, 순수하며 끈기 있게 실수를 돌파하는 중에, 우리는 우리 자신이 거칠고 무식하게 만든 가망 없는 혼돈 속으로 빠지지 않았다는 것을 알게 된다는 것, 그러나 하나님의 손기락이 우리의 방향들 가운데서 작용해왔다는 것과 그 출현은 하나님의 복된 질서 속으로라는 것, 하나님은 우리를 위해 우리 자신의 원상복구들을 영구히 조성하고 계시다는 것, 하나님은 미리 그것들을 조성하신다는 것, 하나님은 항상 우리의 영혼들을 회복시킨다는 것 등을.

애덜라인 휘트니

12월 20일
최선의 준비

너희는 어떻게 또는 무엇을 말할까를 걱정하지 말라. 너희가 말해야 할 것이 꼭 같은 시간에 너희에게 주어질 것이기 때문이다. - 마 10:19

그저 시시각각으로 뒤따라가려고,
주께서 인도하시는 대로.
그저 순간의 능력을 끌어오려고
그것이 필요한 대로.

프랜시스 하버갈

그대는 12시에 마음에 안 드는 해야 할 의무가 있습니다. 9, 10, 11, 그리고 그 사이에 있는 모두를 12의 색깔로 시꺼멓게 칠하지 마십시오. 각 시간의 일을 하시고, 평안히 그대의 보수를 받으십시오. 그래서 미래의 걱정되는 순간이 현재가 될 때, 그대는 빛 가운데서 걸으며 현재를 맞게 될 것이며, 또한 그 빛은 현재의 어둠을 이길 것입니다. 최선의 준비는 잘 살펴진 현재요, 끝마쳐진 마지막 의무입니다. 왜냐하면 이것이 눈을 매우 맑게 그리고 몸을 빛으로 매우 가득하게 유지시켜 주어서, 바른 행동이 즉각 인지될 것이며, 바른 말들이 가슴에서 입술들로 쇄도할 것이며, 그리고 하나님의 뜻 외에는 아무것도 바라지 않기 때문에 하나님의 성령으로 충만한 사람은, 사랑 안에서 악한 것을 짓밟을 것이며, 어쩌면 불 수레로 그의 하나님 아버지 앞으로 보내어지거나, 아니면 그가 사랑하는 사람들의 잔인한 비웃음들 가운데서 꼼짝 않고 서있을 것이기 때문입니다.

조지 맥도널드

12월 21일
아는 것을 넘어

너는 알지 못하였느냐? 너는 주, 영원하신 하나님, 땅 끝까지를 창조하신 이가 약하지 않으시며 피곤하지도 않으신 것을 듣지 못하였느냐? 그는 약한 자들에게 능력을 주시고 힘이 없는 자들에게 힘을 늘려주신다. - 사 40:28~29

> 하나님의 일꾼아! 오, 용기를 잃지 말고,
> 하나님이 어떤 분 같은지를 배워라.
> 그러면 가장 어두운 싸움터에서
> 그대는 어디를 쳐야 할지를 알게 되리라.
>
> 프레더릭 페이버

안식을 위해서는, **무한한 것**의 신비를 읽으려는 저 헛된 노력으로 하여금 우리를 괴롭히는 것을 그치도록 합시다. 그것은 모든 시대에 걸쳐 우리가 단지 여기서 한 줄, 저기서 또 다른 한 줄을 읽게 될 신비입니다. 우리는 이미 **무한한 것**의 이름이 **선**이요, **하나님**인 것을 알고 있지 않습니까? 우리는 외국 땅에서 싸우고 있으면서 작진 계획을 이해하지 못하지만 그것을 이해할 필요가 없는, 그러나 우리 손에서 무엇이 이루어져야만 하는지를 잘 알고 있는 병사들로서, 여기 지상에 있습니다. 우리로 하여금 병사들처럼 복종으로, 용기로, 영웅적인 기쁨으로 그것을 실행하도록 합시다. 우리 뒤에는, 우리 중 각자 뒤에는, 인간의 노력, 인간의 정복의 6,000년 세월이 있으며, 우리 앞에는 끝없는 **시간**이, 우리가, 우리까지도 정복하고 창조해야만 하는, 그러나 아직까지 창조되지 않고 정복되지 않은 시간의 대륙들과 엘도라도(황금의 땅)들과 함께 있으며, 또한 거기 **영원**의 가슴으로부터 우리를 위해 천국의 안내하는 별들이 빛나고 있습니다.

토머스 칼라일

논리 대신 하나님을

나는 야곱의 집에 대해 얼굴을 숨기고 계신 주를 섬길 것이며, 주를 찾을 것입니다. - 사 8:17

어떤 마음이 주의 이름을 이해할 수 있을까요,
혹은, 찾으면, 찾아낼 수 있을까요?
그는 내부에 있으며 소생시키는 불꽃이요,
주변을 에워싸고 있는 실재이지요.

나 비록 주를 부분적으로만 안다 하여도,
난, 주여, 더 많은 것들을 청하지 않아요.
충분하지요, 내가 당신이 계심을 아는 것으로,
당신을 사랑하고 받드는 것으로.

프레더릭 호스머

일어서라 오 마음아! 그리고 그대의 적법한 영토의 한 뼘도 강탈하는 지성에게는 양보하지 마라. 논리 대신에 하나님을 꽉 붙들되, 아주 맹목적으로는 하지 마라. 하나님의 의상들의 아랫자락들을 그대가 단단히 붙잡고 있는 데서, 오로지 그대를 완전한 어둠 속으로 내던지려고 애쓰는 무신론의 가설이 약간 비튼다 해서, 찢겨 나가지 마라. 그러나 그대의 손들로 하여금, 하나님의 발치로부터 그대를 끌어내려 애쓰나 결국은 그대를 하나님의 품속에 두고 마는 저 충성스런 경건 철학에 의해 얌전히 풀려지게 되도록 하는 것을 거부하지 마라. 비록 떨면서일지라도, 신뢰성 있게 옷을 풀어라. 그러면 그대는 마음을 의지하게 될 것이고 그리고 하나님의 참 살아 계신 영혼을 붙들게 될 것이다.

제임스 힐턴

12월 23일
십자가의 병사

그러므로 너는 예수 그리스도의 좋은 병사로서 고생을 참고 견디어라. - 딤후 2:3

우리의 **대장**께서 우리에게 가라 명하는 곳을,
"아니요" 하며 투덜대는 것은 우리의 것 아니지요.
검과 방패를 주시는 그는
또한 택하시지요, 싸움터를.
거기서 우린 적과 싸워야만 하지요.

작자 불명

아무것에 대해서도 우리는 이것보다 더 확신할 수 없을지 모릅니다. 그것은 만일 우리의 현재의 운명을 성화시킬 수 없다면, 우리는 다른 어떤 운명도 성화시킬 수 없다는 것입니다. 우리의 천국과 우리의 전능하신 하나님 아버지는 거기에 있거나 혹은 아무 데도 있지 않습니다. 그런 운명의 장애들은, 성령과 분투적인 의지의 노력의 동시적 접촉에 의하여 우리가 감아올리도록 주어집니다. 그것의 우울은, 우리가 어떤 천국의 빛으로 물들이도록 그것의 신비들은 우리의 예배를 위해, 그것의 슬픔들은 우리의 신뢰를 위해, 그것의 위험들은 우리의 용기를 위해, 그것의 유혹들은 우리의 믿음을 위해 주어집니다. 십자가의 병사들이여, 싸움터를 택하는 것은 우리를 위해서가 아니라 우리의 지도자인 우리의 주님을 위해 있으며, 주께서 배정하신 주둔지를 잡은 후, 그곳을 비록 그 곳이 죽음의 싸움터일지라도 진리와 명예의 싸움터로 만드는 것은 우리의 임무입니다.

제임스 마티노

유산에 참여할 자

우리로 빛 가운데서 성도들의 유산에 참여할 자들이 되도록 합당케 하신 하나님 아버지에게 감사하기를. - 골 1:12

여기 우리들에게 매우 소중한 영혼들이
어쩌면 이 가정에서 도망쳤을지도 몰라.
허나 여전히 우린 한 가족을 소중히 하고 있지.
한 주님이 여전히 우리의 머리라.
천사 케루빔과 천사 세라핌 한가운데서
영혼들은 그들 주님의 문제들을 걱정하네.
오! 만일 우리가 우리 일을 주께로 가져가면
우리의 일은 그들의 일과 하나가 된다네.

토머스 길

우리들은 마치 우리들이 지상에서 할 수 있었던 어떤 것도 선한 이들이 더 높은 세상에서 지금 하고 있는 것과 아무 관련이 없는 것처럼 자칫 느낄 수 있으나, 실은 그렇지 않습니다. 하늘과 땅은 그렇게 멀리 떨어져 있지 않습니다. 모든 사심 없는 행위, 의무를 위한 모든 희생, "그리스도의 형제들 중 가장 작은 자들 중 하나"의 유익을 위한 모든 노력, 하나님의 일들에 대한 모든 새로운 통찰, 진리와 선함에 대한 사랑에 주어지는 모든 새로운 충동은, 우리를 죽은 자들과 연합시키며, 우리를 그들에게 더 가까이 데리고 가며, 그리고 마치 우리가 지상에서가 아니라 하늘에서 활동하고 있는 것처럼 그렇게 진실로 천국 같습니다. 우리와 죽은 사람들 사이의 영적인 유대는 당연히 있어야만 하는 것처럼 느껴지지 않습니다. 그들과의 우리의 연합은 만일 우리가 그들이 그 안에서 자라고 있는 실재 안에서 매일 진보한다면 매일 더 강하게 자랍니다.

윌리엄 채닝

12월 25일
시험 아닌 실험

너희가, 사랑 안에 뿌리가 내리고 터가 잡혀, 모든 성도들과 더불어 너비와 길이와 깊이와 높이가 무엇인지를 이해하며, 지식을 넘어서는 그리스도의 사랑을 알 수 있도록 너희가 하나님의 모든 충만하심으로 충만하게 되기를. - 엡 3:17~19

> 오 지식을 넘어서는 **사랑**, 난 필요로 하네 그대를.
> 하늘의 햇빛을 쏟아 넣고 내 가슴을 채워주려무나.
> 흩어버리려무나 구름을, 의심하는 것들을, 그리고 두려움을.
> 내게 말 할 수 없는 기쁨을 나누어주려무나.
>
> 호레이셔스 보너

기독교의 증거를 조사하는 것은 기독교를 시험하는 것이 아닙니다. 기독교의 순교자들을 찬미하는 것은 기독교를 시험하는 것이 아닙니다. 기독교의 선생들을 비교하고 평가하는 것은 기독교를 시험하는 것이 아닙니다. 기독교의 의식들과 예배들에 회교도보다 더 시간을 엄수하여 참석하는 것은 기독교를 시험하거니 이는 것이 아닙니다. 그러나 한 주 동안, 혹은 하루 동안, 하나님에 대한 믿음과 사랑의, 사람에 대한 애정의, 그 순결한 분위기 속에서 생활했다는 것, 또한 땅이 폐지되고 하늘이 예언자적인 소망의 응시에 대해 열려져 있음을 보았다는 것, 그리고 이 낯설고 불가사의한 인생의 복잡한 골칫거리들 뒤에는 영원한 한 **친구**의 변함없는 미소가 항상 계시되어지고 또한 따지기가 어려운 모든 것이 이성보다 더 높고 더 좋은 저 차분한 신뢰에 의해 해결되어지는 것을 보았다는 것, 이를 알았으며 느꼈다는 것, 그것은 정말이지 기독교에 대한 실험을 했었다는 것임을 나는 평생 동안은 아니나, 내게 복된 한 시간 동안 말할 것입니다.

윌리엄 버틀러

12월 26일
사랑의 영으로

모든 이해를 넘어서는 하나님의 평화가, 그리스도 예수를 통해서 너희의 마음과 정신을 지키실 것입니다. - 빌 4:7

하나님의 평화가 너희 마음 안에 지배되도록 하라. - 골 3:15

> 떨어뜨리소서. 주님의 고요한 평온의 이슬들을,
> 모든 우리의 노력들이 그칠 때까지요.
> 가져가소서 우리의 영혼들로부터 긴장과 압박을
> 그리고 우리의 지명 받은 인생들로 고백케 하소서,
> 주님의 평화의 아름다움을.
>
> 존 휘티어

"이것들을 우리가 너희에게 기록함은 너희의 기쁨이 충만케 하려 함이다." 기쁨의 충만함이란 평화 외에 무엇이겠습니까? 기쁨이란 오로지 그것이 충만하지 않을 때 떠들썩하지만, 평화는 "물들이 바다를 덮고 있듯이, 주의 영광의 지식으로 충만한" 사람들의 특권입니다. "주께서는 그 마음이 주께 머물러 있는 사람을, 그가 주를 신뢰하기 때문에, 완전한 평화 속에 지켜주실 것입니다." 그것은 신뢰와 순수에서 솟아나서, 그의 주변에 있는 모든 사람들에게 사랑으로 흘러넘치는 평화입니다.

존 뉴먼

신의 사랑의 영으로 말미암아, 그대의 천성의 폭력적이고 고치기 힘든 세력들로 하여금 조용해지게 하며, 그대의 감정들의 단단함으로 하여금 부드럽게 되게 하며, 그대의 다루기 힘든 자기 고집으로 하여금 누그러지게 되도록 하십시오. 그리고 상충되는 모든 것이 그대 안에서 움직이는 만큼이나 자주, 즉각 온유와 사랑의 복된 **대양** 속으로 가라앉게 하십시오.

게르하르트 테르슈티겐

12월 27일
하나님의 상속자

그러므로 여러분은 더 이상 종이 아니라, 아들이며. 만일 아들이면, 그러면 그리스도로 말미암아 하나님의 상속자입니다. - 갈 4:7

노예의 공포에 의해서 하지 않아요,
하나님의 아들들이 그분의 뜻 수행을.
허나 그들이 지닌 가장 고상한 능력들로
이루지요, 하나님의 달콤한 명령들을.

아이작 와츠

우리의 생각들은, 좋든 나쁘든, 우리 마음대로 할 수 있지는 않으나, 우리 각자는 어느 시간이든 해야 할 의무들이 있고, 이것들을 노예처럼 태만하게, 아니면 진실한 종처럼 충실하게 실행할 수 있습니다. "네 가장 가까이 있는 의무를 행하라." 그걸 첫 번으로 하라, 그리고 그걸 잘 하라. 그러면 나머지 모두는 점차적으로 자신들을 명확하게 드러내며, 그들의 계속적인 요구를 할 것입니다. 만일 그대들의 의무가 걸고 그렇게 작지 않다면, 두 배, 세 배의 에너지와 정확성으로 그것을 시간마다, 날마다 실행하려고 부지런히 노력하도록, 나는 그대들에게 충고합니다.

토머스 칼라일

우리가 무엇이든지, 높든 낮든, 학식이 있든 무식하든, 기혼이든 독신이든, 사람 가득한 주택에 있든 혹은 홀로이든, 많은 사건들을 맡고 있든 조용히 머물러 있든, 우리는 날마다의 용무 순환을, 애착과 복종, 사랑, 자비, 근면 따위의 의무들을 갖고 있습니다. 그리고 한 사람을 다른 사람과 다르게 만드는 것은 그가 행하는 어떤 일들이라기보다는 오히려 그 일들을 행하는 그의 방식입니다.

헨리 매닝

12월 28일
변함없는 소망 중에

이제 평화의 하나님이 모든 선한 일에 너희를 온전케 하사 그의 뜻을 행하게 하시고, 그가 보시기에 아주 마음에 드시는 것을 예수 그리스도를 통하여 너희 안에서 얻으시기를. - 히 13:20~21

모든 선한 일을 위하여 준비하도록. - 딛 3:1

> 변함없는 소망 중에 굳건하며, 걱정 중에 견고하며,
> 주님의 모든 기쁨의 세계와 온전히 일치해서,
> 높고 순수한 수고들을 위해 저는 격려를 받으며,
> 주님은 당신의 자녀를 부려 당신의 일을 하소서.
>
> 존 스털링

그대의 외부 일들에서 하나님과 함께 있으며, 그 일들을 하나님께 맡기며, 그 일들을 하나님께 바치며, 그 일들을 하나님 안에서 하나님을 위해 하도록 애쓰십시오. 그러면 하나님은 그 일들에서 그대와 함께 있을 것이며, 그 일들은 방해가 되지 않고, 오히려 하나님의 임재를 그대의 영혼 안에 초대하게 될 것입니다. 모든 일에서 하나님을 만나려고 애쓰십시오. 그러면 모든 일들에서 하나님은 그대에게 가까이 오실 것입니다.

에드워드 퓨지

하나님의 주권과 미래 세상의 권세들 같은 것은 우리의 가정들의 평화와 신성함을, 우리의 정신들의 질서와 평온을, 우리의 마음들 안에 있는 인내와 부드러운 자비의 영을 유지할 수가 있습니다. 그러면 가장 단순한 의무의 고된 일까지도, 우리가 그 일을 우리 자신의 영의 영광에 의하여 변형할 때, 우리를 비천하게 하기를 그칩니다.

제임스 마티노

12월 29일
생각들의 둥지들

마지막으로 형제들이여, 무엇이든지 참된 것, 무엇이든지 정직한 것, 무엇이든지 올바른 것, 무엇이든지 순수한 것, 무엇이든지 사랑스러운 것, 무엇이든지 좋은 평판에 속한 것, 이것들에 대해 잘 생각해보십시오. - 빌 4:8

사람이 그 마음에 생각하는 대로, 그 위인도 그러하다. - 잠 23:7

늘 주님의 달콤한 자비가 뻗기를
저의 머리 위로 그늘 되는 팔을,
저의 길들 주변으로, 그럼 난 알게 되리.
저의 정신의 아름다운 중심이
그대의 성전임을, 또한 저 멋진 벽들이
광선으로 늘 빛나는 것을
주의 눈의 순결한 섬광으로부터 싱그럽게 떨어져,
영원을 향해 비치는 (광선으로).

리처드 크래쇼(Richard Crashaw)

그대 자신을 유쾌한 생각들의 둥지들로 만드십시오. 우리 중 누구도 이른 청년 시절에 가르침 받지 않았기 때문에, 아름다운 생각 — 모든 역경에 맞서는 증거임 — 으로 어떤 아름다운 큰 저택들을 지어야 할지를 아직 모릅니다. 밝은 공상들, 흡족한 추억들, 고상한 역사들, 믿을 만한 말들, 소중하고 편안한 생각들의 보물창고들, 그런데 이것들을 근심은 교란시킬 수 없으며, 이것들을 고통도 우울하게 만들 수 없고, 이것들을 가난도 우리로부터 빼앗아 갈 수 없습니다. 손 없이 지어졌으나, 우리의 영혼들이 살 집들입니다.

존 러스킨

12월 30일
영원의 빛에서 보라

오 주님, 사람의 길이 그 자신 안에 있지 않음을 나는 압니다. 사람의 걸음을 지도하는 것이 걷는 사람 안에 있지 않습니다. - 렘 10:23

내가 그의 모든 길을 지도하리라. - 사 45:13

> 오너라, 청명하고 고요한 빛아!
> 우리의 어두워진 영들을 채워라
> 그대의 맑은 대낮으로.
> 약한 시력의 안내자여,
> 슬픔의 가장 어두운 밤의 별이여,
> 정도의 길을 계시하고,
> 우리에게 그대의 길을 보여라.
>
> 프랑스의 로버트 2세

안나의 인생에는 엄숙한 지정된 계절들이 있었는데, 그때 그녀는 이 세상에서의 자신의 일에 대해 충분하며 신중한 조사를 시작하는 데 익숙해 있었습니다. 각 관련 요구들과 각 일의 결과들이 그때 영원의 빛에서 검사되어졌습니다. 매 하루의 일들을 통해서 그녀의 안내를 위해 그 뜻에 대해 주어지는 지침들에서뿐만 아니라, 그 뜻이 아직 그녀의 양심에 뼈저리게 느껴지지가 않고, 그래서 그녀의 인생에서 준비가 안 된 의무들과 관련될 수도 있는데도, 하나님의 뜻을 한층 더 완전하게 분별할 수 있게 된 것은 또한 그때였고, 그녀의 열렬한 기도였습니다.

세라 스티븐

실수를 잊으십시오

뒤에 있는 것들을 잊어버리고, 앞에 있는 것들을 잡으려고, 나는 그리스도 예수 안에서 하나님의 높으신 부르심의 상을 위하여 푯대를 향하여 돌진합니다. - 빌 3:13~14

그래도 난 논쟁하지 않아
하늘의 손이나 뜻을 거슬러. 또한 조금도 줄이지 않아
용기나 소망도. 허나 여전히 유지하고 나아가게 하지
정도를 앞으로.

존 밀턴

　진정한 일이 이루어질 수 있는 것은 돌이킬 수 없는 것을 후회함으로써가 아니라, 현재의 우리 됨을 최대로 이용함에 의해서입니다. 그것은 우리가 바른 도구들을 갖고 있지 않다고 불평함으로써가 아니라, 우리가 가진 도구들을 잘 활용함에 의해서 이루어집니다. 우리가 무엇이며, 또한 우리가 어디에 있는지는, 하나님의 섭리적인 예정인 바, 비록 그것이 사람의 나쁜 짓일지라도, 하나님의 행하심입니다. 그리고 남자답고 지혜로운 방법은 그내의 불리한 점들을 똑바로 쳐다보고, 그것들에서 무엇이 만들어질 수 있는지를 아는 것입니다. 인생은, 전쟁처럼, 일련의 실수들이며, 또한 가장 적은 수의 실수를 하는 사람이 최상의 기독인도, 최상의 장군도 아닙니다. 가장 화려한 승리들을 실수들을 만회함으로써 얻는 사람이 최상인 것입니다. 실수들을 잊으십시오. 실수들에서 승리를 조직하십시오.

프레더릭 로버트슨

옮긴이 후기

   이 책은 메리 타일스턴이 매일 새 마음으로 읽을 수 있도록 성경 말씀과 이와 유사한 주제의 운문과 산문을 잘 선별하여 배치함으로써 읽는 독자들에게 일상에서 원기를 회복하고 자신감과 평강을 되찾도록 안내해준다.

   역자가 오래 전에 출판된 해묵은 책을 굳이 우리말로 번역 출판하기로 작심한 것도 실은 같은 이유에서다. 비록 시대와 장소는 달라도 이 책이 첫 출판된 1884년 이후 140년을 독자들로부터 계속적인 사랑을 받아왔다는 것을 상기할 때 지금의 우리들에게도 크게 시사되는 바가 있다. 작금의 우리는 생기와 희망보다는 좌절과 절망이 앞서가는 우울한 시대를 살아가고 있다. 하여 우선 우리의 내면을 다시 성찰해보자. 그러자면 아무래도 우리에게 깊은 영감을 주고 힘이 되어주는 원천인 말과 말씀을 가까이하는 것이 도움이 될 것이다.

   이 책을 번역함에 있어 성서 부분은 한글판 개역성경을 참조는 하였으나, 가급적 원 편집자의 인용본을 위주로 번역하였으며, 운문(시)은 원문의 구두점과 운율을 최대한 살려, 시가 갖고 있는 섬세하고 미묘한 감정을 전달해보려고 많은 노력을 했다. 독자는 이 점에서 시 부분을 읽을 때 구절 하나, 하나를 천천히 음미하면서 충분히 읽어주기를 바란다. 산문도 필자들의 개성과 스타일이 그대로 드러나 있어 읽기가 만만치 않은 부분이 있으나, 앞서의 성경 구절, 시 구절과 견주어 읽는다면 이해에 큰 어려움은 없으리라 본다. 끝으로 원서에는 매일마다에 제목이 붙어 있지는 않으나, 역자가 번역 중에 은혜 받은 대로 제목들을 달아보았으니 독자들께서도 각자 나름대로 제목을 붙여가며 읽는 중 큰 은혜 받기를 소원한다.

마지막으로, 원서를 제게 선물해주신 외우 최희원 장로님께 깊은 감사를 드리며, 또한 이 책이 우리말로 출판되도록 애써준 두리반 출판사에도 사의를 표한다. 아울러 이 책의 수익 중 역자의 몫은 선교를 위한 기금으로 전부 돌려질 것임을 밝힌다. 믿음으로 시작된 일, 힘닿는 대로 목숨이 다할 때까지 이 일을 계속 할 생각이다.

2014년 겨울 초장교회 목양실에서